葉門戰爭

地域、宗教、極端組織之間，以及美國與蓋達組織的對立，造成這場無法結束的戰爭

The Last Refuge

Yemen, Al-qaeda, And America's War In Arabia

格雷戈里・D・強森
Gregory D. Johnsen

唐澄暐　譯

獻給

孩提時讀給我聽的母親

目錄

CONTENTS

第二篇　當威脅因此被遺忘

第三篇　新世代的「恐怖分子」

尾聲　造反之後——422

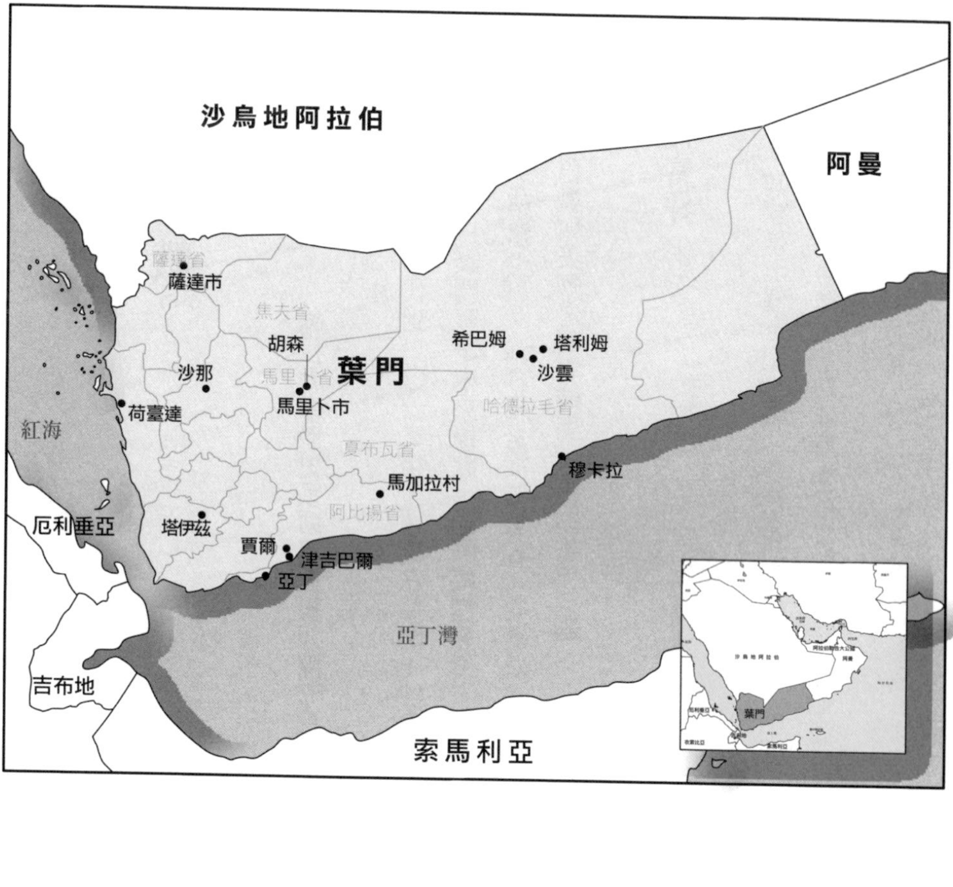
沙烏地阿拉伯
阿曼
薩達省
薩達市
焦夫省
胡森
葉門
沙那
馬里卜省
馬里卜市
荷臺達
紅海
希巴姆
塔利姆
沙雲
哈德拉毛省
夏布瓦省
穆卡拉
馬加拉村
阿比揚省
厄利垂亞
塔伊茲
賈爾
津吉巴爾
亞丁
亞丁灣
吉布地
索馬利亞

導讀

葉門戰爭，內戰抑或聖戰？

輔仁大學歷史系助理教授　陳立樵

《葉門戰爭》描述了一段從一九八〇年代到二〇一二年，圍繞在葉門、沙烏地阿拉伯、阿富汗這些國家的故事。今日葉門戰爭未見停歇，國際媒體報導了很多，但沒說的事情也很多。本書作者格雷戈里・強森則是從頭談起，帶著讀者了解葉門戰爭裡諸多勢力，像是蓋達組織與美國之間對峙與衝突的來龍去脈。

二十世紀的南北葉門與阿富汗

現今新聞中看到的葉門戰爭，其實是上個世紀冷戰（Cold War）的產物。阿拉伯半島（Arabia）最南方的葉門地區，其最南方連結紅海（Red Sea）與阿拉伯海

（Arabian Sea）的亞丁（Aden），自近代以來為海上霸權英國控制，往北走則進入由什葉派教長掌握的區塊。一九三二年，沙烏地在半島的中心利雅德（Riyadh）建國，領土包括伊斯蘭聖地麥加（Mecca），其南部地區與葉門北方接壤。

第二次世界大戰結束後，美國與蘇俄之間的對峙立即展開。一九四八年以色列建國，擠壓了阿拉伯人的生存空間，開啟阿以戰爭。在美國逐漸支持以色列的情況下，蘇俄則是與埃及保持合作關係。此時，英國勢力日益衰弱，不得不於一九六七年離開亞丁，而美國雖然與沙烏地為石油產業的夥伴，但其勢力尚未全盤進入西亞，蘇俄的共產勢力則趁機介入亞丁，成立了葉門人民民主共和國（下文稱南葉門）。六〇年代埃及與沙烏地正在競爭誰為阿拉伯世界的霸主，以致埃及主導了葉門阿拉伯共和國（Yemen Arab Republic，下文稱北葉門）成立，沙烏地則支持北葉門的反政府勢力，引起了北葉門內戰，什葉派教長的勢力也難以再發展。只是埃及與蘇俄的關係越見疏離，逐漸出現埃及「倒戈」且「右傾」的狀況，與美國靠攏，讓美國勢力也進入了北葉門。

一九七三年，美國在越南慘敗，越南共產黨成了越南的領導勢力；再加上一九七八年阿富汗的左派政黨取得政權，都代表共產主義在亞洲更具影響。隨後，一九七九年二月的伊朗革命，出現持反美立場的何梅尼（Ayatollah Khomeini）政府。在這時期，美國其實是處於灰頭土臉的狀態，僅有在埃及與以色列經歷長達三十年的戰爭卻於一九七七年開始和談的情況下，稍微可以拿來說嘴。不過，蘇俄在阿富汗也並非就此一帆風順。阿富汗社會主義政府之中，並不是所有人都願意完全接受蘇俄的「領導」，一九七九年發生政變，成了「不太聽從蘇俄」的社會主義政府。蘇俄在可能於西亞處孤立的恐懼下，發起一九七九年對阿富汗的戰爭。美國也出兵抵抗共產勢力擴張，沙烏地人奧薩瑪・賓・拉登前往阿富汗，協助美國基地建立與軍事訓練。在對蘇俄的抵抗之中，奧薩瑪・賓・拉登成了伊斯蘭的「聖戰」（jihad）英雄。

蘇俄攻打阿富汗一打就是好幾年，以致不少穆斯林也願意投身阿富汗戰爭之中，以對抗邪惡的蘇俄。如本書寫道，一九八六年葉門人願意前往阿富汗這個「從未聽過的土地上」參與戰爭。可見，外來強權在廣大的伊斯蘭世界裡造成莫大的壓力，**讓不少穆斯林很樂意為了捍衛自身的價值觀而戰**。一九八七年蘇俄對阿富汗停戰後，還是由社會主義政府主導的南葉門，轉而成為奧薩瑪・賓・拉登在成立蓋達組織之後的第二個戰場，他稱葉門是「阿拉伯世界的阿富汗」，是另一個被蘇俄壓迫的伊斯蘭土地。蓋達組織誓言打擊社會主義勢力，以逐出異教徒為目標。

葉門戰爭與蓋達組織

阿富汗戰爭後，蘇俄在西亞的影響力減少，對南葉門的照顧也不復以往，讓北葉門有機會主導了一九九〇年南北的和談與結合。同一年爆發了伊拉克攻打科威特的波斯灣戰爭（Gulf War），不僅對美國在西亞的石油利益有重大打擊，而且對沙烏地的東北方邊界造成威脅。此時奧薩瑪・賓・拉登不滿美國持續在沙烏地境內增派軍隊駐紮，再加上他發現沙烏地王室並無意與他這位聖戰英雄繼續合作，憤而離開沙烏地，走上對抗沙、美之路。

南北葉門的統一大業雖然正在進行，由北葉門領導人薩雷赫擔任總統，但問題是，這是否令所有人心服口服？答案是否定的。原本南葉門的社會主義政黨對手必德在統一時擔任副總統，卻因他的政黨在一九九三年的國會選舉慘敗，致使必德與薩雷赫分裂，隔年爆發了葉門的南北戰爭。可見三年前的統一，只是情勢使然的假象。此後，薩雷赫與蓋達組織共同打擊社會主義勢力，但其實薩雷赫政府背後有美國支持，對蓋達也不完全信任，而從蓋達的角度來看，薩雷赫如沙烏地一樣與美國走得太近了。本書還提到，葉門的蓋達支持者要打擊「美國與猶太人」，代表他們最終目的就是要消滅這兩個汙染伊斯蘭與阿拉伯土地的外來勢力。

因此，當二〇〇一年九一一事件發生後，美國除了把矛頭指向在阿富汗的奧薩瑪・賓・拉登之外，也加強了對葉門的關注。時任美國總統的小布希（George W. Bush）說：「你要不站在**我們這邊**，要不就站在恐怖分子那邊。」本書提到，受到美國情報人員訊問的葉門蓋達分子說：「你們根本就不該在葉門，你們的存在就是侮辱伊斯蘭。」換個角度思考，美國在這半島上甚至整個西亞地區的壓迫，穆斯林若表示敵對且有所抵抗又何嘗不可？蓋達的立場必然是「不站在他們這一邊，就是站在對立面」，一如小布希看待九一一事件的態度。這些問題沒有誰對誰錯，只是大家立場不同罷了。

二〇〇三年美國攻打伊拉克，薩雷赫並不譴責美國，當然令蓋達對這政府更加不滿，連帶地沙烏地境內的蓋達支持者也在首都利雅德發動爆炸行動。蓋達認為，沙烏地與美國同陣營，早已不是穆斯林了。二〇〇四年，葉門北方的什葉派勢力再度崛起，領導人胡西，而且這是出現在葉門政治中心的反對勢力，比起蓋達組織更讓薩雷赫感到威脅。其實薩雷赫政府在長久以來的內戰問題中，並未因打擊社會主義、蓋達、胡西等勢力而鞏固自己的政治權威，反而面臨更多的反對聲浪。二〇一一年當北非幾個國家都因抗爭而爆發改朝換代的局勢後，薩雷赫也不得不宣布即將放下權位。而戰爭呢？至今仍未見停歇。

既是內戰，也是聖戰

本書提到一句蓋達分子的話：「蓋達在葉門的戰爭是對抗美國，不是對抗葉門軍。」這句話代表著，蓋達雖然要顛覆薩雷赫政府，但其主要目的則是帶有要拆掉美國霸權的意涵。而且，從更大的角度來看，諸多穆斯林在世界各地的行動，其實是在抵抗自近代以來龐大的西方壓力。但是，在以美國為首的西方世界掌握話語權的情況下，人們把伊斯蘭的「聖戰」與「恐怖行動」畫上等號。多數人沒有發現，穆斯林只有武裝行動與自殺炸彈這種鋌而走險的方式，才能表達自己的聲音。

我們必須換位思考，像是美國對於葉門與西亞世界的壓迫，不也是一種恐怖行動？美國只是藉著輿論力量，將「對外侵略」合理化為「維護世界和平」的行動。如本書提到一位葉門的部族領袖說道：「美國把蓋達視為恐怖主義，我們則是把無人攻擊機視為恐怖主義。」從葉門與其他地區加入阿富汗戰爭的穆斯林，為了「聖戰」又有何不可？葉門內戰，是近代以來穆斯林抵抗西方勢力的其中一場聖戰。

今日人們都認為一切行為若以宗教為出發點，就是落後、無知、激進的表現，但反過來看，今日不少人為了「民主」而爭吵、出兵攻打他國，不也是另一種激進與暴力的表現？只是因為今日的我們認同「民主」，而忽視且藐視其他價值觀。難道「民主」之外的價值觀就都不重要或是錯誤的嗎？近代西方對於西亞世界無所不用其極地壓迫，穆斯林若敵視、排斥西方，並不令人意外。反而西方或者接受西方價值觀的人們，不了解穆斯林抵抗的理由、不了解這世界本就有各自發展的個別特殊性。「為了民主是伸張正義，為了伊斯蘭卻是恐怖主義」，是我們應該要多加反思的觀念。

看完本書，讀者會發現，原來今日葉門的問題，其實有長遠與複雜的歷史背景，連結到八〇年代的阿富汗戰爭、經過了二〇〇一年九一一事件，再到二〇一一年的北非革命。這一切並不代表伊斯蘭信仰會造成混亂，而是國際之間的勢力拉扯所導致。葉門的發展應該如此嗎？作者格雷戈里・強森在本書提到，先知穆罕默德（Prophet Muhammad）說「葉門是『信仰與智慧之地』」，今日的葉門必然不是先知所想看到的。固然沒有人（可能只有美國）希望葉門再繼續陷入混亂的狀況之中，但從現實的狀況來看，也只能抱持希望了。

各界讚譽

「關於蓋達在葉門的興衰歷程，《葉門戰爭》是一本權威且文字敏銳的著作。本書整理出龐大的恐怖分子系譜，然而也活生生地描繪了美國政府在了解並影響一個全然陌生文化時的舉步維艱。他這本從一九八〇年代寫起的記事，隱約地將葉門放到了全球聖戰運動的中心附近；這裡可能不是蓋達的起始點，卻總是替運動提供了眾多步兵，而它現在繼承了阿富汗，成為美國政府在反恐中最迫切顧慮的地方。」

——羅伯特・R・沃斯（Robert R. Worth），《紐約書評》（*The New York Review of Books*）

「一部分是當代史，一部分是解釋敘述……強森純熟地在數十年範疇、全球各大陸與各種語言間來去自如……《葉門戰爭》針對美國過去二十五年的行徑，有著令人信服的洞見——鳥瞰那些成功與失敗，望穿它們令人不悅的灰色陰影。」

——海莉・施威特蘭・艾德華斯（Haley Sweetland Edwards），《華盛頓月刊》（*Washington Monthly*）

「格雷戈里・強森寫下了二〇一二年有關蓋達的最佳新書，也是近年來有關葉門的最佳書籍……《葉門戰爭》是一本與（蓋達在阿拉伯半島）之發展相關的詳盡敘事記錄。本書讀來引人入勝……」

——布魯斯・里德爾（Bruce Riedel），《野獸日報》（*Daily Beast*）

「從第一頁開始，《葉門戰爭》就像小說一樣展露事物面貌，毫不費勁地引導讀者穿過大串複雜狀況和陌生人物，讓他們的故事活靈活現……（格雷戈里）在現場付出的歲月展現於豐富而引人入勝的大量細節，而這種特色鮮少會出現在恐怖主義相關書籍中……其成果便是一本豐富的記事，以及一張有說服力的人物像，描繪的不只是葉門的聖戰主義趨勢，也描繪了葉門總統阿里・阿卜杜拉・薩雷赫的崛起與其沒落之起點，他引人爭論且矛盾的人格不時躍然紙上。」

——J．M．柏格（J.M. Berger），*Intelwire*

「（強森）可能是本國面對這塊上帝所遺棄、因部族撕裂而一貧如洗之地的第一流專家。」

——布魯斯．霍夫曼（Bruce Hoffman），《國家利益》（*National Interest*）

「扣人心弦而眼光獨到。」

——《書目》（*Booklist*）

「文筆結合了學術和新聞風格，且多半基於作者於葉門進行的口頭採訪，這本書十分好讀且應能啟發不熟悉葉門政治的人……十分推薦。」

——M．葛蕭維奇（M. Gershovich），《選擇》（*Choice*）

「傑出的歷史發展記錄……敘事方式讀起來與其說像歷史教科書，不如說更像吸引人的虛構故事……對於想要更了解成為蓋達、或葉門這個戰爭之國的人，本書是極有價值的資源。」

——麥可．克洛普（Michael Kropp），《邏各斯》（*Logos*）

「格雷戈里．強森，這位葉門兼聖戰極端主義的權威，在《葉門戰爭》中，針對唯一持續對西方造成真正威脅的蓋達分支，交出了文筆一流、採寫深入的作品。」

——彼得．L．柏根（Peter L. Bergen），著有《追緝：從九一一到阿伯塔巴德，奧薩瑪．賓．拉登十年搜索記》（*Manhunt: The Ten-Year Search for Osama bin Laden from 9/11 to Abbottabad*）

「格雷戈里·強森為後九一一時代最缺乏報導且最受誤解的一些故事，寫下了一本突破之書。《葉門戰爭》有著扣人心弦的文字以及對細節不可思議的專注，而具備動作小說的速度。但這些故事又太真實。如果我們忽視葉門逐漸擴大的隱蔽戰爭，又無法從其複雜歷史中學習，我們就得自行承擔後果。接下來的幾年裡，強森會被視為少數搞清楚狀況的人。」

——傑瑞米·斯卡希爾（Jeremy Scahill），著有全球暢銷書
《黑水內幕：私人保安公司如何崛起為世界最強大的軍事公司》
（*Blackwater: The Rise of the World's Most Powerful Mercenary Army*）

「《葉門戰爭》難能可貴地，讓人得以一窺蓋達在葉門的行動史。格雷戈里·強森解釋了該國現況、威脅所在，以及我們為何該關注的理由，而讓我們大家獲益良多。」

——阿里·H·蘇芬（Ali H. Soufan），著有
《黑旗軍：九一一內幕與對蓋達戰爭》

（*The Black Banners: The Inside Story of 9/11 and the War Against al-Qaeda*）

「蓋達主題的最佳書籍之一。」

——智慧精選（Selected Wisdom）

「強森……產出了蓋達（葉門）行動的第一本全史：針對讓美國如此頭疼的諸多行動、人物和動機，寫下了引人入勝的記錄。」

——《出版者週刊》（*Publishers Weekly*）

序

幾個世紀以前，阿拉伯沙漠中央某處，一名不識字的前牧羊人把他那一幫造反流浪者召集起來，準備交代最後幾句話。他們大多和自己的家庭與部族——七世紀阿拉伯半島的兩大社會凝聚力——都斷了關係，來追隨這名前牧羊人，以及他那些上天啟示的故事。穆罕默德的主張，震驚了阿拉伯半島西岸麥加的多數人。因為一場暗殺陰謀而被逐出家鄉的他，逃到了北方求援。他已先派了一些追隨者跨過紅海，進入現今衣索比亞一帶，只留下隨身一小批支持者。剩下來這一丁點四處奔波而疲憊不堪的人，似乎已走到了末路。望著那天隨他進入沙漠的這幾人，穆罕默德說，「當災禍威脅時，便在葉門找避難處。」如果這沒成功，如果穆罕默德沒能活下來，那這幾個字就是給他們的命令。葉門是最後的避難處。

當然，歷史最後是往反方向走。穆罕默德孤注一擲的北逃沒有失敗。他成功了，為一個很快就會跨越各大陸的帝國跨出了起頭幾小步。充滿絕望與懷疑的閃爍片刻已消逝，但他當時說過的話終將留存，成為一旦緊急時刻來臨時的行動指引。穆罕默德這番話不僅僅是說給當下；他也是對著未來發聲。總有一天災禍會來臨，而他的追隨者會需要一個最後避難處。那天在沙漠裡他講話的對象就是那些人：同樣會逃往葉門的未來世代。他這番話就是送給他們的，不管他們到頭來會是什麼人。

對多數穆斯林來說，所謂穆罕默德下達孤注一擲的葉門遁逃命令，其實是杜撰的。但對其他人來說，也就是年復一年自認是唯一真正僅存信徒的那一小群人來說，他的指示是直接交代給他們，並且是針對他們的處境。也就因為如此（若無其他理由的話），人們就這麼信了。信仰戰勝了證據。

這些散布在世界各處隔絕地帶和孤立村落的小眾信仰者們，其實從來都不怎麼需要葉門承諾給予的庇護。總是還有其他的山區藏匿處，總是還有其他不可及的避難處能讓他們獲得安全。那些凡人君主，再怎麼樣還是得屈服於有限的時空。但到了二十世紀末，那些古老的屏障正在消逝。有一股可以攻打全世界任何地方的全球級勢力崛起了。無人攻擊機對著他們的聚會發射飛彈，同時戰艦和戰機再三襲擊，將他們趕出其家園和村落。在穆罕默德發表那篇戰場演說的一千四百多年後，他所說的那一刻終於來臨了。確實，那就是他們的先知所預見的那場災禍。二十一世紀初的這群人們確實是他所選中的世代，而他們需要一個最後避難處。

二〇〇九年一月初，在葉門高地上離首都沙那（Sanaa）北方不遠處，這群人中的少數幾個人，於某個兩層樓藏身處內集會。他們來自阿拉伯世界——沙烏地阿拉伯、埃及、波斯灣——的各處，範圍遍及非洲至南亞。幾個月內，還會有一小群美國人以及至少幾個歐洲人來加入他們。就這麼年輕的一群人來說，他們的人生履歷意外地豐富。他們幾乎都在其他地方戰鬥過，並且失敗過。有些人被捕入獄，被關在世界上最陰暗的幾個角落裡。在伊朗和沙烏地阿拉伯、關塔那摩灣和葉門，他們為他們的失敗付出了代價。在潮溼的監獄牢房中，這些人遭到審問刑求，被剝奪睡眠，還被燒燙傷。但他們活了下來，而他們現在撤退到了穆罕默德的最後避難處。

那天待在那間藏身處的人是搭船前來葉門，靠著人口販子偷渡過亞丁灣，便消失在每天從非洲而來的難民潮中。有些沙烏地阿拉伯人把車向南開，加速穿過沙漠底下那條當作國界的隱形界線。其他人降落在沙那國際機場，自稱是阿拉伯學生或觀光客。他們之中至少有一個人就像穆罕默德最早的支持者那樣，騎著他的駱駝加入這場最新的**聖戰**，穿過幾百里的沙漠抵達安全藏身處。不管他們如何抵達，面對將要發生的事，他們都準備好了。

在世界的另一頭，準總統巴拉克・歐巴馬（Barack Obama）對於將要發生的事卻還沒做好準備。這位新總統坐在白宮旁邊那間海—亞當斯飯店（Hay-Adams Hotel）裡的臨時辦公室，正準備要履行他在選舉期間承諾進行的改革。名列其中首選的是關閉關塔那摩灣監獄。這個拘留機構已令他困擾了好幾年，既傷害美國海外形象，又讓國內選民分裂。國內的法庭緊緊追打著此機構的法律基礎，同時刑求的消息又從關塔那摩的鐵籠裡流了出來。

雖然歐巴馬當時還不知情，但這一小群在葉門藏身處會面的人們，正準備要逼他動手。在接下來的日子裡，他們會強迫他違背競選訴求，並在過程中暴露出他那政府手上最棘手的難題：美國如果不再發動一場只會讓問題更加惡化的昂貴入侵戰，要如何對抗這一群既敏捷又沒有所屬國的敵手？

歐巴馬上任準備處理阿富汗與伊拉克的戰局，但他不會在葉門這邊花多少時間。二〇〇九年一月初那時，葉門都還只是次要問題，但這情況不會持續下去。到歐巴馬就任第一週結束時，他面對葉門和其戰鬥分子提出的問題，就得要有個解答了；然而截至那時，他甚至都還沒開始思考這個難題。

在歐巴馬就職儀式的幾天前，待在那棟沾滿沙塵的建築裡的那一小群人，舉行了他們自己的現身儀式。那場儀式完全沒有國際大事件的大排場，就只是四個人盤腿坐在地上，背後是一整面白布和一面黑旗子。要到日後，也就是歐巴馬總統簽署執行令、宣告他打算關閉關塔那摩灣的好一陣子之後，世界各地才會聽說有這個活動。但那幾個在葉門的人很清楚自己在做什麼。他們在沙漠中的狹小藏身處裡，僅僅靠著一臺攝影機和幾臺筆記型電腦，就用一支影片，讓美國總統以及其阿拉伯盟友——沙烏地阿拉伯人和葉門人——蒙羞。就連他們釋出資訊的方式也是經過精算，以讓效果達到最大。先是引人注目的前導：一篇於就職典禮幾天前就貼在聖戰網路論壇上的媒體聲明；然後，等歐巴馬一宣誓就職，就發出完成品。

這段十九分鐘的影片證實了美國擔憂的最糟情況：過去一度被監禁的某人現

在已是自由身，並威脅要殺害美國人。來自沙烏地阿拉伯，美國一年多前釋放的前關塔那摩灣拘留者賽義德・希赫里（Said al-Shihri），重新加入了蓋達。他穿著黑袍坐在地上，一邊肩膀掛著整條子彈帶，對著鏡頭搖手指；他面前地板上還有火箭筒。他說，他在此宣布蓋達的葉門和沙烏地阿拉伯分支合併為單一組織：阿拉伯半島蓋達。當他說話時，蓋達的技術人員在螢幕下方打出了他的名字、頭銜和關塔那摩的拘留編號，三七二。

希赫里並不孤單。另一名來自沙烏地阿拉伯的前關塔那摩灣拘留者穆罕默德・奧非（Muhammad al-Awfi），也出現在同一支影片中。坐在希赫里旁邊，穿著自殺炸彈背心，頭戴紅格子頭巾的，是葉門人卡辛・萊米（Qasim al-Raymi），該團體的新任軍事指揮官。坐在這個半圓形的中心，因為兩側坐著大塊頭沙烏地阿拉伯人而顯得瘦小的，是阿拉伯半島蓋達的新任指揮官，納瑟・武海希（Nasir al-Wihayshi）。這個留著大把鬍子、講起話輕聲細語的小個子葉門人，在阿富汗替奧薩瑪・賓・拉登（Osama bin Laden）當了四年的祕書。他曾經是這位蓋達指揮官的個人祕書兼侍從官，而如今他開始自立門戶。

葉門回歸戰場了。五年前上演的故事是美國成功記，它們在對抗蓋達的戰爭中搶得首勝。現在，這些戰果已不復存，而蓋達也回來了。歐巴馬總統和他的幕僚接下來得要搞清楚如何打一種截然不同的仗，而且必須在全世界最不宜人居的其中一個國家開打，一個隨著食物價格飆漲、井水乾枯而在內戰與暴力中瓦解的地方。

這裡要講的就是這個故事。這是個關於蓋達在葉門興起、衰落最終又復活的故事。這故事講述著成功與失敗，講述新世紀的諸多挑戰，以及一種了解世界的新方式。這是個美國處在戰爭中的故事。

第一篇

賓·拉登，與「蓋達」的興衰起落

第一章　不毛之地

一九八〇年代

那通電話逼近中午才打來，尖銳的鈴聲在沙那某間屋子的沉重石材間迴響。在電話線的另一頭，一個陌生的聲音穿過幾里路的靜電干擾而劈啪作響。「西夏姆（Hisham）殉道了。」那人宣布著。「恭喜。」

他的家人最後能得到的，就只有三千兩百多公里外傳來的這幾個字。沒有遺體可以埋葬，也沒有遺言交代。當這通電話從巴基斯坦打來時，西夏姆已經死了十二天。

身為葉門宗教大家族一員的西夏姆・德伊拉米（Hisham al-Daylami）幾個月前離家前往阿富汗，參與對抗蘇聯的聖戰。該族族長阿卜杜・瓦哈比（Abd al-Wahhab）有十二個兒子和幾個女兒，但西夏姆是他的最愛。從表面上來看，這兩個人一點也不像。阿卜杜・瓦哈比又高又瘦，還有一張歪向右肩膀的不勻稱臉龐。金屬絲般的絡腮鬍向下分岔糾纏成兩個紅色的結，他深思時總是喜歡拉著。西夏姆常會做出同一個動作，模仿他父親摸起自己沒毛的下巴；只是這個矮胖青少年並無他父親的絡腮鬍，或者他高大而醒目的外表。儘管如此，這兩人之間還是有種從西夏姆還小時就很明顯的特殊羈絆。當西夏姆的朋友都在外面踢足球時，他卻在研讀《古蘭經》。當他們在高中發現到女生的存在，並在沙那彎曲街道上尾隨她們時，他卻拚了命地讀著埃及極端主義者賽義德・庫特布（Sayyid Qutb）的著作。對阿卜杜・瓦哈比這位四十九歲的謝赫[1]來說，沒有什麼景象比他那胖兒子埋頭苦讀的樣子還要打動他的心。

身為一名嚴格的父親，阿卜杜・瓦哈比毫不掩飾他的偏愛。他也愛其他兒子，但西夏姆不同。現在，這群在父親出門時接到電話的兒子們，就得負責把消息告知父親。那天是一九八七年九月十二日，而阿卜杜・瓦哈比最寵愛的兒子死了。

1 譯註：shaykh，可指伊斯蘭教長、部族族長、智慧長者。

九月是沙那一年中最美的一段時光。印度洋季風被葉門北方高山攔下形成的午後陣雨到了夏末時已經平息，但冬季早晨的酷寒也尚未前來、讓黎明的祈禱者冷到不舒服。初秋的氣溫適中，讓那些穿梭於城市所處沙漏狀山谷盆地的居民們可以穿襯衫和涼鞋就好。萬里無雲時，人們可以輕易辨認出遠方的阿拉伯半島最高峰——略高過三千六百公尺的納比沙伊卜山（Nabi Shuayb）。

一九八七年那個九月早晨，阿卜杜・瓦哈比一邊聽兒子們告知那通巴基斯坦來電的事，一邊勉強開口回應。對話期間，阿卜杜・瓦哈比的思緒飄回古早以前，令他想起古老故事中那位希伯來族長雅各是如何處理痛失愛子的情緒。但就算這麼想，也沒使他獲得什麼慰藉。「我內心哀傷，雙眼湧出淚水。」他如此回憶道。「我只要我的兒子啊。」

最終，整件事的來龍去脈總算弄了清楚。幾天前，西夏姆參與了一場在阿富汗對抗蘇聯的行動。這名十九歲青年企圖不用發射器來擊發一枚火箭炮——這種高危險的步驟，需要把火箭炮放在一塊石頭上保持住平衡，然後用一條繩子當引信——但計算出了錯，他不只把自己弄死，還弄傷了兩個跟他一樣從無軍事經驗的人。這些青年被派到阿富汗東部一個颳著大風、只知道叫「馬沙達」（Maasada）

或者「獅穴」（Lion's Den）的前哨基地，接受一名叫做奧薩瑪・賓・拉登的年輕沙烏地阿拉伯人指揮。

在阿卜杜・瓦哈比兒子死去的前幾年裡，他參與一個由教士與謝赫組成的鬆散人際網，這個網絡為聖戰招募人手，鼓勵西夏姆這樣的年輕人前往阿富汗。不管是在還沒蓋好而滿是鋼筋水泥的清真寺裡，還是在某個慷慨店老闆的密室中，這些教士能在哪裡布道，就會在那裡布道。在整個中東，那些身處金光閃閃清真寺的主流布道者，始終忽視那群激進教士與他們大吼大叫的布道過程；但對那些受挫的青年和失業的青壯年們，他們簡單的訊息就是會在心中引起共鳴。一如穆罕默德從社會遺棄者中打造出大軍，阿卜杜・瓦哈比這一類教士也把一場由前科犯和流浪者組成的運動轉化成一場聖戰。若是說起「以充滿律動又有古怪迴圈的演說來吸引這些人」的工夫，阿卜杜・瓦哈比就是個中翹楚，說服了許多人跨越千萬里，來到他們從未聽過的土地上。

多年來聆聽父親布道的西夏姆，到一九八六年時也被說服了。在一趟前往沙烏地阿拉伯朝覲（伊斯蘭教要求所有信徒完成的朝聖之旅）的行程中，這位早慧的青少年告訴他父親，他準備放棄高中學業前往阿富汗。站在天房（Kaabah，麥加巨大清真寺中央的方形建築，也是伊斯蘭教最神聖之地）的陰影中，阿卜杜・瓦哈比聆聽他兒子那番小心排練過的說詞。他有些驚訝，但並不怎麼震驚；最終他也以先完成高中學業為條件，答應會給予西夏姆祝福。

儘管西夏姆按照父親的指示多等了一年，但當他來到那扇通往隔壁阿富汗戰爭的沙塵大門——巴基斯坦的白夏瓦（Peshawar）——時，他仍是個孩子。白夏瓦這個人人忠誠心如走馬燈、處處有政客背後捅刀的地方，完全不像是他還在沙那時夢想的伊斯蘭烏托邦。那裡的人們看不出有什麼使命感，更沒什麼團結心。西夏姆找到的這個城市，沒有傑出的戰士和伊斯蘭英雄，只有難民。

在一張踏出飛機後幾天於巴基斯坦拍攝的照片中，西夏姆看起來迷失了自我，像是個淹沒在父親衣服內的小男孩。在拍下這張快照的幾週後他就死了，成了聖戰的殉道者。他的父親應該要接受慶賀，而非安慰。總有一天，阿卜杜・瓦哈比會獲得他的宗教所允諾他的寬慰，那一天他甚至會為了他兒子的犧牲而驕傲，但在一九八七年九月當時，痛苦還太新鮮。他只要他的兒子。

阿富汗戰爭從來都不該是西夏姆要打的仗。這是場在中亞進行的冷戰衝突，和伊斯蘭關聯極小，和葉門可說是一點關係也沒有。在強權政治的棋盤上，宗教是地理上的意外。但阿拉伯人們被某種更深層、比政治或權力更難捉摸的東西所驅動，而被吸進阿富汗的戰火中，偶然地來到一個他們從來都不太了解的國家。

這些阿拉伯人見到的阿富汗，有著漫長慘澹的冬季，和在腳底下崩碎的蒼白沙漠。東邊那些被河流穿透挖出深刻山谷、並因此綿延成串又扭曲斷裂的山脈，完全不像多數聖戰士稱作家鄉的那片廣闊沙漠和狹窄城市。那些暴躁的部族和受藥物影響的軍閥，那些無足輕重的罪犯、間諜以及娼妓，都展現了這個國家歷經戰火後的慘烈餘波。那是充滿著歷史與經驗的阿富汗。但還有另一個阿富汗存在於混亂之外。像西夏姆這種青少年的純潔心靈中，還會催生出另一個始終更像理想而非目的地的阿富汗，然而這類青少年終將構成下一個世紀的恐怖主義人民軍。

蘇聯為了支持喀布爾共黨政府而於一九七九年耶誕節發動的部署行動，激發了最初的戰火。但阿拉伯人很快就把戰爭轉化成了聖戰；他們並非為了遏止共黨或民族解放才跋涉千萬里來參戰，阿拉伯人反而覺得自己歸屬於某種可回溯至先知時代的傳統。一如先知穆罕默德曾和不信教者及異教徒戰鬥，他們也要和無神論者及共產主義者戰鬥。當然這是神話，但遲早神話就會創造出自己的現實。

當時還是一個獨立國家的北葉門，和其他阿拉伯政府有所不同；後者儘管公然支持聖戰，私底下卻阻礙年輕人前往阿富汗，但北葉門卻是把最優秀有前途的人大量送往當地。對一整個葉門年輕世代來說，前往阿富汗前線成了一種過渡儀式。從葉門通往阿富汗的管道有三條。第一條是藉由總統阿里・阿卜杜拉・薩雷赫（Ali Abdullah Salih）所領導的政府；此人是一名堅忍不拔的軍事指揮官，在一九八〇年代中期常頂著一頭爆炸頭加掛機師太陽眼鏡。不過他早在十年前就已經掌權，於一九七八年成為北葉門的第五任總統。薩雷赫邀請這群新兵來到總統府，讓這些傻呼呼的青少年坐在有厚軟墊的大椅子上。這些男孩在華麗奢靡氣息與總統鍍了金的房間裝潢中迷失自己，任憑薩雷赫將他們和穆罕默德最初的同伴相比擬。

第二條管道由葉門的諸多部族所連通；這些部族往往自成一國，自行控有地盤並在葉門的崎嶇山麓間施行自家律法。在沙那北邊，哈希德（Hashid）和巴基爾（Bakil）這兩個部族同盟居於支配地位。被稱作該國雙翼的這兩個部族，是葉門歷史最悠久的社會組織。龐大的哈希德部族同盟以及其上千名武裝戰士的領導者，外貌威嚴的阿卜杜拉・阿赫馬爾（Abdullah al-Ahmar）謝赫，經常會在他位於沙那鬧區的高牆大宅裡舉辦放映會，播放來自前線的粗顆粒影片，並舉辦由阿富汗回歸的戰士所主講的演說。

第三條管道則是葉門的清真寺網絡。每週五在全國各地的布道活動中，教士們響應著政府首長和部族謝赫們，對信眾說他們有戰鬥的責任義務。阿卜杜・馬吉德・金達尼（Abd al-Majid al-Zindani）這名有著紅蘿蔔色鬍鬚的高大魁梧布道者，和阿卜杜・瓦哈比・德萊木（Abd al-Wahhab al-Daylami）一起擔任這項任務的先鋒。於一九五〇年代晚期接觸宗教的金達尼原本是學生演員，因此很清楚如何獲取人們支持。他用自己的阿富汗旅行故事催眠觀眾。金達尼把聖戰的奇蹟告訴眼中充滿渴望的年輕人，訴說天使降臨地表和人們並肩作戰，描述拒絕腐爛的屍體。他以爆發的聲音解釋道，真主以這樣的跡象來呼告他們前進。

出了沙那，葉門各處小村落裡的兼職布道者們，參考了阿卜杜・瓦哈比和金達尼這些老師的方法，在自己的講經壇上重複他們在首都聽來的故事。西夏姆懇求父親同意他前往阿富汗的同時，有另一名年輕葉門人正面臨類似的抉擇。穆斯塔法・巴迪（Mustafa Badi）這名二十歲的捲髮葉門人剛結束一份沙烏地阿拉伯的短期工作回來，在某個週五，和堂兄弟一起前往當地清真寺。「那天的講道」，多年後他回憶道，「徹底改變我一生的方向。」

那名村落裡的謝赫說到了阿富汗——聽眾中只有少數人聽過這地方。「我甚至連阿富汗在哪裡都不知道。」巴迪如此坦承。他瞄了瞄跪在一旁的堂兄弟，悄悄問他知不知道。這個堂兄弟用眼神回了他一個不曉得。

謝赫從清真寺前端響起的聲音說道，阿富汗，是穆斯林遭受攻擊的地方。他說，蘇聯飛行員從空中攻擊，殺害了那些在屋裡安眠的家庭。共產主義者強姦婦女，把地雷假裝成玩具，讓那些小到不會祈禱的孩子傷至殘障。當他演說時，跪在他面前的人有少數開始哭泣。慢慢地，抽噎聲在信眾間傳開，感染了所有的禮拜者。巴迪摸了摸臉頰，落下了自己的淚水。

這位謝赫繼續說道，僅僅裝備著對真主信仰的阿富汗人，正要開始反擊。但他們需要幫助。謝赫在此稍稍停頓演說，等待抽噎聲和模糊的啜泣聲消失。他要每個人都望著他的臉。他的眼睛掃過整個室內，收下了禮拜者和他們已成形的無言承諾。當他再度開口時，他的聲音成了一種挑戰。巴迪不用再聽下去了。第二天早上他就買了張機票前往巴基斯坦。

幾天後，在前往喀拉蚩的班機上，巴迪想著自己這是在做什麼。他在巴基斯坦或阿富汗都沒有一個認識的人，也想不到班機降落時要做什麼或去哪裡。一週前他連阿富汗都沒聽說過，而現在他已在前往該處的路上。

在排隊用機上廁所時，他和兩個年輕葉門人聊了起來。這兩人聽巴迪複述謝赫的布道，聽他把蘇聯人在阿富汗犯下的罪都告訴他們。這兩個人跟巴迪說，他們是正要去巴基斯坦伊斯蘭大學的學生，但等到飛機過了阿拉伯海，他們便悄悄透露自己其實也是要去阿富汗。這兩個葉門人開始照顧起巴迪，帶領他穿過狂亂的喀拉蚩港都，抵達一間安靜的旅社，並替他弄來一張機票飛越國境抵達白夏瓦。

在入境大廳裡，一名僅僅自稱為阿卜・土拉布（Abu Turab）的巴勒斯坦人在那裡等著他們。這名聖戰士把這幾個葉門人連同一名邋遢的阿富汗戰士一起塞進一臺小巴士，越過白夏瓦城來到另一頭的大學城區，把他們丟在當地的一間屋子前。阿卜・土拉布解釋道，這裡是服務局（Services Bureau），是給阿拉伯志願者用的旅社兼官方事務情報交換所，由阿富汗當地的阿拉伯聖戰教父阿卜杜拉・阿札姆（Abdullah Azzam）所經營。進屋後，三人交出了他們的護照、身分證和錢，並選擇了新的名稱身分。有人跟他們說，在白夏瓦地下活動期間，聖戰名稱可以保護他們。巴迪根據自己最喜愛的先知——《舊約聖經》和《古蘭經》都出現過的人物亞伯拉罕，選了易卜拉欣這個名字。此後他在阿富汗的時光裡，人們都只知道他是阿卜・易卜拉欣。

對那些來到阿卜杜拉・阿札姆門前的年輕人來說，他成為了一名有如父親般的人物。在阿札姆低沉的聲音和充滿感情的眼神中，像西夏姆和巴迪這樣的青年少年們，找到了一位能夠明確說出他們內心祕密渴望的人。阿札姆甚至看起來還像一名領袖。在阿富汗，他開始戴起*pakul*，一種聖戰者會戴的羊毛軟帽，同時他還把鬍子留過衣領；邊邊兩條白鬍子留到下巴底下時，又變回了黑色。

阿札姆出生於巴勒斯坦，以色列於一九四八年建國時他才七歲；而這國家的成立所帶來的震撼，就畫出了他一生要走的那條路。二十年後，一九六七年的阿以戰爭將他逐出巴勒斯坦，使他步上了流亡生涯。當時是研究生的阿札姆搬到了開羅，一九七三年在盛名遠播的艾資哈爾大學（al-Azhar University）完成博士學位，接著在沙烏地阿拉伯獲得大學教職。在整個一九六〇年代中，埃及和沙烏地阿拉伯都在爭奪阿拉伯世界龍頭，在中東各處的代理戰場上打著屬於自己的冷戰。埃及的異議者在沙烏地阿拉伯避難，而批評沙國王室的人則是逃到開羅。在沙烏地阿拉伯，阿札姆結識了埃及流亡者，其中包括了穆罕默德・庫特布（Muhammad Qutb）；他的哥哥就是極端思想家兼伊斯蘭主義者賽義德・庫特布，於一九六六年被埃及總統賈邁勒・阿卜杜・納瑟（Gamal Abd al-Nasser）處死。沙烏地阿拉伯發薪資給庫特布這樣的埃及人，在國立的清真寺裡給他們職位，讓他們繼續用他們對《古蘭經》和聖戰的理解，來培育一整個世代的學生。

到了一九七九年蘇聯入侵阿富汗時，阿札姆已準備好要來實踐他的理論。一九八〇年，他在伊斯蘭馬巴德的伊斯蘭大學獲得職位。然而，在巴基斯坦綠樹成蔭的安靜首都裡過日子，還是離他追求的戰爭太遠。抵達巴基斯坦幾個月後，他就再度舉家搬遷，來到西邊約兩百公里的白夏瓦。在這裡，在開伯爾山口的陰影下，並且就在那白雪皚皚山峰外的聖戰中，他找到了一生的志業。

於穿越邊境的旅途中，阿札姆目睹阿富汗聖戰者只用古董步槍和真主信仰，就將蘇聯的反覆進攻推回原處。他們在戰火下的勇氣，震撼了這名認為自己家園是被入侵者偷走的巴勒斯坦流亡者。不久，阿札姆就回到了白夏瓦，發展出一套泛阿拉伯軍的想像；想像中的這支軍隊會來去世界各地，將穆斯林的土地從外國的占領中解放出來。一九八四年，他把自己這套想法提煉成一種伊斯蘭教令（fatwa）。在這套教令中，阿札姆主張阿富汗的聖戰是全穆斯林義不容辭的責任。同年，他在白夏瓦成立了稱作「服務局」的接待所和辦公室。作為阿富汗當地阿拉伯事業中樞的服務局，原本預期是要迎接蜂擁而來的志願者。但在阿札姆發表教令的頭幾年裡，只有一丁點像西夏姆和巴迪這樣的青年少年前來。

人們不來阿富汗，阿札姆就把阿富汗帶去給人們。在跨越中東的徵召之旅中，他用他低沉有力的聲音和臺上的戲劇效果鼓舞了群眾。「就只靠著聖戰和步槍！」他大喊著，舉著一把步槍甩著。只要是有穆斯林的地方，他就去重複這套演出，前往歐美徵召戰士來打他這場戰爭。樂見蘇聯也深陷一場越戰的美國，允許阿札姆在全國各地如布魯克林、堪薩斯和圖森等城市成立分部。這名戴著阿富汗帽、肩膀寬闊的巴勒斯坦人是個孜孜不倦的招募者，一夜又一夜地播放影片並發表演說。「你們在阿富汗的兄弟姊妹需要你們。」他懇求著尚未下定決心的群眾。

一名聖戰士多年後回憶道，聆聽阿札姆的演說「讓我想要找條毯子然後從這個世界上退出。」這時挺身而出的人們便是阿札姆的戰士，向他宣誓效忠服從。阿札姆做的每件事——演說、影像，尤其是戰場上的故事，當他說起時他會抓住聽者的手，在他們的指間握緊滿是老繭的拳頭，同時低聲說著他在前線看過什麼——都是用來吸引虔誠而勇於冒險的人。

到了一九八〇年代末，當蘇聯準備要撤退時，原本一丁點的阿拉伯志願者變成了人潮。這人潮中有許多人在一九八九年二月十五日那天，往阿札姆和他在沙烏地阿拉伯的手下奧薩瑪・賓・拉登這邊集中過來。那天，阿富汗境內的最後一名蘇聯士兵，鮑里斯・格羅莫夫將軍（General Boris Gromov），走過了鋼筋水泥造的友誼橋（Friendship Bridge），進入屬於蘇聯的烏茲別克。這不打緊，人在白夏瓦的賓・拉登對著圍繞他的新兵大軍說。蘇聯在喀布爾留下了一個傀儡政府，而賓・拉登想把這件事了結乾淨。這名三十一歲的沙烏地阿拉伯人在蘇聯撤退後充滿自信，而他正計畫著最後一趟穿越邊境進入阿富汗的行程。沒人覺得會遇上什麼戰鬥。在美國維吉尼亞州的蘭里（Langley）、中央情報局的分析師也同意聖戰者的分析，並和巴基斯坦的情報單位一起湊出了一個計畫，來支援這支從巴基斯坦出境並向西推進到喀布爾的反抗軍。在沙烏地阿拉伯老家已被許多文章評論所阿諛的賓・拉登，此刻想要獲得更廣泛的群眾注意。他這場邁向喀布爾的行軍，是能使他贏得聖戰英雄名聲的一大步。

在開伯爾山口的另一頭，阿拉伯人在阿富汗東部賈拉拉巴德（Jalalabad）城外的嚴寒山區中重新集結。一條冬雪挹注的彎曲河流和幾道俄羅斯地雷保護著這個城市，而城裡還躲著上千名效忠阿富汗共黨政府的軍人。除了賓・拉登的阿拉伯部隊，好幾組阿富汗聖戰者也於三、四月左右在環繞城市的山區占好地盤，人人都希望在此做出決勝一擊，然後向西邊一百六十公里的喀布爾前進。幾年前讓阿札姆印象深刻且最終將蘇聯趕出了阿富汗的，就是這個由滿頭亂髮的反抗軍和軍閥所組成的鬆散同盟。然而，儘管打了十年的仗，這個同盟仍沒有幾個聖戰者指揮官有攻城經驗。他們過去是游擊戰士，從山區溜出來破壞蘇聯坦克，或者從松木後頭跳出，用刺針飛彈打下低空飛過的直升機。許多指揮官曾經是對手，爭搶著國外挹注於這場戰爭的資金與軍火，而多年來的競爭培養了一種互不信任的文化。

最初的奪城行動，隨著共黨軍輕易打退聖戰者胡亂的正面進攻而失敗。那些滿腹疑心，懷疑對手玩弄兩面手法拖延時程、好趁戰爭收尾時再撈一筆的指揮官，開始為了敗戰互相指責。聖戰者同盟並未如中央情報局預期那樣輕鬆快速獲勝，反而分崩離析。賓・拉登試圖避開阿富汗陣營中的敵對猜疑，但他無法自力打敗共黨軍。大部分的日子裡，這位沙烏地阿拉伯指揮官從山中派出沒經驗的突擊特遣隊，徒勞無功地試圖打破僵局。整個春季下來，不少阿拉伯戰士在賓・拉登草率策畫的襲擊中喪命。一名葉門戰士在試圖襲擊坦克陣地時被殺。其他人則是在阿富汗共黨軍中古戰機隊所固定進行的飛彈與集束炸彈轟炸中喪命。

第一波充滿希望的襲擊過了十五週，在阿富汗夏末的熱浪下，賈拉拉巴德終於落入了聖戰者手中。這是場空虛的勝利。隨著阿富汗戰事崩解為眾多聖戰者指揮官的內戰，圍攻賈拉拉巴德所暴露的嫌隙也持續擴張。賓・拉登沒留在這裡享受他的勝利，反而帶著厭惡感撤退回巴基斯坦——在數週的戰鬥中，他損失了超過八十個人。

於賈拉拉巴德發生的潰散以及阿富汗盟軍的後續爭執，都令阿札姆和賓・拉登擔心不已。阿札姆懷疑自己的泛阿拉伯軍夢想是不是錯了，而賓・拉登則是想知道自己的戰鬥計畫哪裡出了問題。兩個人都各自去尋找答案。阿札姆徒步走了八天，穿過興都庫什山，前往北邊位於蘇屬塔吉克邊界的潘傑希爾河谷（Panjshir Valley），拜訪未介入賈拉拉巴德戰事的傑出游擊隊指揮官阿哈馬德・沙阿・馬蘇德（Ahmad Shah Massoud）。賓・拉登則是尋求獨處空間。一九八九年年底，就在阿札姆回到白夏瓦不久後，這兩人進行了最後一次對話。接著賓・拉登就搭飛機回家了。

阿札姆留在白夏瓦並試圖重建夢想。十一月，那位有紅蘿蔔色鬍鬚的教士阿卜杜・馬吉德・金達尼抵達了白夏瓦，向他的老朋友兼導師求教。金達尼想要討論未來，以及阿富汗戰爭之後要做什麼。阿札姆對他說，週五祈禱後才說吧。這位巴勒斯坦指揮官已因這座邊界城鎮的政治捅刀疲憊不堪，而這座城鎮如今也已吸引了上千名無黨無派戰士來追求戰爭。面對這麼多人湧入白夏瓦，阿札姆已失去對整個運動的掌控力。就跟阿富汗的聖戰者一樣，阿拉伯聯盟也分崩離析。服務局的書面工作速度已來不及把每個人登記到阿札姆那份陳舊資料庫裡，同時比較新進的戰士又開始被其他不肯妥協的人吸引，好比埃及的激進派人士艾曼・札瓦希里（Ayman al-Zawahiri）；而札瓦希里又悄悄對人說，問題是出在阿札姆身上。謠言和謊言迴蕩在城裡的市場及清真寺內。勝利並未將阿札姆的戰士們團結起來，反而分化了他們。

一九八九年十一月二十四日，也就是阿札姆預定在週五祈禱後跟金達尼見面的那天，這位聖戰老兵和妻子說完再見，便和兩個兒子離家前往清真寺。阿札姆的下午擠滿了會議，而他希望在祈禱前能有安靜片刻。當他們的車子駛近清真寺時，一枚藏在排水溝的炸彈爆炸，把車子炸成兩半，三人當場死亡。十九公斤的TNT炸藥威力大到把阿札姆二十三歲兒子穆罕默德的屍體震到附近樹上，而十四歲小兒子易卜拉欣的腿則是糾纏在頭頂的電線中。他的雙手隨著一整堆血淋淋的金屬破片和身體殘骸一起飛濺到對街，布滿周圍建築。不過阿札姆的遺體倒是沒怎麼受損。「就只有一點點血從他嘴巴流出來。」他的姪兒這麼回憶道。

不管這是不是最後的奇蹟，阿富汗聖戰的教父還是死了。幾週前，一名清真寺的清潔工在阿札姆用來做週五布道的講經臺下，找到了一枚大型炸彈。的確，阿札姆當時承認自己正面對威脅，並對一名記者說，「我的命運已經注定了。會發生的事情，我做什麼都無法避免。」

幾天後，在阿札姆的葬禮上，心碎的金達尼試圖繼續維繫這場運動。在白夏瓦城外的一座山丘上，面對數百名哀悼者時，他提出了一個狂熱的請求；他的聲音在麥克風裡高低起伏，讚美了阿札姆調和不同派別的能力，並呼籲在阿札姆離去的此刻繼續團結。但金達尼無法取代阿札姆。沒有人可以。

就算這些阿拉伯人在爭吵中曾有過什麼指揮架構，阿札姆一死也都結束了。沒了蘇聯和阿札姆的指引，阿富汗的戰爭持續進行，沒有方向也沒有目的，就只是一股偽裝成戰爭、範圍遍及全國的犯罪狂潮。出於挫折感和策略方向，金達尼放棄了阿富汗，追隨賓・拉登回到沙烏地阿拉伯，在那裡，賓・拉登的統治家族在他自己的學院裡替他安排了位子。幾個月內，新職務的光彩就已黯然失色。與十年聖戰相比，講課和研究無聊至極。跟阿札姆一樣，金達尼無法打從心裡成為學院講師。他甚至連他當初起頭的兩個學位都念不完。他在開羅發現宗教魅力時，就放棄了第一個藥學學位。第二次他試著在艾資哈爾大學念完伊斯蘭研究，但這份學業也早早夭折。企圖重拾阿富汗戰役中某些失落魔力的金達尼，回絕了沙烏地阿拉伯的石油資金並返回葉門老家。他很快就會找到新的聖戰。

有了時間來遺忘阿富汗戰場的賓・拉登，開始思考阿札姆的遇刺和自己在賈拉拉巴德的失敗。就跟阿札姆一樣，他曾夢想以一股行動來團結穆斯林世界，讓它恢復哈里發早期的偉大——統治一整個從西班牙到亞洲的帝國。賓・拉登相信，阿富汗的問題就在於缺乏團結。但他可以解決這個問題。在塔利克・法德里

（Tariq al-Fadhli）這位於阿富汗活動了二十二年的葉門老兵相伴下，賓・拉登已籌備起下一場聖戰的計畫。這一次，他會掌管局面。

法德里這名戰士身形消瘦，輪廓尖銳，留著山羊鬍，總是戴著過大的黑纏頭巾，而這種裝扮日後會因為塔利班而聞名。他在賈拉拉巴德戰事時就跟隨著賓・拉登在山裡面行動，甚至在戰場上受傷。這兩人都在沙烏地阿拉伯長大，但也都把葉門視為自己老家。賓・拉登的父親穆罕默德來自葉門，當初往北進入沙烏地阿拉伯的新王國打零工，並一轉成為建築大亨。另一方面，納瑟・法德里（Nasir al-Fadhli）則是南葉門以沿岸漁業和崎嶇山脈聞名的阿比揚（Abyan）地區蘇丹繼承人，生下來就是領導階層。有了建設亞丁港作為殖民地的英國在背後支持，法德里家族在二十世紀初期幾乎可說是一帆風順。但到了一九六七年，在塔利克出生的幾個月後，英國就放棄了亞丁港，拋下他們過去的朋友，使他們毫無防備。馬克思主義民兵立刻就把法德里家族趕出他們的農莊，迫使他們流亡到沙烏地阿拉伯。在這王國中長大的法德里於一間神學院接受思想灌輸，而那間神學院日後也將創造出賓・拉登，進而催生蓋達組織。當沙烏地阿拉伯青年法德里於一九八〇年代中期前往阿富汗時，他已戴好了專屬於他的裝備——父親的人生經歷以及沙烏地阿拉伯強烈的反共意識形態——來對抗蘇聯及其盟友。他生命中的兩大支柱，家族和信仰，為了反抗同一批敵人而結盟起來。

前往阿富汗的沙烏地阿拉伯志願者中，有很多是在聖戰中玩票的有錢人。但對法德里來說，對抗共產主義並不是冒險假期，而是試煉場。阿富汗使他準備妥當，得以面對將在葉門發起的真正聖戰。這個前往中亞打聖戰的男孩，回家時已是一名領袖。法德里見識了戰爭，並活了下來。他那傻裡傻氣的稚嫩模樣沒了，被一道道焦慮的皺紋所取代，而那更會隨著他年紀增長更加深長。

當法德里在沙烏地阿拉伯療養賈拉拉巴德受的傷時，他就跟賓・拉登一樣，在聽聞阿札姆遇刺消息時震驚不已。這兩個人都已認不得他們曾協助孕育的這場運動。在白夏瓦，阿札姆的繼承候選者為了聖戰的未來爭吵，但在吉達（Jeddah）這個溼熱的沙烏地阿拉伯港城裡，賓・拉登和法德里正標定著自己的路線。賓・拉登比其他人話少，但他的計畫比人多。而且他還有別人都沒有的東西：金錢。

在阿札姆遇刺後的幾個月裡，賓・拉登和法德里熬著夜，享受著涼涼海風，同時在賓・拉登的屋裡勾勒聖戰的未來。他們都被吸引到他們的祖先之地——葉門，一個他們僅僅透過家族故事和照片認識的地方。據說是「阿拉伯世界的阿富汗」的葉門，有著眾多部族和高山，而且被葉門社會黨統治——至少在南部地帶是如此。但最關鍵的是，這是一張能讓這兩名年輕聖戰者投射野心的空白地圖。

經過了數個月的對話和漫長的戰略會議後，這兩個人生出了一份計畫，和阿札姆在阿富汗用過的極為相似。賓・拉登會提供資金，然後法德里會率領一群阿拉伯戰士進入南方山區，並發動游擊戰。在賓・拉登的想法中，葉門戰役會是重振穆斯林世界之連環步驟中的第一步。但他一開始得先解決掉共產阿拉伯世界。賓・拉登相信，聖戰士既然曾在阿富汗打敗他們，想必也能在葉門打敗他們。賓・拉登這個一度眼高手低的計畫，最終反而會像阿札姆的計畫那樣，因為外部勢力所做的決定而獲益。一如在阿富汗，一個國家和一群聖戰士將要發現，彼此其實有著共同的敵人。

第二章　為了錢的統一

一九九〇年—一九九三年

一九八九年底，葉門總統阿里．阿卜杜拉．薩雷赫正準備著統一工作。過去幾個月，當奧薩瑪．賓．拉登和塔利克．法德里籌劃他們的新聖戰時，薩雷赫都在奠定擴張國家的基礎。悄悄在首都沙那和刷成一片白色的南葉門港都亞丁之間穿梭的薩雷赫，把這個擴張國土的想法丟給了他的社會黨對手阿里．沙利姆．必德（Ali Salim al-Bid）討論。合適的理由並不難找。冷戰已經要結束，而南北葉門都面臨了麻煩。

一九六七年英國人撤出亞丁港，拋下法德里家族這類客戶之後，左翼民兵就控制了南葉門。三年內，有一派極端馬克思主義分子接替掌權，於一九七〇年建立了葉門人民民主共和國（People's Democratic Republic of Yemen），並宣布自己以外的所有政黨皆為非法。接著，這群馬克思主義者開始進行一場詭異的社會實驗，企圖把伊斯蘭和社會主義混合成一個可運行的整體。結果就是讓相互競爭的符號呈現一種古怪的融合，清真寺局促不安地坐落在戶外酒場和比基尼海灘旁邊。到了一九八〇年代末，葉門社會黨政府察覺自己因支援左翼恐怖團體而在國際間地位低落，也發現自己因蘇聯援助快見底而幾近破產，整個大實驗便隨之分崩離析。在北邊，薩雷赫的共和國也一樣陷入了貧困。比較像是一個「擁有國家的謝赫」而非總統的薩雷赫，統治起北葉門就像在統治一個巨大的部族，而他基於恩寵制度組成的政府幾乎毫無運作功能。薩雷赫靠著與人交易而欣欣向榮，以一種被他輕蔑地稱作「在眾多蛇頭上跳舞」的過程，讓對手們彼此相爭。

石油和貪婪迫使兩邊走向談判交易一途。多年來，薩雷赫和必德都眼巴巴望著他們的阿拉伯半島鄰居越來越有錢，而他們自己只能靠著幾塊錢勉強度日。兩國邊界地帶試驗鑽井的結果，認為統一之後的葉門或許能有自己的油源，但這兩位總統得先把彼此的政治歧異擺到一旁。為了石油財富願景而興奮不已的薩雷赫和必德，開始了祕密對話。

一九八九年末，薩雷赫最後一次造訪亞丁。那天稍晚，葉門這兩名都叫阿里的領導者宣布，兩人統治的兩國即將統一。儘管講了那麼多陳腔濫調，但兩個人應該都很清楚，只有一個人可以獲勝。**統一的葉門只需要一個總統**，而非兩個。

薩雷赫早就展現出能在北葉門無情政治圈存活下來的本事。離他最近的前兩任統治者在幾個月內接連遭到刺殺。其中第一個人[2]，和他的兄弟以及一對被報紙寫成是娼妓的婦女，一起被以某種不明不白的黑幫尋仇方式槍殺。四具遺體隨後被淋上了酒精然後丟棄。北葉門的下一任總統阿哈馬德・加什米（Ahmad al-Ghashmi）遭受到的待遇比這還要糟。宣誓就職的九個月後，他就在一場出了意外的藥物交易中被刺殺。加什米把「巧茶」（qat）這種主要生長在北邊的興奮劑葉片，送到在南邊亞丁的社會黨總統那裡。當社會黨的使節支付貨款時，本來應該裝滿現金的手提箱卻在加什米面前爆炸。儘管一直有謠言說薩雷赫插手了這兩件（或至少其中一件）暗殺，但他還是繼加什米之後成為北葉門第五任總統。當時葉門沒有一個人認為這個來自小部族的無名小軍官可以存活下來。中央情報局的官員甚至打起賭來，賭這個捲髮軍官還能活多久。有一名分析師於一九七九年初向《華盛頓郵報》表示，薩雷赫撐不過六個月。但他不只撐過了一場頭三個月就企圖對他發起的政變，後來還把整個軍事情報指揮架構重整到跟自己部族的族譜差不多。

必德的上位甚至更為血腥。在統一的四年前，也就是一九八六年一月的一場政治局晨間會議中，一名總統護衛走進了會議室然後開槍。這名護衛顯然是在時任總統阿里・納瑟・穆罕默德（Ali Nasir Muhammad）指使下殺了副總統和國防部長，還有一名政治局的成員。當時在屋內的另一名政治局成員就是必德，他靈機一動把窗簾當成救命索，從窗戶逃出。接下來的戰鬥持續了十天。在這場讓莫斯科的社會主義盟友都困惑不已的大屠殺中，不僅有上千人喪命，下令以反政變先發制人的總統穆罕默德也逃離出境。身為少數仍在國內的高階軍官之一，必德勝過了他的自家對手，獲選為總書記。

由於彼此背後都沾了太多血，兩名總統在邁向統一時可說是步步戒慎。他們設立了一個五人制的「集體總統職」，由薩雷赫擔任主席，而必德則是擔任副主席。有鑑於北葉門人口較多，必德也同意以沙那而非亞丁作為首都。但幾乎就在他們宣布葉門統一的同時，雙方都開始尋找削弱對手的方法。必德認為他可以在

2　譯註：Ibrahim al-Hamdi。

舊邊界北方散播充分的混亂，來把薩雷赫的地盤分裂成一連串小小的勢力團體。基本上，薩雷赫對必德和南方也有一樣的盤算。

社會黨人過去花了近三十年，試圖壓迫部族以及（在他們認定中）部族所培育的保守思想。薩雷赫則是想要逆轉他們的成果，重新把南方部族化，好在社會黨的自家後院裡進行側翼包抄。薩雷赫聯繫了當時還跟賓・拉登在沙烏地阿拉伯計畫葉門聖戰的塔利克・法德里，以及其他一些部族流亡者。這些人幾乎都在社會黨掌權時失去了土地，而他們已經準備好要回家了。

跟部族成員一起前來的，還有大量來自阿富汗的阿拉伯戰士。在打贏了蘇聯之後，他們之中的多數人都發覺老家不再歡迎自己。但葉門不同。薩雷赫注意到，這些老兵在他所醞釀的對社會黨戰鬥中或許會有用，因此，面對一九九〇年初統一後的幾個月內大批湧入葉門的聖戰士，他便睜一隻眼閉一隻眼。這些多半和賓・拉登有所聯繫的外國戰士散布全國各處，在沙烏地阿拉伯邊界附近和滿是沙漠的馬里卜省（Marib）紮營。至於南方，在薩雷赫的重新部族化戰略以及賓・拉登的聖戰之間，法德里提供了一座橋梁。法德里效忠於賓・拉登以及兩人一同籌備的計畫，但他和父親部族及其位於南方的土地仍有緊密關聯。此外，也還有其他的羈絆得要考慮。薩雷赫的一名親戚兼層峰將領阿里・默赫森・阿赫馬爾（Ali Muhsin al-Ahmar）藉由和法德里的一名姊妹結婚，加入了法德里家族幫。但至少在那時，法德里還不用選邊站。一九九〇年代初期，薩雷赫和聖戰士是站在同一邊的。

在亞丁東方，前往港城穆卡拉（al-Mukalla）海岸公路的半路上，是崎嶇的馬拉齊哈（al-Maraqishah）山脈。這列山脈距離亞丁醉人的蔚藍海灣僅僅十幾公里，就像一排參差不齊的牙齒那樣突出。在那些破碎崩裂的山峰間，僅有的幾條路幾乎都只是重複在古老牧羊路徑上的土路車軌。一九九〇年夏天，法德里和他的手下就是在這裡，在遍布地表的岩石露頭與彎曲沙漠樹木間紮下營。在流亡了二十多年後，他總算回到家。構成他童年床邊故事背景的山麓就在這裡。

他祖父就是在這裡學會了打獵，而他父親就是在這裡成為了統治者。這裡是阿比揚，他的出生之地。

在那些山峰之下，向海岸一直延伸過去的，是二十三年前他誕生時所在的那一大片棉花農場。一如這個家族所擁有的其他東西，這塊地也於一九六七年被社會黨奪走了。國家把這塊地切割成一小片一小片，重新分配給它稱作「無產階級」的部族成員。社會黨未交出去的就留給了自己，把最能夠獲利的部分國有化。這間房子被他們改成警察局，另一間被弄成了國安總部。他們用列寧來為主農場重新命名，並且就在法德里母親搖著他入睡的那間房裡，陳列那位光頭空想家的半身像。

然而，法德里其實有著比金錢財產損失還要更深層的動機。當整個家族於一九六七年避難出逃時，只有幾個叔舅輩和堂表兄弟留下來對抗馬克思主義游擊隊。那些人的遺體現在分散在此地各處，埋在他們倒下的無名墓裡。法德里日後會跟記者說，他不是回葉門復仇，但同時，身為阿富汗聖戰老兵以及父親的繼承人，他想必感受到家族和部族期待的重擔。由於他年邁的父親還在流亡，重振家族榮耀的任務就落到了這名二十三歲青年的身上。

法德里慢慢地在阿富汗阿拉伯人（那些在阿富汗打過仗的人如此自稱）之中增長影響力。在橫跨南葉門的部族議會中，他呼籲他父親過去的族人像過去追隨他父親那樣追隨他。這位年輕的聖戰士仰賴著阿富汗炮火下學會的領導課，集結了仍在阿比揚的部族殘存者。一九九〇年回到葉門後的幾個月內，法德里已經準備好，要將賓・拉登的計畫付諸實現。對那些曾經在阿富汗追隨他的戰士來說，這場戰役似曾相識。他們再一次打起了聖戰，於山麓間對抗社會黨。

在法德里位於阿比揚營地的東邊，還有其他葉門戰士以及少數海外阿拉伯人使用賓・拉登看起來彷彿無限的金源，於一九九〇年建立了自己的營地。這位沙烏地阿拉伯的資助者付給他們一小筆薪資，並答應以車輛和槍枝回報他們的效命。賓・拉登就跟法德里差不多，也感受到一股自願承受、解放父親家園的重擔。賓・拉登在自己位於吉達的住家內，監控著他的手下在南葉門各處所進行的突擊和暗殺任務。那個夏天他著迷於葉門，而且他可以自由揮霍他父親留下的遺產。就跟白夏瓦的服務局一樣，賓・拉登在吉達的住所現在也兼作徵召中心使用。

賓・拉登在沙烏地阿拉伯的朋友提醒他別干涉葉門，警告他這不會有好下場。但賓・拉登不為此動搖，並經常引用起一段先知穆罕默德的聖訓：「把異教徒從阿拉伯半島驅逐出去。」那時賓・拉登的表情似乎是在說，這句話就足以結束討論了。社會黨是異教徒，得要把他們驅逐出去。一年前，也就是一九八九年，就在阿富汗的聖戰要收尾時，賓・拉登創造了一個小小的組織叫做「蓋達」（al-Qaeda）。葉門應該會是這個新組織的初試身手處。

在賓・拉登能全面動員私軍之前，他得先把計畫緩一緩。一九九〇年八月二日，薩達姆・海珊入侵科威特。從來不喜歡這名世俗派伊拉克領袖的賓・拉登，發覺這是一個能讓王室支持他這支聖戰軍的機會。賓・拉登讓法德里等人掌管葉門的聖戰，自己則接觸了數位沙烏地阿拉伯王室成員，企圖遊說他們給他捍衛王國的機會。儘管這些貴族突然得要面對謠傳中離他們東方油田只有幾里路的百萬薩達姆大軍，但他們對賓・拉登的戰鬥計畫仍不感興趣。「沙漠中又沒有洞窟。」一名貴族嘲弄地說。「他對你丟生化飛彈的時候要怎麼辦？」

沙烏地阿拉伯最終沒有找上聖戰，而是向美國求助。賓・拉登為此震驚不已。他去年都在葉門為了將異教徒逐出阿拉伯半島而戰，但在老家，他自己的政府卻邀請異教徒來聖地打造軍事基地。對賓・拉登和其他聖戰士來說，社會黨和資本主義者的差異是程度差別；他們區分這世界的方法是穆斯林和異教徒。受夠了抱怨和批評的王族們叫賓・拉登住嘴並知所進退。就算他有那麼多錢和人脈，他依然只是平民。在王國的外政上，沒有這名聖戰英雄的位子。

在沙那，薩雷赫總統也是差不多地心煩意亂。葉門統一後，阿拉伯聯盟達成了一次極其罕見的意見一致，在聯合國安全理事會上給了這個新國家一個「阿拉伯席次」。在薩達姆入侵科威特後，這樣一個無害的外交施惠，反而變成了薩雷赫新政府的危機。薩達姆・海珊是他的好友，也是薩雷赫所效法的榜樣，但這位葉門總統不能忽視另一邊的壓力。美國、沙烏地阿拉伯還有（依舊富裕的）科威特流亡皇室，都是葉門及其蹣跚經濟的主要捐助者。不確定該靠向哪一邊的薩雷赫決定折衷對半，並指示他在聯合國的外交官奉行他所謂的中間路線。在紐約，葉門駐聯合國大使在首度決議譴責入侵時棄權。

美國總統布希（George H. W. Bush）警告薩雷赫，葉門做了錯誤決定。布希希望以波斯灣危機——冷戰後的第一場衝突——展現世界新秩序。為了做到這點，美國需要多國組成的大聯盟。葉門這樣故作姿態又呼籲提出「阿拉伯的」方案來解決危機，會毀了這場大秀。雪上加霜的是，葉門按照預定會在一九九〇年十二月一日接任聯合國安全理事會主席位子。依章程規定，安全理事會主席是按照字母順序逐月輪值，輪到的該國大使得以排定議程、監管所有當前危機，並擔任該會發言人。美國希望，任何有關伊拉克動武的投票都能在葉門掌握主席位子前就進行。就在葉門擔任主席的幾天前，布希又試了一次。當他在沙烏地阿拉伯進行感恩節勞軍時，他指示隨行的國務卿詹姆斯・貝克（James Baker）飛往葉門和薩雷赫單獨對話。布希知道這是冒險賭一把。薩雷赫認為伊拉克入侵和波斯灣危機只是小小的外交波折。「就跟夏季風暴一樣。」他說。「吹完就沒事了。」但沙烏地阿拉伯很熟悉這個葉門領袖性情有多無常，因此警告貝克去那裡只是浪費時間。

會議中薩雷赫閃爍其詞，當貝克暗示他葉門光從美國這邊就會失去一年七千萬美元援助時，他還不置可否地對著廚子準備的羊肉聳肩。身為老練外交官的貝克試圖弄清楚總統的想法。但薩雷赫不會給他明確的答案。當會議結束時，兩人走出去面對媒體。此時薩雷赫面對攝影機突然活躍起來，跟記者說葉門不會支持解決方案。因薩雷赫此舉而感到挫折受辱的貝克，便搭機返回了沙烏地阿拉伯；下一次要有國務卿拜訪葉門，得要等到二十年後。

差不多一個月後，在安全理事會最後投票的前一晚，精疲力竭的貝克以他所知最直截了當的方式，和葉門駐聯合國大使阿卜杜拉・阿舍塔爾（Abdullah al-Ashtal）對談。「這會是您投過最昂貴的否定票。」貝克對這位外交官說。阿舍塔爾聳了聳肩。畢竟他已經收到了命令。第二天，這位葉門大使在辯論中第一個發言。他唸出一份事前準備的稿件，強烈譴責美國及其解決方案。當這位瘦小的外交官坐下時，貝克草草寫了張便條塞給助手。「葉門常務代表剛剛靠著這番演說，享受了一陣價值約兩億到兩億五千萬美元的掌聲。」

貝克的預測幾乎瞬間成真。在投完票的幾天內，沙烏地阿拉伯就發動了報復。九月中葉門第一次於安全理事會棄權時，沙烏地阿拉伯就驅逐了近一百萬名先前可輕易在此取得工作的葉門移工。這次沙烏地阿拉伯為了聲援，又砍掉數百萬人。法赫德國王想知道，如果你鄰居都不幫你忙，那麼你幫鄰居又會有什麼好處？

數十年來，來自沙烏地阿拉伯的匯款都是葉門的安全網，這樣突然降臨的逆境堪稱一大打擊。一夜之間，葉門失去了穩定的現金流，同時新增了一百萬名失業者。美國和科威特也順著貝克的威脅，取消了大部分的援助方案。這些大幅削減確實送出了明確的訊息，但也給葉門帶來一記至今都未能回復的重擊。在冷戰後的世界裡進行全新統一的民主制度，並未使葉門獲得好處，反而使其在外交上遭到孤立並身陷金融危機。葉門為了融合兩種天南地北的政府系統及其互鬥的官僚體系就已用盡全力，對於失去援助的情況毫無準備。該國幣值一瀉千里，幾個月內就貶了一半。政府被迫中斷糧食補助，導致暴動蔓延全國。自己對國際政治發動突襲而遭挫敗的薩雷赫轉而對內，重新專注於面對南部的鬥爭。

一九九一年一至二月，美國和聯軍輕鬆戰勝伊拉克，而且在決定讓已被削弱的薩達姆・海珊繼續掌權時，部隊都已推進到了巴格達外兩百四十公里處。但同時，葉門則是陷入了一團混亂。按照賓・拉登大方向指示來行事的法德里和其他阿富汗阿拉伯人這時則是在南方四處橫行，伏擊社會黨領袖並刺殺政治人物。在舊邊界的北邊，也有其他政治人物在一連串乍看隨機的攻擊中喪命，真相至今未明。這些謀殺究竟是以一個正在分裂的國家為背景所進行的個人尋仇，還是有其他因素，多數的葉門人也不清楚。在失序與混亂中，法德里和聖戰士反而欣欣向榮。他們所做的，正是他和賓・拉登兩年前在吉達所策畫的事情。

在自己開啟的葉門戰場北邊，賓・拉登對於他在沙烏地阿拉伯政界的角色感到越來越挫折。一九八九年從阿富汗回來時，他在該國媒體和各清真寺之間都備受稱讚。但在一九九〇年至一九九一年的波斯灣戰爭期間，他才了解王室有多麼輕視他過往這番努力。戰爭結束的幾個月後，賓・拉登憤怒地看著美軍不只未依承諾離開，反而還在沙烏地阿拉伯擴建基地。表面上他們說是要防範伊拉克境內已被削弱的薩達姆・海珊，但在賓・拉登看來，美國部隊的續存以及讓伊拉克獨裁者繼續掌權的決定，都是美國陰謀的一部分，目的就是要接掌他所深愛的阿拉伯半島。和朋友的對話中，賓・拉登因為自己感受到的羞恥與難堪而火冒三丈。就好像美軍還不夠糟似的，美國的分遣隊還包括了女性。「居然叫女人」，他激動地說，「來保護沙烏地的男人。」賓・拉登慢慢了解到，如果他還想要自由地追求讓伊斯蘭世界恢復歷史榮光的夢想，那他就得拋下祖國。賓・拉登並不是隨便就做出了這樣的決定。然而一旦他做了，那麼他在穆罕默德生平中所找到的一個先例，就能夠安慰到他。六二二年，穆罕默德和一小群追隨者在有人圖謀刺殺他之前就逃出了麥加。這趟旅程日後會被稱作「希吉拉」（*hijrah*）或者出走，也是伊斯蘭曆的起頭日。賓・拉登把自己離開沙烏地阿拉伯的決定，看作是同樣極端的情況。或許是為了加重這種互相比擬，賓・拉登還跟他朋友說，他擔心沙烏地阿拉伯的情報單位有可能會因為他直言反對國王而試圖殺害他。

一九九二年三月，賓・拉登展開了自己的希吉拉；他前往阿富汗，調停聖戰者之間醞釀的內戰。但過去的老朋友一個都不肯聽他建議，他便轉頭飛過中東，前往蘇丹。蘇丹的伊斯蘭主義領導者哈桑・圖拉比（Hasan al-Turabi）多年來都在求他前來非洲；此時賓・拉登既然沒剩什麼選擇，也就答應了。

賓・拉登抵達蘇丹不久，他設想中的另一個陰謀也到位了。一九九二年十二月三日，聯合國安全理事會投票允許以「所有必要手段，盡快在索馬利亞建立一個安全環境，來進行人道救濟行動」。為了達成布希總統在選後第二天就宣布進行的這個美國作戰計畫——「恢復希望行動」（Operation Restore Hope），五角大廈提議使用葉門的亞丁港來做跳板，前往飽受戰火摧殘的索馬利亞進行維和任務。在地圖上看來這是個完美地點：以亞丁灣隔開戰火，但又近到能讓士兵在一小時內踏上索馬利亞土地。兩年前在聯合國安全理事會走錯一步，如今渴望重新獲得支持的薩雷赫，因此同意了美國的要求。對賓・拉登來說，這是美國在半島上圖謀不軌的進一步證據。

賓・拉登在他於蘇丹首都喀土木市郊買的農地中，盤算著自己的抉擇。他想要送出一個訊息，但他不確定自己是否準備好直接攻擊美國。儘管正在流亡，賓・拉登仍會為了有一天能回到沙烏地阿拉伯先作預想，而他確信，任何與他或他的蓋達網絡有關的攻擊行動都會毀掉這樣的機會。在紅海另一頭的葉門，蓋達組織成員會以通訊或個人親自簡報來讓他掌握最新消息。關於美國士兵駐紮在旅館、飛機在亞丁機場起降的情報，大量湧入喀土木的農場中。但賓・拉登仍然拿不定主意，有一個想法在心頭徘徊不去。當美軍來到沙烏地阿拉伯時他什麼也沒做，而現在，戰爭結束了一年多，他們仍在那邊。他沒辦法不去想一件事：如果他這次又無法行動，那美國人就再也不會離開阿拉伯了。最終，經歷了好幾天的猶豫不決後，賓・拉登下令攻擊。從這一刻開始，就沒有回頭路了。賓・拉登就這麼做出了抉擇。

十二月二十三日，就在賓・拉登於蘇丹下定決心的幾天後，一小群法德里的人馬在阿比揚伏擊了一名社會黨政治人物。同時，沿著海岸往西邊幾里外的地方，另一名來自阿富汗的賓・拉登同夥賈邁勒・納迪（Jamal al-Nahdi），在亞丁的某間公寓裡舉行了會議。就跟賓・拉登的父親一樣，納迪出生於葉門東部沙漠中，那個滿是砂礫和岩塊，形狀還有數個尖角的哈德拉毛省（Hadramawt）。一九八九年，納迪也是最早一批在某場於阿富汗召開的會議中，對賓・拉登發下「效忠之誓」（*bayʿa*）而加入蓋達的人。因為法德里忙著從阿比揚的藏身處發動突擊，賓・拉登便去找納迪來襲擊亞丁的美國海軍陸戰隊。賓・拉登老早就了解自己以微控方式操作手下人員有什麼風險，因而偏好他日後所謂的「決策集中化、執行去中心化」哲學。賓・拉登下令攻擊，但細節端看現場特務怎麼做。

那個星期三，納迪在亞丁規劃了一個簡單的計畫。他把自己的手下，一群（其中多數）在沙烏地阿拉伯邊界的訓練營裡，被賓・拉登花錢請的一名利比亞教官訓練過一段日子的人，分成兩支隊伍。第一隊會攻擊位於亞丁港東岸鬧區中心的機場。他們的目標是摧毀一架被聖戰士瞄到、就停在柏油跑道上的美國海軍C－5銀河運輸機。納迪自己會監督第二隊，也是這個計畫比較棘手的一環：同步爆破兩間美國海軍陸戰隊下榻的旅館。直覺上來看，這群歷經阿富汗的葉門老兵，很清楚「同步攻擊」這種日後的蓋達攻擊特色，能夠帶來什麼樣的震撼力道。

納迪發起行動前會議已過了五天，就在攻擊開始前夕，他的手下突然有急事要聯絡他。整天都在注意聖戰支持者的亞丁港社會黨安全部隊，逮捕了兩名納迪派去攻擊機場的人。隊伍裡擔心被揭發出來的其他人，要求中止攻擊行動。納迪聽完了他們的話，但他已經下了決定。爆裂物已就位，埋在繞著機場築起的某片圍籬旁邊，而賓・拉登就是要弄掉那架飛機。納迪轉身面向旁邊一名看起來像非洲人的健壯葉門人，問他是否準備好接手機場攻擊任務。「當然是。」那人回答。

納迪是在一年前招募到了這名叫做薩雷赫・卡那巴希（Salih al-Khanabashi）

的人。就跟眾多年輕葉門人一樣，卡那巴希被那些誘人邁向榮耀的布道灌輸了想法；那些布道訴說著一群在人數上寡不敵眾、只有槍枝和真主保佑的阿拉伯人如何在阿富汗聖戰中打敗蘇聯大軍。卡那巴希於蘇聯撤退兩年後的一九九一年認識納迪時，還認為自己錯失了聖戰的機會。納迪則是給出不同的解釋，他跟這個索馬利亞出生的年輕葉門人說，聖戰尚未結束，反而是從阿富汗回到了葉門。「兄弟啊」，這位資深戰士繼續說道，「我們需要有人來對真主之敵宣戰」——真主之敵指的就是葉門的社會黨。

在那番徵召說教的一年後，卡那巴希即將抓住他一度以為錯過的機會。納迪向他簡報計畫，告訴他偷運過去的爆裂物埋在哪裡，並且指派一名副手幫他進行攻擊。

當這兩人在第二天，也就是十二月二十九日晚上抵達機場時，他們在爆裂物所在處只找到被翻動過的地面。在該城另一頭的莫凡彼（Movenpick）飯店停車場，納迪則是碰上了自己的麻煩。他已在海邊豪華的金摩兀爾（Gold Mohur）飯店放了一顆炸彈，但當他在處理第二顆炸彈時，一個有瑕疵的引爆器爆炸了，幾乎切斷了他的手。當他的手下拚了命想替他止血時，他們聽到第一顆炸彈爆炸了。

那場爆炸炸穿了金摩兀爾的一部分上層樓房，震碎了窗戶並弄斷了支撐梁，造成兩人死亡。納迪當下並不知道此事，但就連那一顆他其實也沒搞對。那顆炸彈沒攻擊到原本鎖定的海軍陸戰隊，反而造成一名奧地利人和一名飯店員工喪生。海軍陸戰隊員當時正待在該城另一頭的別間飯店裡。幾分鐘內，因失血而昏眩、切開的手還半掛在手臂上的納迪，就和其他還在搶救莫凡彼二號炸彈的手下一起被警方抓住。蓋達的第一場恐怖攻擊失敗了。

爆炸攻擊失敗不久，副總統阿里・沙利姆・必德就下令社會黨軍進入阿比揚追捕聖戰士。葉門的統一協定條文未能讓原兩國軍隊合為一體，而必德旗下仍有幾支能直接號令的部隊。亞丁的爆炸案終於把他一直在尋找的藉口給了他，讓他可以追擊聖戰士。社會黨第三裝甲師包圍了法德里在阿比揚的營地，以及其他在東邊夏布瓦省（Shabwa）山區的訓練營。薩雷赫則是在沙那這頭緊密地監看情勢發展。打算包抄必德軍的薩雷赫，派出了一支調停隊伍向南行，去和法德里以及他被包圍的手下會面。總統的人馬把選擇攤給他看：法德里可以主動向薩雷赫投降並回到沙那，或者去跟必德打到輸掉。法德里只能心不甘情不願地，同意在總統的保護傘下回到沙那。必德震怒不已，但薩雷赫向他和國際社會保證，會對此進行全面調查。

然而，並不是每個人都能享有法德里這種等級的保護。在阿比揚東側的夏布瓦省內，卡那巴希正躲在一個正被必德軍攻擊的山區營地中。一九九三年一月九日入夜後，一名當地部族成員溜下滿是碎石的斜坡進入營地。「你們可以再擋他們一個月嗎？」他問。戰士們不信任地瞪著他。「我得要有那麼多時間才能弄到更多人跟武器。」他解釋道。

卡那巴希搖了搖頭；他懷疑他們連一天都撐不過去。聖戰士們只留下少數人掩護逃脫，其他人便放棄了營地。他們之中的多數人往北走，一路回到了他們之前受訓攻擊亞丁時待過的營地，就位在接鄰沙烏地阿拉伯的薩達省（Sadah）內。但他們的利比亞籍教官已經不在了，那裡也沒什麼事可以讓他們做。這個國家的態度也已經轉變了。在亞丁爆炸案之後，人們開始質疑，阿富汗阿拉伯人究竟是在葉門做什麼。在接下來的幾個星期中，滿心憂慮的父親們和憤怒的部族謝赫們抵達營地，來把兒子們抓回去。沒了部族成員加入，卡那巴希只能看著人數不停減少，直到只剩幾個人。

有一天，正當卡那巴希努力想著下一步要怎麼做時，一名體格魁梧、有著滿臉黑鬍子和深邃眼窩的人抵達了營地。卡那巴希只知道他叫阿卜‧阿里（Abu Ali），是賓‧拉登在葉門的其中一名最高層副官，也是他們這座營地的創立者。這名三十七歲的部族成員環顧他幾乎被廢棄的成果，以及那些沮喪的年輕戰士，然後立刻開始發號施令。就跟絕大多數的蓋達早期成員一樣，阿卜‧阿里‧哈里希（Abu Ali al-Harithi）曾經在阿富汗打過仗。他也受過專業軍事訓練，年輕時曾經服役於阿拉伯聯合大公國軍，並利用這些經驗在薩達以及馬里卜、夏布瓦等省組織軍營。哈里希聽那些受挫失望的戰士傾訴過去幾週的詳細情況，並把失敗和被捕的事情都告訴了他。沒關係，哈里希安慰他們。這種事難免會發生。

哈里希在營地裡找到的少數人現在已無處可去。他們大部分出生於葉門以外的地方，而且沒人知道他們現在這樣奔波逃命以後還有沒有辦法回到家。哈里希沒有理會他們的擔憂。你們現在受我保護，他說：「我是你們的父親。」

儘管在亞丁失敗，蓋達還是找到了可以高興的事情。一九九三年一月二日，出於安全顧慮，五角大廈宣布不再以葉門作為支援基地。賓‧拉登的人馬搞砸了攻擊行動，但他更遠大的計畫成功了。美國撤出了亞丁。賓‧拉登在未來的日子裡會經常回憶起這場教訓。在賓・拉登簡化了的版本中，他在沙烏地阿拉伯無所作為，然後美國人就留下來了。但他在葉門攻擊了美國人，**他們就跑了**。

第三章　戰爭之犬

一九九三年—一九九四年

賈邁勒・納迪以及他下令在葉門行動的手下會遭逢什麼樣的命運，令賓・拉登苦惱不已。在他們被捕後，社會黨把這些人關進了曼斯拉（al-Mansurah）監獄，跟他們所襲擊的那兩間飯店僅隔著亞丁港而已。賓・拉登就跟蓋達裡的葉門人一樣，很清楚曼斯拉有什麼過往。一九五〇年代由英國建造的這間監獄，有四座粉刷成白色的方塔，見證了亞丁帝國血腥的尾聲。在社會黨主政下，曼斯拉變成了惡名昭彰的拷問中心，而賓・拉登一想到自己的人還在裡面就鬱恨不已。

盛夏時刻，隨著喀土木郊外農場的氣溫逼近攝氏三十七度，賓・拉登總算獲得了一些好消息。幾天前，也就是一九九三年七月十七日，包括納迪在內的六個人，在支持他們的守衛協助下，設法逃出了監獄。賓・拉登立刻傳話給哈里希，叫他把這些人帶出葉門。他們全部都要到蘇丹來和他會合。

哈里希將這六名逃難者以及他所保護的卡那巴希都偷偷送出了國外。在蘇丹，這些人很快就在賓・拉登於尼羅河畔的私產上所打造的輕鬆生活步調中安頓下來。他們在農場和城鎮裡放鬆心情，從幾個月的牢獄生活中復原。哈里希弄出了一臺改裝印刷機來偽造護照，而卡那巴希則留在鄉間，照料賓・拉登的一個農場。經歷亞丁的行動失敗後，這名肌肉發達的非裔葉門人似乎很享受照顧牛隻的生活。當賓・拉登開始覺得卡那巴希值得信任，他便讓這名年輕戰士當管理人，掌管牧場和牲口。農場大部分的收益都回歸到組織內，讓卡那巴希十分滿意。打從四年前賓・拉登在東阿富汗的山谷裡成立了蓋達以來，這個組織已變得不那麼像當初他想像的私軍，而更像是一個自給自足的企業帝國。

蓋達的其他成員跟在賓・拉登身邊，晚上多半在他於喀土木開設的露天沙龍裡和他們這位指揮官聊天。這樣溫和的步調持續了幾個月。人們隨興地來來去去，在賓・拉登不同的資產之間輪流交替位置。甚至連賓・拉登自己彷彿都在蘇丹中部的乾燥空氣中放鬆下來。生意狀況良好，而他也受到前所未有的歡迎。全伊斯蘭世界的人們湧入喀土木，只為了和他說說話。經過了幾年的戰爭和一次從沙烏地阿拉伯的難堪流亡後，這樣的受到關注應該讓他相當欣喜。

儘管在亞丁遭受挫折，但賓・拉登並未放棄解放南葉門。他繼續緊跟新聞消息，尤其是薩雷赫和社會黨之間政治糾紛的報導。但這名就只被聖戰士稱作「謝赫」的人看起來既安靜又自得，甚至時常沉思。賓・拉登和自己的手下一起吃飯，並像一個老大哥或父輩那樣地和他們說話。在蘇丹，他在追隨者面前就像是個有著「金錢和榮譽」的人。在蓋達的歷史上，這是段罕見的平和時刻。但這沒辦法持續太久。

一九九四年二月，一群狂暴的年輕叛變者粉碎了賓・拉登的蘇丹田園生活。這群由一名叫做穆罕默德・克胡拉非（Muhammad al-Khulayfi）的利比亞人所指揮的年輕聖戰士，因為對蓋達指揮官本人以及其缺乏行動的狀況感到失望，而聲稱賓・拉登是異教徒。他們推論，如果賓・拉登真的信奉伊斯蘭教，他就會拿他的財富和權力來做更多事。這個團體自命要執行他們判斷下得執行的就地正法。就跟阿卜杜拉・阿札姆一樣，賓・拉登現在成了自己釋放的力量所鎖定的目標。

二月四日入夜後，克胡拉非和追隨者狙擊賓・拉登常去的清真寺。他們錯過了當時不在場的蓋達指揮官，卻殺了十六名禮拜者，還射傷了一些人。照理說應該知道有這場攻擊的賓・拉登，顯然在克胡拉非等人第二天又回去了結此事之前都還沒察覺自己就是他們的目標。

賓・拉登在喀土木的辦公室對面有一間房子，他進城時經常待在那裡。身為蘇丹首都最有錢又相當受歡迎的人物，賓・拉登的行程可說是人人皆知。每天下午在家中稍稍休息後，他就會回到辦公室和任何可能在城中的人進行公開討論。這些會議受到喀土木城內日益增長的伊斯蘭主義者所歡迎，他們喜歡聽賓・拉登詳細解釋當前的難題。

那天下午，克胡拉非和他的手下沿街駛往賓・拉登辦公室。他們可以看到訪客抵達，而這位謝赫鬆懈的護衛隊已經在辦公室外就定位。這些背叛者拿出了一把霰彈槍和幾把機槍，但他們再次錯過了賓・拉登。這位蓋達指揮官因為和他的大兒子阿卜杜拉起了爭執，而在家延誤了時程。這個小孩討厭在蘇丹的生活，想要回到沙烏地阿拉伯的安逸奢華中。或許是因為這場與兒子的最新爭執令他感到難為情，賓・拉登派人先過街迎接賓客。這個舉動騙過了攻擊者，讓他們以為他在辦公室，可能就這麼救了他一命。

賓・拉登一聽到對街的槍響，就抓起槍並塞了另一把給阿卜杜拉。他們忘掉了剛剛的爭執，窺視窗戶外頭。他們看到對街有人在來回跑動，對著辦公室裡面開槍。賓・拉登的一名葉門護衛倒在地上，肚子上的傷口流著血，而哈里希則是大腿中彈。賓・拉登和阿卜杜拉離開房子，跑到綁架者的側邊，使這些人現在陷入了賓・拉登、他兒子和對街蓋達護衛的猛烈交叉火力中。開了好幾輪的槍之後，這些人拿下了克胡拉非，並殺掉另外幾名攻擊者。

驚魂未定但毫髮無傷的賓・拉登開始察看其他手下。包括賈邁勒・納迪在內有數人中槍，需要醫療照護。賓・拉登的選擇有限。蘇丹並無他所需要的設施，而他又不能把人們送到沙烏地阿拉伯、埃及或者葉門，這些地方都正在留意蓋達成員。巴基斯坦的情況也是類似地棘手。他最近一次到那裡是兩年前，當時巴基斯坦的情報單位舉止有些奇怪，賓・拉登因此擔心他們可能會把他出賣給沙烏地阿拉伯。他便下令卡那巴希改帶納迪和另外四個人到印度治療。一如往常，賓・拉登支付了他們的旅費和醫療費用。

印度行的結果對卡那巴希來說是好的。在醫院閒晃等待這幾個人復原時，他認識了一名年輕印度女孩，最後還和她結了婚。然而，回到葉門之後，情勢仍是持續崩壞。該國於一九九三年四月首度進行的國會選舉，毀滅了統一政府的幻覺。薩雷赫的政黨在大選中擊潰了社會黨，但真正的重重一擊，是葉門改革會（Islah）這個由薩雷赫支持的伊斯蘭主義政黨居然超越了社會黨，在葉門的新國會中比後者拿下更多席次[3]。

選舉過後，必德怒氣沖沖地離開了沙那，飛往美國和副總統艾爾・高爾（Al Gore）進行臨時會面。必德跳過一般的外交管道，利用同屬社會黨的葉門駐開羅大使來安排這場會面，而非透過效忠薩雷赫的駐華盛頓大使。該國的整體外交開始沿著區域界線分裂，在同一棟樓工作的南方人和北方人彼此無視，並透過對總

3 譯註：根據維基百科，「首屆國會選舉於一九九三年四月二十七日舉行。國際組織協助舉行選舉和觀察實際投票情況。選出的國會組成如下：全國人民大會黨占一四三席、葉門社會黨占六九席、伊斯蘭改革集團占六二席、復興黨占六席、納賽爾統一人民組織占三席、哈克黨占二席、獨立人士占一五席。新國會議員主要來自北方。雖然葉門社會黨在人口較少的南方取得最多數議席，但它在新的聯合政府中被視為次要。」（https://zh.wikipedia.org/wiki/%E4%B9%9F%E9%96%80%E7%B5%B1%E4%B8%80）

統的偏好來劃清界線。當必德回到葉門，情況仍持續惡化。他兩度拒絕宣誓就職，兩次都放了薩雷赫鴿子。儘管憂心的鄰國採取了一些狂亂的外交手段，但葉門的統一還是破滅了。一九九四年四月二十七日，就在國會選舉的一週年紀念日那天，許多人預測會發生的戰爭就在沙那北邊的軍事基地開打了。

在沙那的總統府，也就是薩雷赫以前替阿富汗聖戰招募新兵的同一棟典雅石造建築裡，他回應戰事消息的方法，是把那位有紅蘿蔔色鬍鬚的極端派布道者、那位在送葉門人上戰場一事上也有重要作用的阿卜杜・馬吉德・金達尼找來。身為葉門改革會一員的金達尼，在五人制的總統委員會中也有政黨席次，而他與薩雷赫的結盟，讓總統在每次會議投票中面對社會黨都有三對二的優勢。薩雷赫也接觸了阿卜杜・瓦哈比・德伊拉米，那位臉孔歪斜且削瘦過頭的教士。西夏姆・德伊拉米那個聖戰胖小子已死了快十年，但他父親並沒什麼變化。如果說有不同，那就是阿卜杜・瓦哈比自從兒子死去後甚至變得更極端了。就像一九八〇年代那樣，薩雷赫需要教士們來幫他動員人們支持聖戰，只是，這次聖戰會在葉門境內打。這就是賓・拉登和法德里在吉達籌劃的策略，和強人的野心結合起來。

金達尼和德伊拉米立刻發布了教令來支援薩雷赫和北方。兩人都判定社會黨是異教徒，殺死他們也不須受罰。有了這些保守側翼作保障，薩雷赫就開始進行下一步。內戰的爆發結束了法德里在沙那的軟禁。薩雷赫把這位年輕的聖戰士任命為葉門軍上校，並派他去南邊的阿比揚重新把戰士組織起來，並向亞丁推進。

在印度，卡那巴希和逐漸復原的蓋達特務們跟上了戰鬥的初步消息。這些人渴望給予他們對抗多年的社會黨最後一擊，因此訂了班機飛回沙那。其他的葉門籍蓋達成員也帶著賓・拉登的祝福，從蘇丹匆忙返家。在二月的刺殺行動之後，賓・拉登又陷入了新的麻煩。三月五日，沙烏地阿拉伯國王的使節抵達蘇丹，要求被驅逐的蓋達指揮官交出護照。沒了護照，賓・拉登就只能任由蘇丹和行徑反覆無常的總統哈桑・圖拉比擺布。失望又別無選擇的賓・拉登情緒整個失控，把那本薄薄的小冊丟向國王使節。「如果擁有這本就能擺布我的行為，那你就拿去吧！」他喊道。即便如此，這位蓋達指揮官沒打算為了這些問題分心，而會繼續專注在打敗葉門社會黨的目標。戰爭開始時，賓・拉登派了他的葉門籍手下去戰鬥。再一次地，薩雷赫和聖戰士又站到了同一邊。

在沙那，薩雷赫和他的將領們擬定了一個戰鬥計畫。阿里・默赫森，這名和

法德里的姊妹結婚的大肚子暴牙將軍，會率領他的第一裝甲師翻越山區南下，像箭一樣直指亞丁。同時，他的大舅子法德里會從東邊帶著聖戰士部隊和部族隊伍向亞丁前進。薩雷赫相信，這樣的鉗形移動，可以把南方切成兩半，把亞丁和大量社會黨軍集中的東邊腹地分開來。

就像葉門每次都會發生的情況一樣，這些部族總是難以預料。薩雷赫不覺得他得靠他們才能贏，但他得確保他們不會試圖支援南方，而在事件中心造成混亂局面。如果他沒能得到他們力挺，他至少也需要他們保持中立。薩雷赫聯絡上阿卜杜拉・阿赫馬爾謝赫這位葉門政治圈長老，之前他把他的部族勢力全部賭下去，換取葉門改革會國會發言人的位子。阿卜杜拉謝赫這位外觀鮮明的部族成員，有著仔細修剪過的灰色山羊鬍、一對銳利的眼睛，以及薩雷赫這種出身自小部族的軍官所沒有的東西：被葉門人稱作 *jah* 的難以捉摸的氣質。在葉門的部族領域中，總合了名聲、榮譽和尊嚴的 *jah* 可以把事情搞定。

在阿卜杜拉謝赫那座位於沙那鬧區，裡面還有私人監獄來關那些不聽話族人的強化豪宅內，他邊打電話聯絡。他說服那些當軍隊沿線向南時會穿過自己地盤的謝赫們，現在不是對國家施壓要求地位的時刻；因此當薩雷赫大軍快速向南前往亞丁時，沿線的部族便置身事外。讓這場仗在軍隊之間戰鬥就好。

就在**北方**開出第一槍的一週後，於五月四日夜晚的漆黑掩護下出發的社會黨戰機離開亞丁，低空飛過黑色大海和白色沙漠，然後轉頭向北，朝山區飛去。幾分鐘後，這些蘇聯時代的戰機快速繞著沙那轉了一圈，把炸彈丟在沉睡的城市頭上，接著就急速衝過首都東邊的高聳山區。在他們的轟炸下，總統府有一個角落起火，此外他們還擊中了城市另一邊的機場，之後蹣跚的防空火炮才在他們後頭響起。在紅海海岸，靠近沙烏地阿拉伯邊界的地方，另一支飛行中隊襲擊了北方唯一的深水港荷臺達（Hudaydah）。

在總統府內，薩雷赫躲過了轟炸，並且立刻下令報復攻擊。幾分鐘後回報傳來，說薩雷赫的噴射戰鬥機無法在該城另一頭起火的機場上進行夜間起飛。被副官稱作「老闆」的薩雷赫憤怒不已。整個晚上薩雷赫都在大發雷霆，邊等著天亮邊對著指揮官們狂吼命令。五月五日破曉後不久，薩雷赫的戰鬥機總算上了天。北方的機隊集中火力攻擊兼作空軍基地的亞丁國際機場，炸毀了平行的跑道，有效地讓社會黨戰機隊留在地面。

當機隊正往南飛時，薩雷赫透過國家廣播宣告了緊急狀態，正式解除了必德的副總統職位，並警告葉門人遠離主要道路。協商的時機已經過了。現在只剩全面交戰。他尖銳而滔滔不絕的言論，加上讓神經緊張的外交官和當地援助者覺得像無差別轟炸的聲音，都觸發了外國人的出走潮。居住在沙那的一小群學生和石油工靠著美軍運輸機撤離。在亞丁港，一艘法國戰艦載了三百名外國人離開戰事。沒能派出空軍的社會黨只能退而使用統一前的軍火，對沙那發射了一些飛毛腿飛彈。這些蘇聯製飛彈的表現，不會比海珊在第一次波斯灣戰爭中對以色列發射時來得好。

同時，阿里・默赫森謹守著薩雷赫戰爭計畫，向南往亞丁推進。到了五月八日，大軍已抵達可以進攻該港的距離範圍，而當地居民已經可以聽到炮彈在遠處炸響。東邊，法德里的好戰分子和其他北方勢力的單位搭上了線，並一路往亞丁打過去。在他們背後，在東邊夏布瓦省的山區裡，其他的聖戰士在一連串的交火中讓社會黨軍脫不了身。阿卜・阿里・哈里希所指揮的第三個聖戰士團體，也在亞丁匯合進來。當哈里希腳中彈（這是四個月內他的第二次槍傷）後，他們的步伐就慢了下來，但這位強壯的鬥士用樹枝砍出了一對原木枴杖之後，就繼續走了下去。

五月二十一日，隨著戰事來到高潮，看起來顯然很疲乏的阿里・沙利姆・必德從藏身處現身，出現在亞丁的電視上，宣布南方要退出統一。必德在葉門成立四週年前夕的獨立宣言，是他的最後一張牌。亞丁已快被攻陷，而一旦這種情況發生，整個南邊都會跟著淪陷。必德相信，為了要獲得外界（尤其是因為上次薩雷赫在波斯灣戰爭支持薩達姆，而對他懷恨在心的沙烏地阿拉伯和科威特領袖）幫助，他需要正式退出統一。必德希望脫離統一會成為觸發點，使他獲得國際認可，並准許南方在自由市場中購買武器。沙烏地阿拉伯和科威特本來就有在檯面下提供社會黨武器交易和現金，但南方現在還要更多。

必德這番未經社會黨領袖同意的宣言，讓整個黨陷入分裂。多數人反對薩雷赫的高壓統治，但並不是每個人都確定脫離就是解方。他們之中沒有人知道一個獨立的南方能否在蘇聯解體後的世界上獨立存活。南方資源不多，也幾乎沒什麼錢。社會黨員們真的希望必德為他們發言，帶領他們進入一場他們絕對不會贏的戰爭嗎？包括來自阿比揚的軍方最高階官員（兼未來的葉門總統）阿卜杜・拉布・曼蘇爾・哈迪（Abd Rabu Mansur Hadi）在內，有些懷疑者叛逃到了薩雷赫這一方。其他無法忍受加入薩雷赫的人，便藉口生病逃到國外。面對這麼多人擅離職守，必德只得放棄亞丁，前往東方六百五十公里外、面對著印度洋的港城穆卡拉。這座位在一連串低矮山腳邊、擠成一團的房屋粉刷成一片白的城市，遠離了薩雷赫部隊的主力突擊，成為把武器和大炮輸入南方的主要入口。

在亞丁，擁有沙烏地阿拉伯護照的五十一歲政治家阿卜杜・拉赫曼・吉夫里（Abd al-Rahman al-Jifri）接管了新政府的每日事務。普遍被認為是利雅德[4]駐南葉門人馬的吉夫里，和沙烏地阿拉伯保持密切的聯絡。在聯合國，沙烏地阿拉伯和科威特都催促聯合國安全理事會做出決議來要求停火，這應能給他們在南方的客戶一個重整並以談判達成和解的機會。但當阿拉伯世界專注於葉門戰爭的同時，阿拉伯以外的國際社群正因為盧安達的種族屠殺事件而驚醒過來。那些被砍至死的恐怖屍體照片所匯聚的國際關注，是葉門這種令人搞不清楚的衝突始終無法得到的。

七月三日，在宣布脫離統一的六星期後，必德逃亡出境，率領著一支由坦克和火箭發射車組成的孤單護衛隊，向東穿過沙漠來到阿曼。穆卡拉第二天就淪陷了。兩天後，也就是七月六日，社會黨還殘存的領導階層也都逃了，搭著大馬力的高速快艇穿過亞丁灣，帶著日後謠傳有上百萬的國家資金前往吉布地。政治人物逃走時，北方部隊也已溜進了燃燒中的城市。

跟著士兵一起前來的是聖戰士。這些衣衫破爛、滿臉鬍鬚的戰士，經歷連續數週的戰爭而疲憊消瘦，此時他們乘著一隊破舊的豐田 Land Cruiser 和滿是彈痕的貨卡車，進入了亞丁港。有件事薩雷赫想要講清楚說明白，那就是把他惹毛的話要付出代價。既然聖戰士們也是薩雷赫這場亞丁雙尖突擊戰的一環，那麼，要執行戰後算帳的話，他們也能參一份。

阿里·默赫森·阿赫馬爾，這位出征的將軍，在七月七日一早就前進這個被征服的城市。一些把坦克車裝飾上阿里·沙利姆·必德肖像、先滲透進城市的人，此時也出來迎接他。其他人則是從緊閉的門後，看著薩雷赫最信任的將軍打量著這座嚴重毀損的城市。他徵用了亞丁飯店（Aden Hotel）當總部，然後從窗戶看著城市遭受洗劫。坦克轟隆隆地開進圓形交叉口就定位，同時大卡車沿著構成亞

4 譯註：指沙烏地阿拉伯政府。

丁完美港形的火山斜坡排開。接著聖戰士就來了，對著空中開槍，然後喊著「真主至大」。亞丁是他們在阿富汗永遠得不到的勝利饗宴。

隨著時間過去，亞丁一度純淨的海灘被人們的排泄物和燃燒垃圾弄得汙穢不堪。聖戰士和士兵恣意在各處紮營，睡在海灘上或廢棄的店鋪內。而這不只是勝利後短暫的掠奪而已。薩雷赫希望整個南方都能長長久久地記住這一刻。士兵們沿著英國人所建造的寬廣亞丁大街砸爛窗戶和展示櫃，把戰利品整車載走，當作他們一部分的服役薪餉，並把街上弄得滿是碎玻璃。有些人就直接把卡車倒進建築物內，然後把建物一片一片拆掉，把牆剝下來運到北邊，只在原地留下光禿水泥。幾年後，等到塔利克・法德里叛變之後，他會把這場由北方團體進行的洗劫比喻成大群蝗蟲過境。所有東西——電話、電腦、地毯、椅子甚至電線——全部都被拖走了。

在洗劫和暴力的另一頭有阿卜杜拉這樣的人挺立著，他是一名高大而精明世故的亞丁人，有著傾斜的額頭和講究的髮型，珍惜著這座城市放眼四海的歷史。身為一名英國公司的祕書，他很清楚薩雷赫的名聲，更是怕死了聖戰民兵。當一群「鬍子老長、外觀狂野」的人來到他公司時，他垂下目光，依他們命令行事。這些人又快又有效率地從一間房走到下一間房，把所有能帶的東西都帶走。當他們來到廁所時，便轉頭面對阿卜杜拉。

「把鑰匙給我們。」其中一個人說。從幾週前開戰時，阿卜杜拉的外國老闆們拋下城市之後，他就把公司所有的電腦和紀錄都堆到了一間靠近後牆的小廁所，而他想要保護這些東西。阿卜杜拉覺得自己開始出汗，但他穩下聲音，對他們發誓，他的英國管理人逃出國時把鑰匙帶走了。「聽我說」，他繼續講道，「你們要把門砸開就砸吧，但這裡就是廁所而已。」

經過一番快速討論後，其中一個人聳了聳肩，接著他們就走出了大門。「白痴」，阿卜杜拉多年後回憶道，「他們連電腦都不會使用，然後現在他們統治了國家。」

並不是每個亞丁人都這麼走運——這個已沒什麼可以帶走的城市也一樣慘。薩雷赫和賓・拉登都想把過去的所有痕跡抹除。比基尼沙灘遭到關閉，戶外酒場被滿身臭汗、帶著槍枝和大鬍子的人們掃蕩殆盡。這是一個全新開始的時刻。

在城市的墓地裡，哈里希率領幾支帶著石錘和機關槍的小隊，有條不紊地把他們認定背叛真主者的白色墓碑和墓標都毀掉。對蓋達的純正主義者來說，任何紀念碑都是一步錯步步錯。首先，人們造訪墳墓向逝去的親人致意，但很快他們就會向死者祈禱，要他們代為向真主請求。戰士們不能容許這點：人們應該向真主祈禱，而非死者。蓋達以不可妥協的確信推論出，最好是一了百了避免所有問題。在七月初的幾天內，蓋達把幾個世紀以來的回憶都砸成了碎石。

城外，卡那巴希率領一群蓋達戰士朝酒廠前進。三年前，在與賈邁勒・納迪相遇的那場招募會面中，卡那巴希曾對這位老兵說，他想要毀掉亞丁唯一的酒廠，說那裡是「伊斯蘭道德的腐壞者」。這個夢想即將成真。人們在方形建築前列好隊，輪流對著建物發射肩上式飛彈和火箭推進榴彈。隨著圍牆倒下，這場練靶很快就變成了自由開火。在葉門似乎只有少數人察覺，一股全新的、不妥協的激進主義已經進入當地的政局。砸爛墓碑、毀滅建築並不只是惡意破壞而已。那是正要開始扎根、更龐大政治計畫的一部分。

暴力和毀壞的狂歡符合了薩雷赫的立即目標，也就是威嚇一整群人屈服。洗劫完亞丁之後，薩雷赫讓整座城維持原樣，刻意拒絕修復滿目瘡痍的建築物和受損的基礎設施；這種警告方式，就跟葉門現代化之前會把囚犯的頭釘在城牆尖刺上一樣恐怖。在薩雷赫和必德曾經並肩攜手宣布葉門統一的同一個地方，他們的這場實驗迎來了血腥結局。薩雷赫贏得了這場爭奪國家的四年戰爭。但他不是唯一的勝利者。聖戰士們也贏了，而他們對未來有著不同的願景。

第四章　埃及人來討債了

一九九四年—一九九九年

一九九四年，就在內戰結束的幾個月後，一個看起來重心很穩、戴著過大眼鏡、額頭上有一大塊紫色瘀青的埃及人，在沙那下了飛機。他眼睛上面那像是蛋形胎記的東西，是多年來猛力對地叩頭祈禱的結果。自從一九六六年還是十五歲學生時，目睹了納瑟政府處決他的英雄賽義德・庫特布開始，艾曼・札瓦希里就開始擔任起埃及多個激進組織的分部領導。在那之後的三十年裡，札瓦希里很少像現在這一刻一樣絕望。他最近一次的攻擊行動，也就是在一九九三年十一月刺殺埃及首相阿提夫・西德基（Atif Sidqi）的行動，發生了慘烈的失誤。汽車炸彈並沒有殺掉首相，反而害死了一個站在附近的年輕女學生。埃及社會為此而憤怒不已。警方嚴加打擊，逮捕了上百名札瓦希里聖戰組織的特務。到他抵達葉門的時候，還沒下獄的特務已經分散到了中東各處。

因為先知穆罕默德著名的一番話，而在聖戰圈被稱作「信仰與智慧之地」的葉門，是一個相當吸引人的基地。山多部族多的葉門，讓札瓦希里想起了阿富汗，而他認為這裡是他從頭再來的最佳機會。而且不只地理上如此，葉門的政治環境更是機會絕佳。內戰期間，薩雷赫曾仰賴一些埃及聖戰士幫他打敗社會黨。他們之中有一名法德爾醫生（Dr. Fadl），是個有四方臉的極端主義者，在整場戰役期間多半志願擔任醫生，在沙那的塔瓦拉（al-Thawrah）醫院照料北方軍。札瓦希里和這個本名為賽義德・伊馬姆・夏立夫（Sayyid Imam al-Sharif）的法德爾醫生是老朋友。這兩個人於一九六〇至一九七〇年代的埃及伊斯蘭地下運動中達到法定年齡。一九八〇年代，他們一起在科威特支持的白夏瓦紅新月醫院工作，當時法德爾醫生對於*takfir*，也就是「將穆斯林教友逐出教會」的觀點，影響了比較年輕的札瓦希里。札瓦希里聖戰組織裡的其他埃及成員，好比聖戰招募來的老兵阿哈馬德・那札爾（Ahmad al-Najjar），在內戰這邊就有比較活躍的表現。在札瓦希里的心中，埃及聖戰組織參與葉門內戰使得薩雷赫對他們有所虧欠，而現在埃及人就要來討債了。至少，札瓦希里希望藉由他們支援戰事的這段往事，換取葉門政府默許聖戰存在於葉門。

在該城另一頭某藏身處等著的，是札瓦希里最老也最親近的幾個朋友：一群像法德爾醫生那樣的人，還有札瓦希里的弟弟，穆罕默德。這裡不是家，但對一個一九九四年的逃亡埃及人來說，沙那對他而言已經是最接近家的地方了。還有一些埃及人也散布在該國內，開始在此生根、入行，娶當地女性。札瓦希里則是來重新組織聖戰組織的殘兵。在北方，包括組織中的造假大師易卜拉欣・巴尼那（Ibrahim al-Banna）在內，有一些特務在阿曼的山區租了一個大農場。那可以用來當作一個訓練營。此外，機會也散布在南方，有些埃及人依舊和阿比揚的法德里有所聯繫。這是札瓦希里最迫切的下一步，重新組織並進行計畫。接下來的一年中，札瓦希里會一邊巡迴手下所成立的各個藏身處和剛起步的訓練營，一邊努力把聖戰組織重建成一個可以再度挑戰埃及總統胡斯尼・穆巴拉克（Hosni Mubarak）統治權的組織。

在紅海另一頭的蘇丹，情況也是一樣；有些特務在埃及打壓後就逃了過去。賓・拉登依舊住在喀土木，而這兩名恐怖分子領袖都很熟悉彼此。在阿富汗聖戰快結束時，札瓦希里經常擔任賓・拉登的醫生，在這個高大的沙烏地阿拉伯人頻繁發病時照料他。而且，雖然他們時常會協調蓋達和聖戰組織一起進行行動與訓練，但這兩人仍維持自己的獨立性。這兩個人都十分自傲，也常是目中無人的領袖，在一九九五年初時，甚至還有不同的目標。賓・拉登想靠蓋達來改變世界，而札瓦希里與聖戰組織則是著迷地專注於穆巴拉克和埃及。就是這目標吸引札瓦希里於一九九五年夏天回到非洲。穆巴拉克預定於六月二十六日飛往衣索比亞參加「非洲統一組織」（Organization of African Unity）的會議；這個生錯時代而顯得怪異的組織，被許多人笑說只是個獨裁者俱樂部而已。札瓦希里一年前就知道有這趟行程，便和有意自行輸出伊斯蘭革命的蘇丹情報官員策畫了一個陷阱。賓・拉登也對這計畫投注了金錢人力。在會議的幾週前，札瓦希里飛往蘇丹和攻擊者進行一番激勵對話，然後前往衣索比亞，走遍穆巴拉克車隊會行經的地方。那裡會有第一批埋伏，沿路下去還會有一支後備隊，以防第一隊沒能拿下穆巴拉克的車。

埃及總統比預定提前抵達，使札瓦希里的人匆忙就位，這時他們的火箭推進榴彈誤發了。這場攻擊很快就亂成一團，攻擊者狂亂地對著車隊開火，殺害了兩名警員，而穆巴拉克的高級防彈轎車擋住了如雨點般落下的槍火。但穆巴拉克的車隊並未如札瓦希里預測那樣，加速衝過埋伏並向第二隊接近；這位埃及總統反而掉頭返回機場，並在那裡舉行了記者會。「我突然看到一臺藍色的大貨車擋住了路，然後有人跳了下來。」六十七歲的穆巴拉克冷靜地告訴震驚的記者們。「我看著那些人對我開槍。」這已經是札瓦希里第十二次嘗試殺害他，也是第十二次失敗。

刺殺行動失敗後，札瓦希里的蘇丹支部馬上就倒了。聯合國基於蘇丹在這場攻擊中的角色而給予制裁，因此聖戰組織又再一次被迫逃散。然而，札瓦希里仍持續刺探著，尋找埃及防衛的弱點，而那年秋天他自認為找到了一個。札瓦希里把阿哈馬德・那札爾留下來掌管聖戰組織的葉門網絡後，就離開了沙那前往巴基斯坦，配合協調一場針對埃及駐伊斯蘭馬巴德大使館的攻擊；這場攻擊最終發生在一九九五年十一月十九日，有七人喪生。但沒有了領導人和其決心，這個在葉門的團體也就衰落了。

札瓦希里離開葉門後不久，很快就能看出薩雷赫準備要讓聖戰組織的埃及人失望了。沒有一件事如他們的意。各部族總是為了一些似乎只有他們懂的莫名其妙問題爭得你死我活。流亡的埃及人過去習慣了穆巴拉克統治埃及的那種直接獨裁，現在卻得要拚了命去弄懂葉門這種多頭統治結構。政客和部族謝赫會懇求他們支援，卻只會在最糟的時候推掉他們的支援。他們這種態度似乎是深受其總統的影響。薩雷赫對於埃及聖戰士們的態度逐漸由熱轉冷，而後者也從來都無法搞清楚總統真正的想法。一九九四年內戰期間薩雷赫所做的承諾，戰事結束後他就忘了。擊敗社會黨並不是落實伊斯蘭教法的第一步；相反地，這只是把權力集中到頂端的過程。薩雷赫需要聖戰士時就利用他們，而現在戰爭結束了，他就置之不理。同時，塔利克．法德里得以繼續領取他當上校的薪餉，還在葉門由總統指派的上議院獲得一席，而幾年前在莫凡彼爆炸案失敗中廢了一隻手的賈邁勒．納迪，則是在薩雷赫的執政黨高級委員會成為常任委員。但法德里和納迪都是薩雷赫可以用來統治他人的地方權力掮客。埃及人手上並無這位葉門強人所需要的任何東西。

在國際戰線上，聖戰組織碰到的情況也一樣麻煩。一九九六年冬天，札瓦希里連續幾個月處於失聯狀態。習慣被領袖以微控方式持續聯絡的追隨者，因為這樣的突然寂靜頓失方向。後來人們才得知，那時札瓦希里在一間俄羅斯監獄裡，因為他未帶護照就企圖從亞塞拜然邊界入境。但那段期間，他在葉門的所有人馬唯一知道的，就是他完全沒有回應任何詢問。一九九七年六月，當札瓦希里因俄羅斯無法辨認其真實身分而獲釋時，他就開始進行下一個計畫。結果就是五個月後的盧克索（Luxor）大屠殺，有五十八名觀光客和四名埃及人在上埃及的哈特謝普蘇特（Queen Hatshepsut）神殿遭到槍殺。札瓦希里的人馬在這場屠殺中賠上了他們在埃及僅剩的一點點支援。在葉門，他那整個士氣低迷的人員網絡，都在納悶著自己的領袖是在搞什麼鬼。

一九九八年二月，札瓦希里在阿富汗重新與賓・拉登聯繫上。兩年前，哈桑・圖拉比為了使遭受國際制裁的蘇丹恢復地位，而將賓・拉登逐出蘇丹，從此這名蓋達領袖就逃到了阿富汗。札瓦希里、賓・拉登以及幾名恐怖主義領袖，一起發布了一篇教令，標題為「對抗猶太人與十字軍的聖戰」。這篇宣戰文呼籲「每個穆斯林」只要找到美國人與猶太人，就要把他們殺了。札瓦希里在葉門的追隨者為此震驚。沒有人問過他們。他們的老闆在做什麼？來自中東、非洲和歐洲的批評聲浪席捲而來，而聖戰組織的成員則是拚了命地逐步接受札瓦希里的大轉向。他們應該是要對抗穆巴拉克政權，然而現在，札瓦希里卻要他們去殺美國人。

一名在葉門的聖戰組織官員寫信給札瓦希里，說他在教令上的簽名是怠忽職責。他居然放棄為埃及人奮鬥，跑去支持一場他們不可能贏的戰爭。札瓦希里反駁，說他將聖戰組織和賓·拉登蓋達網絡結盟的抉擇，是推翻穆巴拉克的必要步驟。世界各地認為領袖已經脫節的聖戰特務開始宣告退出。為了阻止人力流失，札瓦希里回到葉門，進行一連串的面對面會議。

當這位健壯結實的埃及醫生從阿富汗向西飛過波斯灣和大半個阿拉伯半島時，他依舊不太知道葉門的聖戰組織網怎麼會在他不在時就衰退至此。靠著又一本假護照輕鬆通過沙那機場警衛後，他在路邊遇到一臺等著他的車子。札瓦希里的手下並未把他載到他們認定太危險的沙那藏身處，而是載到了首都南方兩百二十五公里的中央高地城市塔伊茲（Taizz）。札瓦希里想要速戰速決。他急著想回阿富汗並繼續籌劃下一場大型攻擊。然而，首先他得平息眾人的疑慮，並拉回一些不滿的支持者。

過程從一開始就很慘烈。經常擔任他首席副手的弟弟穆罕默德，就拒絕對辭職一事再做考慮。相隔的這幾年改變了這兩個人。已婚又有六個小孩的穆罕默德，替一間電器工程公司工作養家。他不了解他哥哥為何對美國宣戰。葉門的其他人也都不知道。札瓦希里最信任的一名埃及特務，以前是室內裝修工的阿哈馬德・納斯魯拉（Ahmad Nasrallah），對札瓦希里失望到對整個聖戰事業都失去了信念。納斯魯拉靠著自學研讀了深厚的宗教文本，他的漫長軍旅生涯可以回溯至一九七〇年代。他曾經在一個於一九七七年謀殺埃及部長級人員的極端主義團體「聖絕與出走」（Takfir wa Hijra）的外圍表現活躍，在他隨一九九〇年代的埃及出走潮來到葉門前，他還在阿富汗待了好一段時間。但多年來的行動，加上札瓦希里明顯地背叛使命，都對他造成了傷害。納斯魯拉想要退出，他也覺得自己已找到一種方法，能讓他在聖戰之後的生活更舒服一些。

札瓦希里抵達葉門不久，納斯魯拉就走進了沙那的內政部總部；這裡有好幾股情報相關勢力在互相競爭，替他的前指揮官及整個組織網效勞。該部的部長——不修邊幅、有個大肚子和濃厚八字鬍的前軍官胡賽因・阿拉伯（Husayn Arab），對納斯魯拉供稱的故事很有興趣，因而在接下來幾天內又連續跟他會面三次。但阿拉伯這名來自南葉門的前社會黨員，並不確定自己在戰後葉門的地位穩不穩固，因此就好整以暇地面對納斯魯拉的情報。納斯魯拉擔心札瓦希里可能會在阿拉伯出手前回到阿富汗，讓他失去懸賞機會，因此他放棄和部長交涉，而去了葉門的最高情報單位，政治安全組織（Political Security Organization, PSO）。

一名祕書安排納斯魯拉與副座穆罕默德・舍米（Muhammad al-Surmi）會面。這名過胖的五十來歲官員同意在沙那一間飯店和埃及人碰面。聽完了納斯魯拉針對札瓦希里葉門網絡的那些雜亂看法後，這位副座要他在飯店房間等一等，好讓他打通電話。四個小時後，阿卜杜・薩拉姆・希拉勒（Abd al-Salam al-Hilah）這名三十歲的政治安全組織上校便前來接管本案，並監督這名聖戰叛徒。

政治安全組織和聖戰士的漫長往事可以追溯至一九八〇年代，當時把戰士送到阿富汗還是葉門這邊的工作之一。一九九〇年統一後，這個諜報局曾經幫忙把海外戰士安頓在國內，而在一九九四年的內戰中，這個單位在使用這批人中的一部分來擊敗社會黨一事上，也有著關鍵作用。身為局中新星的希拉勒，是沙那城外部族的一員，卻總是穿著西裝和領帶。他有一道修飾整齊的黑鬍子，稍微蓋住了他突出的下顎；身為政治安全組織面對聖戰士的核心人員，他掌控了該局的伊斯蘭主義者檔案。舍米把他介紹給納斯魯拉，來當他的承辦人。

希拉勒立刻就把納斯魯拉送到城另一頭的政治安全組織藏匿處，進行敵情彙報。納斯魯拉在沙那鬧區一間小公寓裡坐著，把他的故事重講了第三次。他把札瓦希里在塔伊茲的藏身處地址，以及全國各地數個聖戰組織使用的安全地點，都一併告訴了希拉勒。納斯魯拉甚至提議由他來當臥底，並跟希拉勒說，他可以往南去刺探法德里的殘部；當社會黨於內戰中敗亡後，這些部隊的領袖就拋棄了聖戰並回到阿比揚的老家，從此這些部隊便分崩離析至今。納斯魯拉解釋，這些部隊中的多數人都聚集在一名叫做贊恩·阿比丁·米赫達（Zayn al-Abidin al-Mihdhar）的人周圍。或者，如果政治安全組織對這一點都沒興趣，他也可以前往阿富汗蒐集賓·拉登的情報。不管政治安全組織要他做什麼，他都願意做。他就只想退出。希拉勒很有耐心地聽著，偶爾催促埃及人再講清楚詳細一些。政治安全組織的藏匿處裝有隱藏攝影機，而希拉勒想要把一切都錄到帶子上。

希拉勒走出公寓時做出了決定。幾分鐘內，這名葉門間諜撥了他熟悉的號碼，並跟接電話的人說，他的部隊裡出了個叛徒。

這個消息震驚了葉門的聖戰圈。他們之中有一人背叛了他們。札瓦希里終於了解情況有多糟。這個渙散組織的殘兵連忙把他送出國，其他特務則是抓住了納斯魯拉。在某個就跟納斯魯拉向官方輸誠的藏身處差不多的房間裡，這些特務把他綁起來並塞住嘴巴，就這樣擺了好幾天。經歷了好幾輪的拷問後，他們最後終於讓他吐實了。這次，攝影機可是明著擺出來，而重傷的埃及人就直直地盯著它。

沒人知道要拿納斯魯拉怎麼辦。葉門和阿富汗的聖戰領導人來回傳遞著訊息。有些人要求立刻處決他；其他人要求謹慎並徹底審判他。財務窘困的葉門組織發誓，他們根本沒錢買機票去阿富汗。如果上游——他們用了賓・拉登的代號——要他，他得自己送錢來。錢是來了，但納斯魯拉甩開了抓住他的人，並搭飛機逃往埃及。不過，時時留意著聖戰組織成員的穆巴拉克政府探員，在納斯魯拉抵達開羅時就逮捕了他。然而損害已經造成。不只札瓦希里，許多特務也拋棄了葉門。納斯魯拉的背叛使他們的網絡遭受損害。有些人竄逃到歐洲和非洲，但多數人一路抵達阿富汗，在坎大哈（Kandahar）加入了賓・拉登和札瓦希里。跟他們一起的，還有一整個全新世代的戰士。

札瓦希里莽撞地與賓・拉登共同發出教令宣戰，或許造成他旗下保守派分裂，但對一整個阿拉伯年輕世代來說，卻產生了相反效果。關注賓・拉登這番全新呼告的年輕人，是在阿富汗聖戰的故事中長大；他們一邊觀看一九八〇年代的粗顆粒影片，一邊聆聽布道者頌揚海外戰鬥的榮耀。在葉門，招募來的這些新人有許多是來自近一千間發跡於一九七〇至一九八〇年代的私人宗教學院。到了賓・拉登和札瓦希里呼籲全面對美國人與猶太人開戰時，這些學校已經出產了超過六十萬名畢業生。這些由埃及和沙烏地阿拉伯流亡者授課的學院，並不一定會將學生變成恐怖分子，但它們確實創造出一批更加準備好接收蓋達信息的學生。它們是入門學校，表面上看來無害，事後回顧卻極其致命。

這些新出爐的畢業生包括了納瑟・武海希，一名嬌小而瘦弱的二十二歲青年，有著尖挺的鼻子和凹陷的雙頰。武海希是在阿比揚北部穆卡拉斯區（al-Mukayras）長大，位於離亞丁灣有一百六十公里的內陸，是一個沒什麼道路或發展機會的經濟窒礙地帶。一九九八年畢業後，武海希就能吟誦《古蘭經》並爭辯伊斯蘭律法細節，但那些技能在找工作時毫無用武之地。這位年輕學者因此離開位在南葉門的家往阿富汗而去。後來他要歷經漫長的五年才能再度回家。

在武海希抵達阿富汗城市霍斯特（Khost）附近的訓練營後不久，賓・拉登的一名斥候就發現了他。這位蓋達指揮官總是留意有著特殊才能的人，經過數天觀察後，他認為他在這名矮個子葉門人身上認出了一些和他相似的地方。兩人都是講話輕柔的思考者，悄悄充滿野心，比周圍其他人都看得更遠。有一天，賓・拉登把武海希拉到一旁，私下跟他說話。賓・拉登告訴這名年輕志願者，他看見他的未來有著了不起之處。隨著武海希聆聽起賓・拉登說明未來願景，他發現自己就這樣中了這位蓋達指揮官的咒。不久，他就發下了效忠誓言，並追隨起蓋達。賓・拉登總是偏好讓周圍有葉門護衛圍著，但對這名新招募來的人，他有不同的安排。他矮到威嚇不了人，但又聰明到不能浪費，賓・拉登因此讓他當自己的個人祕書兼學徒，擔任處理通訊和行程的副官。接下來的四年內，武海希就是賓・拉登的影子。在某名戰士的回憶中，這兩人「總是形影不離」。很快地，也會有其他年輕葉門人追隨著武海希，來到蓋達的阿富汗訓練營。十年後，這一批年輕人還會繼續組成阿拉伯半島蓋達（al-Qaeda in the Arabian Peninsula, AQAP）。

當新一代人邁向阿富汗，被賓・拉登心中對美國人與猶太人發動全球戰爭的想像所擺布時，少數殘存的老一代仍拚命在葉門發揮影響力。在南邊，贊恩・阿比丁・米赫達，也就是聖戰組織叛徒納斯魯拉警告葉門政府要留意的那個人，正在湊出一支軍隊。他這支混合了葉門人、埃及人和一些阿拉伯各地其他人的雜牌軍，多半是法德里的殘兵。一九九四年的內戰後，薩雷赫把法德里的大半土地都還給他，並允許他保留自己的上校薪餉，以回報他在戰爭期間的付出。「我沒預約就進了共和宮（Republican Palace）。」法德里後來會和人們提到他生命中的那段時光。「我就處在最高層。」但法德里的手下並非每個都這麼覺得，而那些不是為土地或錢而戰的人們也開始傳出不滿及失望的低聲怨言。他們和那些自認被法德里背叛的外國聖戰士，便逐漸往米赫達和他那不肯妥協的聖戰招牌靠過去。

三十二歲的米赫達是一個顯而易見的選擇。高大又英俊到不行的米赫達是葉門當地人，有著阿富汗聖戰資歷，還曾拒絕參加攻打社會黨的內戰。他聲稱那是黑暗而愚昧的戰爭。在戰鬥中的某一刻，他甚至還把車開進法德里的營地，當面訓斥他參加這場戰爭有多危險。「你是在阿里・阿卜杜拉・薩雷赫的旗下，而非先知的旗下戰鬥。」他在營火間責罵著。「這不是聖戰。」

米赫達在營地時，法德里有禮地聆聽。但他一離開，法德里就拿他的過去詆毀他。「這個人曾經拒絕在阿富汗前線作戰。」他說。我們不是為了薩雷赫戰鬥；我們是在對抗社會黨，法德里繼續說道。然而，隨著戰後紛爭不斷，且法德里最終也叛離了薩雷赫陣營，這樣的區隔到頭來也蕩然無存。等到社會黨的敗北也沒讓伊斯蘭國家誕生時，這些人才想起了米赫達當初的警告。

米赫達把他這群心生不滿的人稱作亞丁—阿比揚伊斯蘭軍（Aden-Abyan Islamic Army），名稱來自先知所說過的，在最後的時日裡會有一支一萬兩千人的大軍，在亞丁和阿比揚一帶現身捍衛伊斯蘭。據大部分人表示，這個團體始終只有極少數的追隨者——實在稱不上什麼軍——但他們有雄心壯志。

一九九八年秋天，亞丁—阿比揚伊斯蘭軍開始透過阿卜・哈姆扎・馬斯里（Abu Hamza al-Masri）這位在阿富汗地雷爆炸中失去雙手單眼的教士，發表一連串宣言。馬斯里把一隻手換上了鉤子，並常用眼罩來遮住受傷的眼睛。身為北倫敦芬斯伯里公園清真寺（Finsbury Park Mosque）的主持者，馬斯里很容易就能接觸到城中的記者。米赫達和馬斯里是於一九九〇年初在白夏瓦的聖戰大熔爐中認識的。當時，年紀較小的米赫達把這位埃及教士當成精神導師；十年後，當這名葉門人組成了亞丁—阿比揚伊斯蘭軍時，他找上馬斯里尋求指引。就跟賓・拉登一樣，他們也擔心越來越常出現在阿拉伯半島上的美國。有了沙烏地阿拉伯從一九九〇年波斯灣戰爭開始當起美軍的東道主，加上波斯灣其他國家有樣學樣，米赫達和馬斯里都深信，葉門是阿拉伯半島上僅存的「獨立」國家。但就連這點也在起變化。

在葉門於安全理事會上壞了大事的八年後，美國總算有要原諒薩雷赫的意思。為了表現逐漸增加的善意，美國海軍議定了一份密約，使用亞丁當作加油基地；而美國駐葉門大使，來自密蘇里州，身形修長、個性嚴肅的終生外交官芭芭拉・博迪納（Barbara Bodine），也越來越常在該國四處現身。身為美國首位女性葉門大使，她未戴面紗、稜角分明的好看面孔令這個保守國度震驚不已。而持續不停造訪沙那的美國軍官，更是讓米赫達旗下聖戰士擔心。

一九九八年十二月十二日，肩膀寬闊健壯、下巴突出的海軍陸戰隊安東尼・辛尼將軍（General Anthony Zinni）抵達沙那，與總統薩雷赫會面。去年八月，辛尼被任命主掌美國中央司令部（US Central Command），也就是負責中東、中亞、非洲之角軍事行動的區域軍事指揮中心。他在葉門是要討論內戰後持續進行的南方掃雷工作，以及未來美國與葉門的共同軍事演習。對米赫達和馬斯里來說，這實在太過分了。他們一直有在數算人頭，辛尼已經是那年造訪葉門的第七個美國軍官了。對一個四年前要靠聖戰士幫忙撐起這國家的總統來說，薩雷赫跟美國人實在是走得太近了。

兩週後，也就是一九九八年十二月二十三日，米赫達和馬斯里在宣言中警告會做出的回應，全都已準備就位。這個計畫，要由包括馬斯里長子和繼子在內的數名英國穆斯林，在耶誕節當天執行一連串對亞丁的協同攻擊。接著他們會逃到倫敦——馬斯里喜歡把那裡描述成「你愛做什麼就做什麼的天堂」。亞丁被鎖定的目標包括了聖公宗教堂、外國人喜歡的餐廳、英國領事館、聯合國辦公室，以及一九九二年賈邁勒・納迪攻擊失敗的莫凡彼飯店。米赫達向他在葉門的追隨者保證，美國人能理解的語言就只有壓倒性的力量。他說，要等到事後證明留在此處的成本太高，他們逐步占領葉門的行動才會終止。

十二月二十三日入夜後，六個人——五個英國人和一個從希斯洛機場跟他們一起飛來的阿爾及利亞人——搭著一臺白轎車，離開了米赫達在阿比揚的營地。他們小心翼翼地把車沿著滿是石塊的泥土車痕行駛，在接上前往亞丁的柏油道路前，那段顛簸的車程想必讓他們覺得度日如年。車廂裡有好幾顆地雷、火箭發射器，還有各色各樣的炸彈原料，而誰都不想讓這炸彈過早引爆。

當他們抵達亞丁市郊時已接近午夜。隨著車子接近該城的圓環時，負責駕駛的年輕葉門裔英國公民馬力克・哈爾哈拉（Malik Harhara）憑著他自己的習慣做出下一步。他並未像葉門人習慣的那樣逆時針繞圈，而是像在英國老家那樣開過去。一臺車逆著繞圈的古怪畫面吸引了一名交通警察注意，他因此攔下了這些人。當警官彎身看進車內，要求哈爾哈拉出示證件時，這名二十六歲的年輕人慌張地加速逃逸。在黑暗中不知自己身在何處的哈爾哈拉不停轉彎，希望能甩開已在清晨車陣中追起他們的警察。因飛車追逐的腎上腺素而驚慌不已的哈爾哈拉把幾個鐘頭前的警覺心都拋在腦後。蛇行過彎時，他撞上一臺迎面而來的車子。

車上的六個人被搖得七葷八素，但奇蹟似地毫髮無傷。暈眩了一陣後，他們打開車門擠進冰涼的夜晚空氣中，把車和武器都拋下來留給警方。但他們沒有一個人知道這裡是哪裡，幾個鐘頭內他們就全數被捕。

在阿比揚，米赫達急忙地找方法搶救耶誕節計畫。當地的線人告訴他，接下來幾天有一群西方觀光客預定在阿比揚進行像狩獵旅行的旅程，米赫達便立刻弄出一個把他人馬救回的計畫。十二月二十八日上午十一點左右，米赫達的聖戰士看到由五臺休旅車組成的觀光車隊，緩緩地找著小徑行過砂礫遍布的狹窄道路，往亞丁回去。當第一臺休旅車經過藏身處時，聖戰士們便全速把卡車開上路面，將路堵起來並截開剩下四臺車。躲在岩塊和樹後面的其他人此時突然起身大喊「真主至大」並對空開槍。對休旅車內的觀光客來說，這一幕彷彿超乎現實，就像好萊塢電影的西部世界活生生出現在眼前。米赫達的人馬連忙衝下滿是岩石的邊坡，突襲了車隊。一個人向司機亮出了手榴彈，命令他下車。司機一開車門，蒙面人就把他拉到地上，用槍托痛擊他的頭。在一整片滿是沙塵的混亂中，一名觀光客和第一車的司機設法逃脫了。但其他團員——十六名來自英國、澳洲和美國的觀光客，還有四名葉門司機——都落入了米赫達手中。

聖戰士們擠進休旅車並把它們開出道路外，來到一條難以辨認的小徑上。他們向北開了幾分鐘，小心翼翼地穿過矮小灌木以及南葉門那種低矮滿是岩塊的小丘。把人拉進基地後，聖戰士們將觀光客和當地駕駛分開，兩邊都以武裝守衛看管。米赫達用他的衛星電話打了幾通到英國。「我們收到訂貨了——標記英國跟美國貨共一千六百盒。」他用一種不難解的代號說。

人在倫敦的馬斯里同意，這些人質應該要拿來交換他們的成員，包括在耶誕夜清晨飛車追逐中於亞丁被逮捕的兒子和繼子。米赫達派了一名報信者到當地警察哨站，把他的要求告訴政府。然後他就坐下來等。綁架外國人在葉門經常發生，而渴望避免負面國際新聞報導的政府總是會屈服。米赫達在那天入夜後回到他手下那裡，吃了一頓在火上烤的鮮肉。

人們早早起來做晨禱。晨禱完不久，一名來自當地部族的、上了年紀的謝赫，帶著茶和餅乾漫步到了營地裡。他想要擔任米赫達和政府的中間人，對當地要人來說，這是很普遍的角色。這些綁架者是在他的地盤上，而且根據部族律法，他對此有責。但米赫達斷然拒絕他的提議，告訴他說他們有「更高層的聯繫」。這名老人走離營地，對於綁架者不想談判感到困惑不已。

政府也無意討價還價。葉門軍隊包圍了米赫達的營地，而薩雷赫確信他不用釋放囚犯就可以把觀光客奪回來。就跟在亞丁面對社會黨人那時一樣，薩雷赫想要讓聖戰士們看懂一個訊息。在阿比揚，薩雷赫的指揮官於當天早上八點下令行動。士兵們慢慢順著一連串的乾涸水道匍匐爬進營區。守在外頭的衛兵透過岩塊和枯樹看到突擊隊員逼近，便開槍示警。米赫達的手下連忙要人質起身當人肉盾牌，大喊如果軍隊不退後就處決他們。在一陣混亂的火箭推進榴彈和火箭炮發射中，四名人質遭到殺害。

葉門把米赫達和營地裡的手下抓去受審，並要求從英國引渡馬斯里，但東尼・布萊爾首相（Prime Minister Tony Blair）拒絕了。在葉門，米赫達拒絕承認國家法庭。「我是聖戰者。」他對法官尖聲大喊。「我是為了在葉門建立伊斯蘭教法而戰鬥。」幾天後，他的說詞依舊不變。「如果你要審判我們，就要召開伊斯蘭法庭。」說完，他接著提議由阿卜杜・馬吉德・金達尼和阿卜杜・瓦哈比・德伊拉米這兩名招募人前往阿富汗時最活躍的教士，來擔任適當的官方權威。「我們在阿富汗和車臣戰鬥過，而我們會持續奮鬥，直到在葉門成立伊斯蘭國度。」

米赫達的審判拖了幾個月。一名被告作證指出，米赫達和一名他指認為阿卜・阿里・哈里希的人在沙那見面。但他的證詞只是眾多名字中的一個，很快就在眾多小道消息中消失了。一九九九年二月，原告方呈上一份取自米赫達在夏布瓦家中的證物。那之中有幾張奧薩瑪・賓・拉登的照片。「是的，我要連說三次是的。」米赫達回答。「如果我們在穆斯林世界中有十個這樣的人，他們就會解放所有人。我們在此號召聖戰者們聚集到他身邊。」

十月十七日，在被判刑的五個月後，葉門政府下令處死米赫達。四名守衛押送銬著手銬的犯人來到沙那的一個廣場。在士兵把米赫達的頭壓到那張攤在一小塊土上的紅毯之前，依照儀式所需的純潔而穿著白袍的他，有機會做最後一次祈禱。被你推我擠、嘲諷揶揄的群眾所包圍的處刑者來到米赫達頭頂上，跨在這個屈服了的人身上。處刑者快速地環顧四周，觀看者滿心期待地安靜下來。他以一種幾乎尋常的方式轉動肩膀，開了一槍。子彈向下飛了一公尺，進入米赫達的後腦勺。爆裂的槍響聲在空中迴蕩了一陣，隨即被歡呼聲蓋過。這名聖戰士死了。

寄於米赫達之身的不滿與憤怒，並未隨著他的處決而終結。帶著一點一滴的憤怒散布到全國的零星聖戰士們納悶著，為什麼自己人最後是被忽視，而非薩雷赫允諾的那樣，被邀請共同治理國家。總統很快就會知道忽視這群代理行惡者的代價。

第五章　在南方的工作

二〇〇〇年—二〇〇一年

在阿富汗南部坎大哈城外不遠處的法魯克（al-Faruq）訓練營裡，奧薩瑪・賓・拉登計畫了他的下一步。此時是二〇〇〇年一月底，而他預定於千禧年進行的計畫已經失敗了。兩年前賓・拉登對美國人與猶太人發出宣戰教令後，他在東非的人馬便於美國駐肯亞及坦尚尼亞大使館同步引爆炸彈。三週後，美國以空襲蘇丹和阿富汗還擊，摧毀了賓・拉登的數個訓練營，自此蓋達就拚了命要反擊。

一九九九年十二月，一個有十六名特務的基層小組在準備攻擊約旦幾間西方飯店時遭到逮捕。幾天後，在美國東北角，一名機警的邊境守衛攔下一名神情緊張的阿爾及利亞人，當時他正企圖從加拿大跨越邊界進入華盛頓。他後來對調查員說，他企圖以炸彈攻擊洛杉磯國際機場。第三波攻擊預定要於二〇〇〇年一月三日在葉門進行。在蓋達阿拉伯半島行動首領阿卜杜．拉辛．那希里（Abd al-Rahim al-Nashiri）的監督下，一小群蓋達特務計畫要爆破某艘利用亞丁來中途加油的美國戰艦。但在發動攻擊不久前的演練中，他們在小船上裝了太多爆裂物，最後只能目送攻擊艇一出航就下沉。當他們把船救回來時，泡滿水的一塊塊爆裂物已嚴重毀損而無法使用，迫使那希里得把行動延後。這些計畫賓．拉登都未直接經手，而是持續支持決策集中化、執行去中心化的想法；不過，他還是希望能比這種結果好。

這場攻擊失敗所帶來的挫折，和那年冬天賓．拉登自己在阿富汗的煩躁不安交纏在一塊。自從他成年以來，他一直都有四名妻子，也就是伊斯蘭律法允許的最高上限。但過去幾年來他都只有三名妻子。賓．拉登在蘇丹流亡期間，他的第四名妻子烏姆．阿里（Umm Ali）要求離婚，好回到沙烏地阿拉伯的舒適環境中。賓．拉登答應了她的要求，但點頭答應這件事讓他十分痛苦。在這段心力交瘁的歷程結束近四年後，他準備好再試一次。有一名葉門朋友做了最初的安排，幫賓．拉登和葉門當地一個薩達（al-Sadah）家族牽上線。這個家族生長於沙那南方約一百五十公里處的伊卜（Ibb），是當地的上層人士，以世世代代出產宗教學者聞名。賓・拉登的媒人形容，這名十五歲新娘阿瑪爾・薩達（Amal al-Sadah）既漂亮又虔誠。賓・拉登同意根據傳統婚約內容，支付五千美元的新娘價。

賓・拉登對電匯有所防備，但又因兩年前美國攻擊而無法親自前去，此時他便需要一名信使。他挑了納瑟・巴赫里（Nasir al-Bahri）這名葉門貼身護衛，此人曾經瓦解一場刺殺行動而救了賓・拉登一命。幾個月前，賓・拉登曾安排巴赫里以及一名葉門駕駛沙利姆・漢丹（Salim Hamdan）去和一對葉門姊妹結婚。現在角色正好逆轉，而賓・拉登得把自己婚姻的諸多細節都託付給巴赫里去辦好。

體格結實、眼光機警的巴赫里，看起來就像個貼身護衛。在訓練營中以綽號阿卜・詹達爾（Abu Jandal），大體來說就是「壯漢」而聞名的他，有一種令人卸下防備的幽默，經常能讓他老闆歡樂不已。就跟賓・拉登一樣，他出生於沙烏地阿拉伯，卻有著來自葉門的父親。他和成千上萬名於一九八〇年代晚期成年的阿拉伯人一起受阿富汗聖戰故事所激勵，但他同時也擔心，隨著蘇聯占領的終結，自己會不會錯過了邁向偉大的機會。一九九三年，沙烏地阿拉伯一名女教師贊助他參加波士尼亞的新聖戰——這是無法戰鬥的女性和長者參與聖戰的一種常見方式。巴赫里利用這名女性給的兩千美元購買裝備，並買機票前往波士尼亞。在短暫造訪波士尼亞之後，這名二十一歲的戰士轉往索馬利亞，然後再轉往處於內戰的塔吉克。到了一九九六年初，巴赫里和他所指揮的三十六名阿拉伯戰士轉進阿富汗。就跟一九九〇年代招募來打聖戰的大多數戰士一樣，這些人都在尋找著純粹的聖戰。但他們無論去哪裡，都會遇上麻煩。在波士尼亞，歐洲穆斯林似乎不想要他們幫忙，甚至不相信他們；在索馬利亞，他們則是和其他穆斯林交火；而在塔吉克，他們則被捲入了自己都弄不懂、基於幫派的莫名衝突中。

才過幾週，巴赫里就準備好要像先前一樣放棄阿富汗了。他向朋友吐露，這裡的人太「狡詐」，不同的伊斯蘭團體之間又有太多內鬥。這名會輕易相信別人的葉門人此時不知要相信誰。「我決定回到葉門，之後看是要在那裡落腳，或者去車臣發動聖戰。」他如此回憶道；他解釋，在車臣，當地的團體組織健全而且戰得有道理。

賓・拉登試圖改變他的想法。當時，這位剛從蘇丹抵達的蓋達指揮官正處於招募不利的狀態，而巴赫里與三十六名阿拉伯戰士的消息正快速在阿富汗傳開。然而，巴赫里並無興趣跟這名沙烏地逃亡者對話。「我不是那種會樂意和賓・拉登會面的人。」他這麼告訴中間人。

但要求還是一再送上門。當巴赫里斷然拒絕一名傳話者，賓・拉登就送上另一名。最後，其中一個傳話者引用了先知的一句名言，主張巴赫里欠賓・拉登一個回應。巴赫里只能心不甘情不願地跟使者回到賈拉拉巴德的營地。

賓・拉登依照傳統的款待規矩，招待了這些戰士整整三天。他發揮一如往常的敏銳，讓這些思鄉心切的阿拉伯人受他誘惑。他讓廚師送上那些人幾年沒吃到的阿拉伯美味，自己自始至終都講著他的聖戰願景，還有打擊美國的必要性。當賓・拉登發現巴赫里最喜歡的食物是一種混合了麵粉、香蕉和砂糖而甜到美味的東西，他便跟這名健壯的戰士說，他明天早餐就能吃到這道菜。

即使巴赫里自己也不願意，他還是受到賓・拉登以及他宏大未來願景的吸引。其他和巴赫里在塔吉克並肩作戰過的年輕人，則是觀望這位二十四歲的領袖會如何引領他們。「你們每個人都是獨立的個人。」巴赫里對他們說。「你們都應該替自己做決定。」

最終，他們幾乎都跟著巴赫里加入了蓋達。就像老師跟學生會面一樣，賓・拉登把這些人找來自己房間私下見面。同意加入蓋達的人發下了他要求每個人發的誓：「我在真主之前保證，不論情況好壞、不論合意與否，我都會服從而執行命令，行事無私且不違抗我的指揮官。」

究竟哪些人有發誓而哪些人沒有則是保密。被徵召的人依指示不得揭露自己有沒有發誓效忠賓・拉登。這也是他維持祕密性與安全性的計畫一環。輪到巴赫里時，他走進了陰影重重的房間，並坐在他的東道主面前。

「你準備好了嗎？」賓・拉登問。

「是的」，巴赫里回答，「不過我有一個條件。」

「是什麼？」

「假使我走出你的庇蔭之下，離開你指揮的地帶，你就無權命令我。」

賓・拉登點頭同意，並問他是否準備好要發誓。巴赫里朗讀了出來，只有在最後那條「不可違抗指揮官」的前面停頓一下。他願意發誓對賓・拉登效忠，但對他見都沒見過的人則不。賓・拉登解釋了這句話，並一步接一步地向他說明這整條指揮鍊的必要性。巴赫里的疑懼平息了，他便完成宣誓。他現在是蓋達的一員了。

接下來四年裡，巴赫里效命賓・拉登，在他的營裡受訓，並管理一間客棧。在揭穿了那場（後來蓋達會歸咎於沙烏地阿拉伯情報單位）刺殺賓・拉登計畫之後，巴赫里成為賓・拉登的首席貼身護衛。萬一「謝赫」遇上了被包圍而無路可逃的情況，巴赫里手上還有兩顆受他所託付的子彈可用。當賓・拉登得要派某人帶一整箱現金去葉門，巴赫里就是他唯一的選擇。

除了賓・拉登的婚禮之外，恐怖分子組織內的口耳相傳還存在著另一場「婚禮」。這場被某些人稱作「大場」的婚禮，已經計畫了好幾年。只有蓋達領導階層選出的一群人知道這個計畫，但隨著穆罕默德・阿塔（Muhammad Atta）和他的手下於二〇〇〇年初離開營地，這個知情圈也慢慢開始擴張了。

二〇〇〇年八月，那位兩年前出賣了蓋達背叛者的年輕葉門情報官阿卜杜・

薩拉姆・希拉勒，搭機前往義大利。一名他稱作阿卜・薩雷赫（Abu Salih）的人在波隆那機場等著他，此外還有一名當地的布道者。這三個人像老朋友一樣問候彼此。阿卜・薩雷赫擁抱並親了那年輕人的臉頰，然後挽著他搭上他那臺方方正正的雪鐵龍。他們在會議開始前沒剩多少時間。

真名是阿卜杜・卡地爾・賽義德（Abd al-Qadir al-Sayyid）的阿卜・薩雷赫，是在納斯魯拉背叛後就立刻逃出葉門的埃及人之一。在過去兩年的喧擾中，他還是一直效忠於札瓦希里，從未質疑過他與賓・拉登結盟或與美國為敵的這些決定。就跟聖戰組織中的其他人一樣，他是極具天賦的偽造者。他有辦法加工護照、偽造文件，騙過大部分移民官員。抵達義大利之後，他就一直在忙著建立支援者網絡並儲存軍火。正式名義上來說，他是當地某間清真寺的伊瑪目，但布道只是他工作的一部分而已。

阿卜・薩雷赫想要聽葉門營地的詳情，但希拉勒已經等不及了。他說，營地都很好。「營地照料得很好。它們有受到保護。」他有更大的消息要和老朋友分享。隨著車子駛過波隆那的狹窄巷道，朝著三人預定要和一群歐洲伊斯蘭主義者會面的體育中心，希拉勒開始對阿卜・薩雷赫講起一個瘋子。

「他是個瘋子」，希拉勒重複這句話，「但他也是個天才。」

希拉勒靠著一提到就用代號的方式，和一種晦澀到很奇怪的說話模式，向對方暗示接下來會有一場攻擊。這場攻擊會是對伊斯蘭敵人的重擊，涉及計畫的有「飛機」和「天空」。這件事「會寫在全世界的報紙上」，希拉勒接著這麼說。這會是一場「永遠不會被忘記」的事件。

在阿卜・薩雷赫車上裝設竊聽器的義大利調查人員，根本聽不太懂這些關於飛機和美國的密語評論。這些義大利人追蹤這些埃及人快一年，但實在是湊不出什麼頭緒。希拉勒這番興奮的話語實在是太模糊，而不足以令人警覺。義大利人便盡責地把文字紀錄轉交給中央情報局裡的美國同行，但讀過希拉勒這段話的那幾名情報工作人員，也一樣什麼都搞不懂。這段對話不過就是這一整個聲音世界裡的又一個資料點而已。

隨著小雪鐵龍逼近體育中心，希拉勒又對阿卜・薩雷赫說了一次。「火已經點上了，就等著風。」

當**希拉勒**靠著外交護照於幾天後搭機飛回葉門時，他並不是唯一一名返國的聖戰士。納瑟・巴赫里也回到了祖國。而在波斯灣，蓋達那位瘦乾的軍事指揮官阿卜杜・拉辛・那希里，則是準備再度前往葉門。這是賓・拉登網絡的其中一個天才之舉。各自分散獨立的小單位、決策集中化和執行去中心化，都代表著可以同步進行多重計畫。只有賓・拉登和其他少數高階領袖看得到全局。

儘管有十個月前在千禧年攻擊前夕將船弄沉的糗事，那希里還是使這支小隊團結到了現在。他們挺過了賓・拉登的懷疑，以及他在緊要時分提出的整頓要求。那希里主張，這些人有從錯誤中學習。賓・拉登默許了他這位指揮官的決定，而到了十月初，第二次攻擊就準備妥當了。一群包括那希里在內的蓋達頂尖特務，搭機前往葉門監督這次行動。美國海軍從一九九九年一月開始就使用亞丁港當作中途加油站，而在那之後的二十二個月裡，各戰艦已經在這座港城停靠了三十回。那希里的隊伍一旦就位，他們要做的就是等下一艘船來。

十月十二日早上九點半左右，那艘船來了。有兩個美式足球場長的暗灰色軍艦科爾號（USS *Cole*）是美國海軍科技的最新成果。這艘造價將近十億美元的驅逐艦，於一九九五年初在維吉尼亞州的諾福克（Norfolk）下水。船上兩百八十一名船員的五個月海外任務已過了將近一半，他們滿心期待接下來前往鄰近的巴林，進行港口巡禮。離岸還有數百公尺時，指揮官柯克・利波德（Kirk Lippold）利用一種叫做「海豚」的水面停泊設備來讓船靠攏岸邊，然後便開始漫長的加油作業。

在岸上，兩名蓋達特務把一艘白色小船弄到水裡並推離岸邊。哈珊・卡米里（Hassan al-Khamiri）這名巴赫里的葉門友人，應該知道自己有多好運。前一年，葉門官方逮到他與一宗綁架計畫有聯繫。但他什麼也沒說，所以幾週後他又自由了。他的同伴易卜拉欣・薩瓦（Ibrahim al-Thawar）也和他一樣求得了這次自殺行動的機會。他們啟動山葉牌船外馬達，緩慢迂迴穿過堵在港內的木造漁船迷陣。兩人確保航行速度夠慢。這點那希里很明白。他總是提醒他們，不要讓人注意你們。裝沒事。

上午十一點十七分，他們靠攏到驅逐艦旁邊。炸彈客們對著美國水兵微笑揮手，然後呼吸最後一口氣。

爆炸在該艦的吃水線上炸出一個三・五公尺平方的鋸齒狀大洞。火焰從該艦的一側竄出，一路向上燒焦船身的金屬。黑色濃煙令人難以呼吸，而在船艙裡，水兵被爆炸的威力震飛出去。那希里的衝鋒完成了使命。

在科爾號裡，船員們搖搖晃晃地起身，拚了命想弄清楚周圍損害情況。慢慢地，隨著聲音衝回到他們耳朵中，他們平日受的訓練接管了身體行動。有多年戰鬥部隊醫務員（海軍醫護兵）經驗的指揮士官長詹姆斯・帕里爾（James Parlier），奮力衝到甲板上。在上去的途中，他發現一小群水兵瞪著地板上的什麼。他們的一名同伴倒在他們腳下的金屬上，傷勢嚴重。帕里爾便接管現場。他和其他幾個人把一片鬆動的門板從絞鍊上扯下，用這個臨時擔架把傷者拖到甲板上。當帕里爾俯靠到這名將死者身上時，就已經知道來不及了。然而，他還是重複按壓他的胸口，為他做心肺復甦術。最後，一名長官拍住他的肩膀。

「他不行了。你得讓他走。」

帕里爾帶著暈眩坐起。他從未讓人死在自己手上。那名長官又跪到他身邊說，他還可以去幫其他人。

「我做了臨終祈禱。」帕里爾回憶著。「我說了段禱詞，然後我們把他放到了另一邊去，這樣他就不會死在船員面前，打擊他們的士氣。」

在六百公尺外的亞丁沙灘上，蓋達支援隊的成員凝望著黑煙，試圖判斷任務成功與否。來自南葉門阿瓦利克（al-Awaliq）部族、體型纖細的二十五歲成員法赫德‧庫薩（Fahd al-Qusa）這時才想跟上他們，但已經太遲了。幾週前，後勤領頭賈邁勒‧巴達威（Jamal al-Badawi）安排這名年輕部落成員替這次行動錄影，給了他一個呼叫器和祕密代碼。巴達威跟他說，如果這機器亮出代碼，那就是要你架攝影機然後開始拍的信號。和贊恩‧阿比丁‧米赫達來自同一個部族的庫薩仰慕著賓‧拉登，並渴望立下功績。總是出包的他，這輩子從來沒能把什麼事好好做完。而現在就是他的大好機會。

發動攻擊的那個早晨他錯過了信號，等他發現自己一直讓呼叫器保持震動狀態時已經來不及了。當他還在衝往靠近海灘的藏身處時，他就聽到了爆炸聲。他能看見濃煙飄入空中，一道黑色的柱體一邊竄升一邊擴散。

炸彈客沒能炸沉軍艦，但癱瘓了它的功能。幾天內，蓋達會得知傷亡人數：十七人死亡，三十九人受傷。但就連他們都知道，這次攻擊行動並不會只用屍袋來衡量。一艘小船上的兩個人就一巴掌打在了美國強權的臉上。

隨著港中濃煙散去，科爾號的船員開始評估損害。內艙房就像地震後的房屋一樣扭曲裂開，廚房一片狼藉，船身的其他部分則是因炸裂碎片和尖銳金屬切口而無法通行。攻擊後數小時內從巴林飛來的海軍陸戰隊，是第一批抵達現場的支援美軍。他們試圖從空中評估狀況。聯邦調查局探員阿里・蘇芬（Ali Soufan）後來表示，這艘造價十億的戰艦讓他想起受傷的獅子，受了傷且毫無遮蔽，就那樣無助地在海上漂搖著。

攻擊發生的幾小時後，美國大使芭芭拉・博迪納就抵達了亞丁。她之前就曾經歷過戰火。一九九〇年當伊拉克入侵科威特時，她擔任使領館副館長，是美國駐科威特大使館的副主管。在那四個月遭圍攻期間，她從頭到尾展現的冷靜態度，為她贏得了國務卿英勇勳章。她和葉門也是源遠流長，最早是在一九七〇年代晚期擔任海外分部官員，然後是阿拉伯半島政治軍事事務官。擔任大使可說是她輝煌生涯的頂峰。當博迪納抵達亞丁時，有一件事她非常確定。「攻擊科爾號是敵對行動，但這邊的政府和人民並無敵意。」

她在聯邦調查局的同行則是以同樣快的速度得出了相反的看法。聯邦調查局的領頭調查員約翰・歐尼爾（John O'Neill），在幾天後抵達了亞丁。他喜歡跟別人說，他來這裡就只為了一個理由：將壞人繩之以法。聲音宏亮、個性急進，又跟博迪納一樣有自信的歐尼爾，深信葉門在這齣麻煩上也參了一腳。「這可是個有一千八百萬人口和五千萬把槍的國家。」他在給國內的報告中寫道。

聯邦調查局團隊一在葉門下機，博迪納和歐尼爾幾乎立刻起了衝突。一開始的衝突是為了住處和探員能夠攜帶的武器，接著隨調查行動緩慢進行，雙方又開始為人事及美國在該國的影響範圍爭執。博迪納總是希望少一點，而歐尼爾總是還要多一些。兩個出身不同官僚體系的人，自然會有自己的一套做事方式。「我的工作就是確保我們的行動不會破壞我們的目標。」博迪納在提及美國葉門政策的概略時如此解釋。

歐尼爾無法了解，為什麼大使沒辦法像他那樣看清情況。美國遭受了攻擊，需要在主使者再次行動前把他們找出來。他固定向位在紐約的本部報告，在電話會議中讓他們得知自己這邊的最新進展。在某次會議前的閒聊中，他對一名朋友說，「我在能力可及的範圍內什麼都試過，想以我的歐尼爾式魅力來贏得這位女性的芳心，但就是一點用也沒有。」

博迪納相信自己了解歐尼爾的主張。她就只是不同意而已。他就是個專心致志但不了解手頭上這個國家的探員。他只有一個狹隘的目標；而她有許多大目標。美國與葉門的關係遠遠超乎科爾號炸彈攻擊的調查。美國需要逮捕那些主使者，但一步步走來必須謹慎小心。博迪納擔心，若不這樣，就只會讓糟糕的情況雪上加霜。

「美國式調查風格的實際運作面，不可避免地會和葉門有限的能力迎面相撞。」她後來以這段文字替她的行動辯護。「葉門人熟悉亞丁和亞丁的人們，但缺少技術與專業能力；聯邦調查局有科學辦案的技術能力，但沒辦法在亞丁進行『街頭』辦案。」

但當歐尼爾一口氣惹毛兩國外交官的同時，他也大膽強硬地打通其他門路。在費盡苦心地開了一場又一場會議之後，他和葉門政治安全組織正在老化的領導者迦利布・卡米許（Ghalib al-Qamish）打好了關係。今年五十二歲的卡米許身材消瘦，粗糙的面孔半藏在粗硬八字鬍下，是少數非總統親屬的葉門最高層國安官員。他是一個殘酷競爭世界裡的謹慎生存者。美國政府對於卡米許的組織和其忠誠度感到擔憂——僱用了阿卜杜・薩拉姆・希拉勒的也是這個單位——但歐尼爾認為這個人本身是他的盟友。一開始葉門官方把這場攻擊當成是加油意外。當美國調查員給他們看了無可否認的炸彈證據時，葉門的情報單位終於開始啟動調查。但他們早就已經錯失了寶貴時機，而讓那希里等人逃出國外。

葉門官方以他們過往辦每一件大案的方式來處理科爾號的調查工作。他們逮捕所有能抓到的人，然後開始慢慢將他們分門別類。嫌犯在證明無罪前都以有罪論。對想把案件弄到可在美國法院立案的聯邦調查局官員來說，這樣做一點意義也沒有。但那邊的環境就是這樣，而歐尼爾他們一行人就得要試著適應。

長時間在（他所認定的）敵營工作且持續累積壓力後，歐尼爾在感恩節前短暫返回美國休息。他的外觀整個不同了。他體重輕了些，而他認識的人都覺得他好像精疲力竭。當他不在時，調查行動陷入泥淖。在葉門，私交是不可或缺的。個人比制度更為重要，沒有歐尼爾持續施壓，葉門的合作變得有如牛步。卡米許拒絕和聯邦調查局的代理人開會，把這些會議都推給他自己的副手。歐尼爾擔心自己不在場領導時團隊可能會錯過什麼，因此覺得自己責無旁貸。他對卡米許和葉門情報單位的其他人都很熟悉，在經過多年研究後，他也認識了蓋達組織。耶誕節假期後，他要求獲准回到葉門。身為大使，對於所有美國公民能不能在葉門都有最終決定權的博迪納，拒絕批可。

這個駁回刺傷了他。歐尼爾試圖對他在聯邦調查局的朋友故作若無其事，說大使不讓他回葉門令他覺得好笑。歐尼爾在紐約辦公室的上司貝瑞・毛恩（Barry Mawn），看著他對聯邦調查局總部越來越失望。聯邦調查局，這個歐尼爾付出了人生二十四年的組織，這時沒有辦法支援他。「他們決定不要繼續扛下去。」毛恩表示。他們不要「和國務院搶地盤。」但如果歐尼爾不在現場，他就無法領導團隊或調查工作。他並不適合在辦公桌前當探員。七個月後的二〇〇一年八月，他從聯邦調查局退休，並在世貿中心擔任安全主任。

在葉門，歐尼爾的一名組員，一名會說阿語、叫做阿里・蘇芬的年輕官員，逐漸開始領導起調查工作。沒有了頂頭上司讓他無法把事情搞定，但他慢慢以自己的方式開始有了進展。

隨著被逮捕人數增加，葉門得以在大撈網中抓出幾個攻擊小隊的當地成員。由於逮捕了太多人，讓葉門搞不清楚自己手頭上有什麼人。有些人確實有罪，但大多數人沒有。政治安全組織拘留了賈邁勒・巴達威，蓋達的後勤領頭，而在十二月抓到了連這場葉門攻擊行動都沒察覺的納瑟・巴赫里。安全特務也留意著法赫德・庫薩。葉門安全特務並未浪費時間人力來追捕他，而是選擇把他趕出藏身處。政治安全組織的官員造訪庫薩在亞丁的家，並逮捕了他父親。當他們把這名老人銬上手銬帶走時，他們告訴家裡的女人們，庫薩知道自己該怎麼做才能讓父親獲釋。

政治安全組織會扣住庫薩的父親，要求他們家支付當地監獄的房錢和伙食，直到他兒子投降為止。幾天內，庫薩就放棄了在沙那的藏身處並且向政治安全組織自首。接下來的兩個月，奉薩雷赫總統之命行事的卡米許，拒絕讓美國調查員和這名個頭偏小的囚犯接觸。最後，到了二〇〇一年初，他才大發慈悲地允許蘇芬和其他探員到房間裡。聯邦調查局探員找到的這個人是個看起來一副狡詐貌的部族成員，有著一雙小眼睛和修剪仔細的山羊鬍。他在審問室裡坐著，瞪著美國探員。

後來庫薩跟人們說，那也是一種刑求：「美國人脖子上掛著那些基督十字架，垂到他們的胸口。」聯邦調查局的探員對於庫薩的陳述和他聲稱拒絕合作一事有一番爭論。庫薩說，他主張聯邦調查局的探員嘲諷了《古蘭經》，並引述了一段先知穆罕默德的話，說不應該讓非穆斯林踏上阿拉伯半島。

庫薩並不是被聯邦調查局搞到不自在的唯一一人。因為不知道有多少時間可以面對囚犯，美國人的訊問可說是直言不諱又切入重點。他們想知道葉門軍方和炸彈客之間如果有聯繫，那聯繫是什麼樣子。探員們瞄準了阿里・默赫森・阿赫馬爾；這人和總統薩雷赫出身同部族，也是第一裝甲師的統帥，之前曾經對亞丁的洗劫閉一隻眼。他們知道他跟塔利克・法德里以及其他阿富汗阿拉伯人之前做過的事，而他們猜想，他是否仍涉入其中。聯邦調查局也對阿卜杜・馬吉德・金達尼謝赫很好奇。他和基層小組有關聯嗎？他們甚至跟庫薩問起薩雷赫總統的長子阿哈馬德，他身兼葉門特種部隊與該國最強大的共和國衛隊統帥，而且還是國會議員。當問題越來越逼近總統家族，政治安全組織就越緊張。三週後，卡米許暫停了訊問。聯邦調查局獲取了一些不錯的情報，但探員們找到的問題還是比答案多。

二〇〇一年二月十二日，義大利官方錄下了一通埃及偽造者阿卜・薩雷赫打去給某位葉門老朋友的電話。電話鈴聲在阿卜杜・薩拉姆・希拉勒位於沙那的家裡響起，但阿卜・薩雷赫通到話的並不是那位政治安全組織的上校，而是他弟弟。

這並不打緊；這兩個人都知道發生什麼事。

「我不是聽說你要去美國。」阿卜・薩雷赫說。

「我得很遺憾地說，我們沒辦法進去。」那位年輕人回答。「那是我們最重要的願望和我們的重大目標。」

差不多就跟六個月前在阿卜・薩雷赫的雪鐵龍裡錄到的對話一樣，這段對話也含糊到無法採取什麼行動。又一次地，義大利人把情報分享給美國中央情報局，但中央情報局因為疏忽並未通知聯邦調查局，而該局明明就有一支隊伍正在葉門和政治安全組織合作。片段線索正開始累積，但還是沒人願意分享。四個月後，二〇〇一年七月，隨著阿卜・薩雷赫突然逃出義大利前往阿富汗，監聽也因此結束。

二〇〇一**年的夏天**對蓋達來說是個重大的夏天。平常冷靜的賓・拉登面對手下時比平常看起來更緊張，一直到處來回，並和蓋達的軍事委員會舉行祕密會議。多年來，招募者不斷地湧入蓋達訓練營，而現在賓・拉登開始把他們送回家。整個七到八月，一小批一小批的蓋達特務都在一點一滴地滲透回沙烏地阿拉伯和葉門。他們是賓・拉登的先鋒，是他希望能夠在阿拉伯世界心臟地帶點燃革命的人們。他們沒有幾個人知道自己在做什麼，但他們相信他們的領袖。他們都發了誓，只要他一下令，他們哪裡都能去。

八月初，賓・拉登對一名熱情的二十二歲葉門人法瓦茲・拉貝義（Fawaz al-Rabi'i）說，他也要被送回家去。拉貝義很年輕，但賓・拉登喜歡他在此人身上看到的特點。大膽又有領袖魅力的拉貝義出生於沙烏地阿拉伯，是一名葉門移工的兒子。小時候他似乎就注定要打聖戰。他的英雄是穆塔韋（mutatawwa），沙烏地阿拉伯的道德警察。他把他們當偶像崇拜，經常在他們每日進行工作時走在他們旁邊，確保每名女性都有蒙好面紗，而且每個人都有祈禱。那些留著大鬍子的志願者鼓勵他們這位年輕徒弟，催促他背熟《古蘭經》，偶爾還讓他用他們的矯正棍。

一九九〇年，在波斯灣戰爭以及沙烏地阿拉伯為報復薩雷赫支持薩達姆・海珊而驅逐近一百萬名葉門移工後，拉貝義就得辛苦地適應沙那生活。雖然他出生地是葉門，但他的訓練和經驗都來自沙烏地阿拉伯。他念完高中之後，就在總統府擔任職員，接著在二〇〇〇年初，他就和包括一名前政治安全組織探員在內的幾名朋友前往阿富汗。

拉貝義喜愛訓練營的生活。這名年輕葉門人總算回到了那些思想和信念都跟他一樣的朋友之間。他認識了曾是罪犯但後來成為聖戰士、日後還會接著領導伊拉克蓋達組織的阿卜・穆沙布・札卡威（Abu Musab al-Zarqawi），此外也和一些最後成為九一一劫機者的人們說上話。在打回葉門的電話中，拉貝義鼓勵他弟弟沙勒曼（Salman）一起加入。他說，這裡就是最好的地方。

有一回他告訴他父親，他的新目標是「做個烈士而死」。他也跟賓・拉登說過一樣的話。這位蓋達領袖有其他的計畫。當賓・拉登把他送回家時，他對他說「我正在培養你成為指揮官」，並解釋他派拉貝義回葉門，是要他擔任一個十二人基層小組的領頭。僅僅兩個月前才抵達阿富汗的沙勒曼，則是會留在後方進一步訓練。

賓・拉登鼓勵他這位年輕副手並向他保證，當時機適當時，他就會知道要做什麼。拉貝義收拾行李並和訓練營的朋友道別，但他內心想必納悶著他的謝赫究竟在計畫什麼。

第六章　總統的盟友

二〇〇一年秋

二〇〇一年八月初，當法瓦茲・拉貝義等聖戰基層小隊員搭機返回葉門途中，跨越阿曼灣抵達阿拉伯半島時，他們應該不會特別留意底下那片滿是岩石和砂礫的荒涼地景。但對那些很快就會在葉門會合的聯邦調查局探員來說，綿延的不毛山峰和廣袤的沙漠，看起來就像某個遙遠的外星球。即便從空中看，這裡的貧瘠也是一目了然。沒有河流、城市，也沒有綠意，就只有灰色和棕色沙塵的無盡拼貼在下方展開，宛如一條亂扔的棉被。到了晚上就更糟了。因為國家大部分地方不在供電網內，航程中也就不會再三出現那種群聚的地表光亮。探員們唯一能透過塑膠玻璃窗看到的，就是一大片的黑暗和陰影。自從去年科爾號事件發生後，阿里・蘇芬和約翰・歐尼爾小隊的其他人就已這樣來回好幾趟，而往返的過程總是消耗著他們的精力。

八月二十二日，聯邦調查局成員正準備著再度飛往葉門的行程。芭芭拉・博迪納預定要調職離開葉門，而在紐約，歐尼爾也正要離開原職。這是他最後一天擔任聯邦調查局探員，之後他就要在世貿中心擔任安全主管。下令他的隊伍回到葉門是他最後一件公務事。聯邦調查局團隊刻意等到九月，等博迪納上路之後才踏上葉門。

探員能做的事情不多。美國從未對科爾號遭遇的自殺式攻擊做出回應，而線索也越來越渺茫。一九九八年發生非洲大使館爆炸案後，美國做出的回應，卻是一場光彈藥就花了四千萬美元但對蓋達沒什麼損害的慘烈行動；在那之後，柯林頓總統對於第二輪飛彈攻擊就猶豫不前。當時他的行政機關裡就有人發問，美軍到了阿富汗真的能打中什麼東西嗎？頂多就是打中更多帳篷和泥坯屋，而那種東西蓋達幾天內就可以重新蓋好，要花的錢和當初摧毀掉這些東西的飛彈相比，只是九牛一毛。經過了整個二〇〇〇年末，這些討論逐漸凝聚為一致結論：賓・拉登是中央情報局的工作範圍，而非軍方。一方面受限於任期，一方面美國又處在副總統高爾和德州州長小布希緊繃的總統選戰中，因此柯林頓始終沒有回擊。

隨著經濟持續成長，消費者奢華地將錢浪擲於第二棟房子和更多的車子，反擊的時機很快就過了。大眾對於在某個沒人知道的國家發生的小小恐怖攻擊毫無興趣。隨著全美把目光放在一場充滿爭議的總統大選，並震驚於佛羅里達的重新計票，科爾號爆炸事件也就從公眾記憶中消失了。二〇〇一年一月十九日，在小布希宣誓就職的前一天，即將隨柯林頓離職的國防部長威廉・柯恩（William Cohen）交出了他的科爾號攻擊事件報告。當時華盛頓正舉行著慶祝活動和就職宴會，沒什麼人留意到這件事。小布希有他自己的優先事項，包括對經濟和內政的重點加強。八月底，當蘇芬和其他探員搭機飛往葉門時，政府裡甚至沒幾個人察覺他們不在了。

如今科爾號已回到密西西比的船塢，而博迪納也離開了葉門，蘇芬和其他組員便離開美國大使館——沙那東側半山坡上一棟強化防禦的圍牆大宅——來進行調查。由於科爾號遇襲以來的嚴密安全措施仍在實施，這支隊伍因此住進了喜來登酒店，也就是唯一被認為安全到足以接待美國官員的旅館。雖然喜來登酒店有著令人沮喪的一九七〇年代平淡外觀，水龍頭會漏水，食物也不怎麼樣，但這裡至少還令美國探員感到熟悉。這座城市的其他地方，和他們過往人生所見的一切截然不同。

身為全世界最古老仍有居民城市之一，沙那是一個拚了命想要變現代的博物館精品；小小的茶鋪有著破損的百葉窗和凹陷的桌子，就緊貼在比十字軍還早了幾世紀的清真寺旁。多年來，在沙那這座蓋在山地平原上、被幾十個交戰部族所包圍而加強防護的城市裡，宗教領袖都會下令在每天晚禱後，把城市的七座城門都鎖上。一九六〇年代的內戰終結了伊瑪目和他們的保護監管。這座城市很快就衝破了自己的城牆，人口在三十年內從原本的五萬達到近兩百萬。

到了聯邦調查局在二〇〇一年九月初抵達時，沙那已經大難臨頭。三十年未受控制的成長，已讓該城過時的基礎設施無法跟上。從喜來登酒店八層樓的酒吧看著底下又髒又窮的雜亂蔓延市區，實在很難想像先知穆罕默德曾經形容沙那是「地上樂園中的樂園」。現代的沙那看起來就像個垃圾堆。探員們還是可以看見該城出名的那一群巨大薑餅屋，就像一群古代的哨兵聳立在底端的一整片悲慘貧困和吵雜之上。這些群聚在舊城區的驚人巨塔，也在拍打著自己腳底的那一整片失序之海中慢慢分解。在此之外的其他地方，湧入城中尋找工作的人們，迫使傳統建築讓位給現代開出的捷徑。

不管聯邦調查局的隊員怎麼繞，到處都有擠滿人的市場，裡面都是大吼大叫的小販，用粗獷、沙啞的阿拉伯語喊出他們要賣的東西。他們的顧客也一樣奇怪。留著濃密鬍子，身上穿著長至腳踝、沾滿塵土的袍子的男人們，帶著懷疑的眼光望著外國人。那些被大使館某些人戲稱為忍者的女人，是一群披著稱作abaya的黑斗篷的鬼魅人物，無聲無息而隱蔽地穿過人群。人們踹起了混合濃煙、汗水與柴油廢氣的塵土，形成某種聞起來酸酸的煙霧。被這種難聞的混合氣體嗆到窒息的探員們，沒有什麼理由要冒險進入該城眾多新開闢的周遭地帶。那裡沒什麼好看的，就只有又繼續向外溢出的便宜骯髒建築。

沙那的人們很容易屈服於因疲倦產生的冷漠。因為破爛貨卡車和生鏽計程車造成的混亂大塞車，無止境的噪音，還有全面的失序，都耗損著探員的氣力。葉門的官僚系統也能達到一樣的效果，只不過更加微妙。

九月五日，聯邦調查局團隊抵達沙那的幾天後，薩雷赫總統坐下來和一名來自半島電視臺（al-Jazeera）的記者談起科爾號調查情況。他解釋，他已經竭盡自己所能限制聯邦調查局在葉門的行動。「我們靠著部隊、飛機和船隻阻止他們抵達葉門。」他以一種特有的誇大方式表示。「我們以我們的安全部隊直接監控他們。」對聯邦調查局的探員來說，薩雷赫的吹噓已經老掉牙了。科爾號事件過了十一個月，探員們還在苦心鑽探著同樣那幾面牆。

九月十一日，阿里・蘇芬從美國駐沙那大使館的一間辦公室打電話給他的未婚妻。那時在葉門已快下午五點，但在沙那和紐約的八小時時差，代表著這時段是這兩人少數能互相聯繫上的時間。講了幾分鐘話後，另一名聯邦調查局的探員衝進了房間。

「阿里」，他喘著大氣說，「有架飛機撞上世貿中心了。」

掛斷電話後，蘇芬打了約翰・歐尼爾在紐約的電話。沒有人接聽。當蘇芬打第二次時，探員又再度衝回房間。「剛剛又有一架飛機撞上世貿中心了！」他大喊。「是客機。天啊，很大一架飛機。」

火速在歐尼爾的電話裡留言後，蘇芬就衝進了博迪納的舊辦公室，裡面其他成員都在盯著大使館的電視。探員們的心裡毫無疑問；這就是一場攻擊。蘇芬持續打著聯邦調查局紐約辦公室的電話，但沒有人回應。受過訓練來應付大場面的這些探員，如今卻被困在相隔一個大陸之外的地方，只能看著美國歷史上最嚴重的恐怖攻擊在電視機的小螢幕上映。

到了葉門入夜時分，他們的命令總算下來了。聯邦調查局要隊伍撤離。「葉門」，上面告訴他們，「據信並不安全。」第二天一大早當探員們準備搭機飛回美國時，第二則通知又來了。聯邦調查局希望蘇芬和其他幾個探員留在葉門。對於攻擊行動美國沒什麼線索，但那已經看起來像是蓋達所為，而葉門的探員們是全美國唯一能在葉門現地動用的人力了。

回到大使館內，透過安全通話線路，他們的完整指令也下來了。局本部授權他們使用「任何必要手段」來確認劫機者身分。對蘇芬來說，這道訊息很明白：找出點什麼，動作快一點。蘇芬立刻飆過該城前去找迦利布・卡米許，那位和歐尼爾建立了好交情、面貌粗硬的政治安全組織領頭，並要求見法赫德・庫薩。總部那邊說，原本要幫科爾號攻擊事件攝影的那個庫薩是個重要人物。卡米許對此充滿疑心。聯邦調查局已經跟庫薩耗了三星期了。他們還能取得什麼情報？

「我不是在說科爾號。」蘇芬語無倫次地反駁。他強忍住淚水說，歐尼爾失蹤了，恐怕已經死了。卡米許猶豫了一下，然後在探員的注視中，拿起了話筒並打給位在亞丁、拘留著庫薩的政治安全組織監獄。由於那天晚上最後一班飛往沙那的班機已準備要起飛，卡米許的手下告訴他今天已經太遲了。他們明天就會移送囚犯。卡米許大吼回去，把他給我弄上飛機。卡米許怕自己的手下不夠快，還打給亞丁機場下令飛機駕駛在囚犯上機前不准起飛。

到了午夜，庫薩便已坐定在政治安全組織指揮部的一間訊問室裡。這名二十六歲的青年就跟蘇芬記憶中一樣狂妄自大。閃爍其詞又自以為是的他，根本不想和蘇芬或聯邦調查局打交道。「你們根本就不該在葉門」，他蔑視著調查員，「你們的存在就是侮辱伊斯蘭。」

蘇芬已經厭倦了他這種態度。他的一些朋友已經死了，而他的國家遭受了攻擊。他要來弄清楚庫薩究竟知道什麼。就在他開始訊問的不久前，沙那的中央情報局官員給了他三張照片，拍到一名蓋達成員和一年前加入的庫薩會面。這些照片讓蘇芬面對庫薩有了優勢，他便直搗黃龍。蘇芬一晚又一晚地訊問骨瘦如柴的這名部族分子。庫薩手上沒什麼情報，但他確實知道個名字。到了第五天時，他終於鬆口：阿卜・詹達爾。那是賓・拉登貼身護衛納瑟・巴赫里在訓練營裡使用的綽號。

賓・拉登的前任貼身護衛是在科爾號事件的幾個月後挑出來的，但政治安全組織拒絕讓聯邦調查局接觸巴赫里，聲稱他與科爾號攻擊事件無關。「那他為何要坐牢？」有個探員問這位葉門人。

「有嫌疑。」警衛回答。

就跟其他數百名嫌犯一樣，巴赫里被困住了。雖然葉門手上沒有他的罪證，但他們確信他太危險而不能放走，然後就把他忘在那裡。巴赫里一年多前就離開了阿富汗，和九一一的計畫毫無關聯，但那一刻他是美國手上唯一的人。從一九八九年蘇聯撤出阿富汗算起的十年裡，美國就大幅縮減了當地的軍事行動，而多年來的疏忽，終於在最糟糕的一刻回來纏擾著美國。

但庫薩剛剛給了聯邦調查局一個訊問這名貼身護衛的理由。「我們得要和阿卜・詹達爾講話。」蘇芬對葉門警衛說。「快點。」

沒有罪名就被關起來，又不得和妻子及兩個小孩相見，因此憤怒不已的巴赫里是個比庫薩還要強硬的對象。聯邦調查局在他身上花了好幾天工夫，用一些小利令他態度軟化，並挑戰他對於美國和伊斯蘭律法的假設。蘇芬知道巴赫里厭倦了聖戰，但這名貼身護衛仍覺得自己對身在阿富汗的人們有責任義務。那些都是和他並肩作戰、一起流血的人，也是他招募來的人們。此外還要考慮他和賓・拉登的羈絆。除了安排巴赫里的婚事之外，巴赫里的長子誕生時賓・拉登也在場，當時他模仿一套伊斯蘭早年的儀式，在新生兒的上顎抹一片弄軟了的椰棗，以將榮耀賦予這個家族。另外，巴赫里的連襟沙利姆・漢丹也還在阿富汗，擔任賓・拉登的司機。幾年前，在這兩個人娶了一對葉門姊妹之前，是巴赫里說服了這個胖嘟嘟的葉門人去阿富汗，而巴赫里現在認為自己對他要負起責任。

有天晚上進行訊問時，蘇芬還因操勞昏倒，得要送去急診室；但下一晚他就回到了桌前質問巴赫里，並和他爭論神學。幾個晚上過後，蘇芬把一本嫌犯相簿擱到了疲倦的囚犯面前。巴赫里快速地瀏覽過整本相簿，然後把它揮出桌面。蘇芬把相簿撿起來，並輕輕推回桌上。「再看一次。」他說。巴赫里抬頭望著這名說阿拉伯語的審問者，然後打開了本子。第三次瀏覽時，蘇芬指著其中一名劫機者，馬爾萬・謝赫希（Marwan al-Shihhi）的照片。「你是在主張你不認識夏奇（al-Sharqi）嗎？」蘇芬用謝赫希的化名問。巴赫里沒有回應而是別過頭去，那時蘇芬就知道他逮著了。多虧對庫薩的訊問，蘇芬已經知道巴赫里和這位頭髮漸疏的劫機者之間有關係。被抓到說謊的巴赫里承認認識謝赫希並確認了他們曾在阿富汗一起待了些時間。剩下的就快多了。巴赫里看了剩下的照片後，又指認了六個人。他承認，他們都受訓於賓・拉登的訓練營。

美國掌握了人際聯繫。從沙那的一間訊問室裡，賓・拉登的貼身護衛把劫機犯牽連上了蓋達組織。

九月十一日當天，美國在葉門沒有大使。博迪納在攻擊發動的兩週前離開，而國會一直都沒讓柯林頓提名替代她的人選生效。一旦沒人把自己的行動翻譯給華盛頓的新政府，薩雷赫就會擔心美國有可能做出什麼激烈的舉動。外交方面的謠言開始流竄，說美國官員和關鍵盟友有著激烈交鋒。小布希頑固的副國務卿理察・阿米塔吉（Richard Armitage）告訴巴基斯坦的情報總長，若不合作，美國會「把它炸回石器時代」。另一名分析家在CNN和MSNBC電視臺上主張，葉門是繼阿富汗之後下一個合乎邏輯的目標。突然間，薩雷赫在攻擊發動的一週前對半島電視臺發表的那番「封鎖聯邦調查局」評論，就顯得更有惡意了。薩雷赫上一次惹火美國是在一九九〇年波斯灣戰爭時，當時美國、沙烏地阿拉伯和科威特共同斷絕援助，讓整個國家舉步維艱。但這一次，美國講的已經不是經濟報復了。

薩雷赫那位講話輕柔的女婿，低調的葉門駐美國大使阿卜杜・瓦哈比・希吉利（Abd al-Wahhab al-Hijri），提供了一些幫助。小布希是不好預測的。他就任總統才九個月，而美國從未遭受到這樣的攻擊。在遭受攻擊之後的混亂日子裡，希吉利建議薩雷赫說服小布希，葉門在美國的新戰爭中會是盟友。

「我把阿卜杜・卡利姆派給你。」薩雷赫跟他的女婿說，他指的是阿卜杜・卡利姆・伊利亞尼（Abd al-Karim al-Iryani）。

個子矮小、看起來像個小精靈的葉門人伊利亞尼，是薩雷赫偏好的對歐美中間人。身為北葉門第二任總統的姪子，伊利亞尼年輕時有一大半日子都在海外，在美國喬治亞州上大學和研究所，並於一九六八年獲得生化遺傳學博士學位。他可以說流利而在地的英語，更重要的是他知道怎麼和西方人說話。外交官和援助工作者都很欣賞他的直來直往、沉穩而博學的態度。阿卜杜・卡利姆博士（多數人如此稱呼他）講話就是直截了當。就在幾個月前，薩雷赫革了他的首相職——這是伊利亞尼第二次掌管內閣——而現在他又再次獲得了恩寵。

薩雷赫告訴他的大使，伊利亞尼會帶一封給小布希總統的信。

在華盛頓這邊，小布希總統最高階的幾位副長會見了小布希在葉門取代博迪納的提名人選，艾德蒙・赫爾（Edmund Hull）。九月十七日，國務卿柯林・鮑爾（Colin Powell）主持了這名有情報背景、身形修長外觀整齊又會說阿拉伯語的外交官的就職宣誓儀式。從一九七〇年代初擔任和平工作團志工而在突尼西亞活動開始，赫爾就在阿拉伯世界度過了大半的生涯。他最近一份工作是美國國務院的反恐怖主義副協調人，在那裡處理科爾號爆炸案的事務。小布希喜歡這點。在葉門唯一要緊的問題就只有反恐怖主義，而赫爾可是專家。

九月二十七日，伊利亞尼抵達華盛頓，準備與國務院進行一連串會議。那天下午，也就是沙那的深夜，他打電話給薩雷赫說一切看起來都相當順利。伊利亞尼告訴總統，華盛頓認為葉門的算計在九一一攻擊的餘波中改變了。在成功審訊了庫薩和巴赫里之後，聯邦調查局也回報葉門有在配合。而其他單位似乎也很滿意。伊利亞尼跟他的老闆道賀，說葉門不是目標了。

薩雷赫從剛抵達葉門的赫爾那邊聽到的情況也幾乎一樣。赫爾呈遞國書給總統時向他保證，美國沒有攻打葉門的計畫。不久後，這位新任美國大使對記者說，他相信薩雷赫總統已經「在這場對恐怖主義的戰爭中選邊站。」

美國這邊並不是每個人都這麼確定。中央情報局的情報分析師擔心蓋達特務早就進駐葉門，而當薩雷赫於十一月二十五日抵達美國和小布希會面時，他們已經準備好一份名單。這是薩雷赫第三次正式訪問美國；前兩次的結果都相當慘烈。一九九〇年，老布希總統邀請薩雷赫在葉門投票表決統一之前來白宮。幾個月後，當薩雷赫拒絕站在美國這邊來對抗薩達姆·海珊時，這個新國家的迎新會就搞砸了。十年後的二〇〇〇年，比爾·柯林頓又給了他第二次機會。那次拜訪很快就因為科爾號的攻擊事件而失色。

薩雷赫知道美國想跟他合作。他就只是不確定跟美國共事會帶來什麼。他的情報單位已經在和中央情報局及聯邦調查局合作，而且在攻擊事件發生的幾週後，葉門就逮捕了一大堆蓋達特務嫌疑者。警方還關閉了那些美國擔心有挹注資金給蓋達的帳戶和企業。

有了包括迦利布·卡米許在內的頂尖安全官員跟在身邊，薩雷赫已準備妥當要來談條件。十一月二十六日，他於華盛頓西北邊的葉門官邸，與喬治·泰內特（George Tenet）會面。這位身材矮胖的中央情報局總監沒浪費什麼時間。他帶來自家探員準備好的名單。該月稍早前，中央情報局把一份類似的嫌犯名單給了他們在葉門情報單位的對口，但最後只能眼睜睜望著名單上的人大半逃出該國。失望的分析師們深信，政治安全組織裡那些有問題的人暗中向嫌犯洩漏了這件事。

泰內特向下望著桌前的卡米許，並警告，你們要阻止這種狀況。停下片刻後，他拿出名單並直接交給薩雷赫。房間裡沒有一個人漏看了這個舉動。這份名單是薩雷赫的責任。如果出了什麼錯，問題都在他身上。

泰內特名單上的第一號人物是阿卜・阿里・哈里希，在葉門設下蓋達第一個訓練營的人。美國情報探員直接代稱他為「教父」。他是賓・拉登在該國的頭號副官，也是葉門蓋達組織的領頭。泰內特說，我們要這個傢伙。

緊接在他下頭的是穆罕默德・哈姆迪・阿達爾（Muhammad Hamdi al-Ahdal）。阿達爾也是一個在沙烏地阿拉伯長大的葉門人，因在車臣的戰鬥而裝了條假腿。根據美國情報單位所言，哈里希和阿達爾是葉門蓋達的頭兩號人物。據一名行政官員的說法，他們是「恐怖主義的基本關鍵人物。」泰內特說，這就是葉門證明自己站在美國這一邊的方法。

第二天，小布希總統重複了同樣的訊息。在九一一過後不久的九月二十日，他在一場於美國兩院聯合會議中發表的不尋常演說裡，展示了他的世界觀。小布希站在美國眾議院的講臺和一面巨大的美國國旗前，給他的盟友們一個逃不掉的選擇。「每個地區的每個國家，現在都得要做出抉擇。**你要不站在我們這邊，要不就站在恐怖分子那邊。**」

十一月二十七日在白宮橢圓形辦公室裡，小布希對薩雷赫重申那個選擇。小布希說，逮捕哈里希和阿達爾會是很好的第一步。這份名單是葉門證明自己支持美國而非蓋達的一種方式。葉門得要向蓋達開戰。小布希繼續說道，如果它無法把中央情報局名單上的人逮捕或殺死，他會非常樂意把美國特種部隊派過去。

這之中隱含的威脅令薩雷赫臉色發白。這位葉門總統請求給予時間和多一些些耐心，並保證他會處理好這件事。「在這些地區裡的部族很難對付。」他表示。「但我會做到的。」

「好。」小布希回應。「這場仗將會定義我們兩國，以及我們兩個人私下的關係。」

隨著對談轉移到其他主題上，房間裡的緊張氣氛才緩和下來。為了回報葉門的協助，美國人會開始討論一整套約四億美元的援助和借貸。對越來越習慣在美國不幫忙下做事的薩雷赫來說，這樣的增加可說是天文數字。因為資助飆升而十分開心的薩雷赫，冒險地向美國再加碼，跟小布希總統說他可以調停他與薩達姆·海珊的紛爭。對這個他最愛的主題開始起了勁的薩雷赫繼續說道，「有句阿拉伯俗諺是，如果把貓放進籠子，牠就可以變成獅子。」

小布希緩慢而簡潔地回答他，「這隻貓有狂犬病。唯一能治好這隻貓的方式就是**砍掉牠的頭**。」

第七章　新戰爭

二〇〇一年冬

在巴黎心臟地帶，離香榭麗舍大街不遠處那間豪華的克里雍大飯店（Hotel de Crillon）內，薩雷赫和他的安全小組弄出了一個計畫。前一天與小布希在華盛頓特區會面後，薩雷赫便知道他得快速行動，但他想要再試一次部族交際手腕。因為，在葉門部族地盤內發生的軍事對抗都可能會瞬間失控。

中央情報局和迦利布・卡米許都同意，頭號目標阿卜・阿里・哈里希就藏在他位於夏布瓦的宅院中，而他的副手穆罕默德・阿達爾最有可能藏在該國中央驃悍的馬里卜省內。葉門情報單位來自馬里卜的報告又進一步縮小了範圍，認為當地一名叫做迦利布・札亞迪（Ghalib al-Zayadi）的部族成員，承諾會保護阿達爾。

總統返抵沙那不久，就把這名部族成員召來會面。提防著總統意圖的札亞迪帶了幾個親戚和同族人來保護自己。薩雷赫也不浪費時間，直接進入會面的主題。

「你被控為阿達爾提供庇護。」他對札亞迪說。

「是的。」札亞迪小心翼翼地回應。「我是有間接認識他，因為他是一名穆斯林，而我並不知道他和誰有聯繫。」在耀眼的白袍外套著深藍色運動上衣的札亞迪，比多數葉門人要來得高。臉上掛著金絲邊框圓眼鏡和修剪仔細的鬍子，讓他有一種充滿智慧的氣息，而這種印象背後確實有著《古蘭經》研究和傳教工作的雙學位在支撐。

「我要你替我做點事。」最終薩雷赫說了出口。「我要你去說服阿卜・阿薩姆（Abu Assam）出來自首。」他用了阿達爾的聖戰士代號這麼說。

當總統展示他的計畫時，札亞迪緩緩地點頭同意。薩雷赫有一封信要札亞迪交給這位蓋達副手。信中寫出了讓他投降的條件，以及保護他安全的承諾。把信件交給札亞迪時，薩雷赫強調，這非常重要。

這位部族成員離開總統府後，薩雷赫便前往該城另一頭的國防部，在裡面的一個露臺上和美國大使艾德蒙・赫爾見面。放了心而面露微笑的薩雷赫報告，在中央情報局的名單方面他有了一些進展，而阿達爾的投降也正在進行談判。薩雷赫繼續說道，如果他們兩天內無法成功，他就會下令攻擊。兩天後，當薩雷赫的期限過了卻沒有任何行動時，赫爾也沒有很意外。打從他早年在開羅當外交官時，他就記住了一句遇到這種狀況時要反覆對自己說的格言：「任何行動要動起來都會比你預期的還要慢一倍，但你也會發現，你能用來完成這行動的時間也比想的多了一倍。」

接下來幾天，薩雷赫持續施壓，但每個人都有藉口。札亞迪宣稱阿達爾就是消失了。「在我們會面後，我就再也沒看到他了。」他對薩雷赫說。總統懷疑他說謊，或者至少是在包庇逃犯。不過他沒有。阿達爾消失了，但哈里希和一名埃及副手移動到了馬里卜。十二月十七日，在與札亞迪會面的一週又數天後，薩雷赫放棄交涉並下令攻擊。

第二天一大早，軍事單位向橫跨馬里卜、夏布瓦和焦夫省（al-Jawf）的諸目標發動突擊。坦克和裝甲運兵車在噴射戰鬥機和直升機的掩護下，進入了屬於部族地盤、那一整片從沙烏地阿拉伯邊界向南延伸到亞丁灣的弧狀沙漠與山區。除了沿著主要道路設置、有少量士兵駐守的檢查站之外，這個區域的一切都留給了部族，而軍人通常會在任何大規模部隊行動之前就先告知當地領袖。但這次薩雷赫沒跟任何人講。突如其來的入侵讓警訊響徹了整片地帶。部隊推進的消息靠著當地人沿路傳開的速度，比士兵們通過這片艱難地形的速度還要快。

不過在馬里卜，士兵們逮到了一個機會。在沙那東邊，北葉門的山岳逐漸平緩下來，化為一整片滿是滾動沙丘和碎石平地的廣闊沙漠，伸進了夏布瓦之後，又轉而朝北並沒入「空曠的四分之一」[5]，一片位於阿拉伯半島中心、面積有如一個德州的巨大沙漠。在「空曠的四分之一」滿是砂礫的邊緣地帶，有個叫做胡森（al-Husn）的村落。這個蓋在古代市場兼部族聚會點遺址上的村落，世世代代都由阿爾・賈拉爾（Al Jalal）家族所領導。根據薩雷赫的當地情報來源，這地方也是兩個蓋達人物的藏身之處。後來得知這兩個人是哈里希和一名埃及副手。

馬里卜的士兵們沒被當初拖慢同僚向南推進的崎嶇山地和羊腸小徑阻擋，而在未被通風報信的情況下抵達胡森。坦克和運兵車匆匆忙忙地停在泥坯屋群外，同時士兵們一擁而出，繞著村落鬆散地包圍成一圈。頭頂上，在一段距離之外，一架直升機盤旋著，等著信號。他們的計畫是要展示壓倒性的軍力威嚇村民。但村民是阿比達（Abidah）部族的成員，這是一個由數個家族幫派與亞部族所組成的凶猛獨立集團，在一九八〇年代派出了不少戰士前往阿富汗。在哈馬德・賓・阿里・賈拉爾（Hamad bin Ali Jalal）——這位英勇年輕的謝赫，從三年前父親過世後至今仍在穩固自己的領導地位——的領頭下，一群人出來和軍方會面。

軍官們解釋，他們沒有要找任何一名村民；他們只要抓蓋達的嫌疑者。身為來自夏布瓦之部族成員的哈里希，很擅長利用「*'urf*」這種通行於葉門大部分地帶的部族習俗律法；因此在請求庇護時，也強調他亦適用這種習俗。部族一旦給了承諾，在道義上就應該要保護他。掌管胡森的賈拉爾謝赫，就這樣卡在數個世紀以來的部族慣例和政府命令中間。他對軍方解釋，他想要幫士兵們，但他們知道有那規矩。在這位年輕謝赫的身後幾公尺處，在那些蓋得像要塞、上頭還有槍眼來防衛圍攻的泥坯住家裡，有幾個部族成員面朝外，身上帶著ＡＫ自動步槍和整套更舊的古早步槍，正保衛著他們的謝赫和賓客。大多數的部族成員私下都認識哈里希和他的副官。這兩個人跟他們一起住了好幾個星期，而這段期間內他們也展現了自己是虔誠信徒，是遵守當地律法且舉止有榮譽心的人。

---

5 譯註：Empty Quarter，或音譯為魯卜哈利（Rub' al Khali）沙漠。

隨著指指點點的部族長者們和軍官們開始僵持不下，士兵們開始心浮氣躁起來，冬季制服底下的身體開始扭來扭去。厚重的羊毛外套在太陽底下穿起來不舒服。突然，一聲巨大的爆響打破了早晨的寂靜。部族成員對著散繞著村落的士兵開火。頭頂上，剛剛衝破音障的葉門噴射戰鬥機正從視線中消失。深信自己遭到攻擊的村民縮回了牆面厚實的泥製構造內，從私家軍火庫中拉出飛彈發射器和火箭推進榴彈。火網毫不間斷，而部族的人們在軍用車紛紛退出射程之前，就摧毀了好幾臺。退到交火範圍外的一些士兵試圖回擊，但眼前沒有目標。部族的成員都在泥磚牆後頭遮蔽妥當。有一組士兵暴露在外而為部族成員包圍，便立刻丟下武器投降。幾分鐘內戰鬥就結束了。在燃燒的運兵車周圍，散落著十九名死去士兵的屍體。還有將近二、三十人因為彈片而受傷流血，另有三十五人被俘。

倖存的軍事單位重新整隊並組織了一支調停隊伍來談判釋放俘虜事宜。在戰鬥的混亂中，哈里希和埃及人溜出了村落而消失無蹤。

差不多在那天冬天的同一時間，在三千兩百公里開外的阿富汗群山中，還有幾百名蓋達戰士正在想辦法自行逃脫。蓋達已經連續好幾週遭到攻擊，被那些將住處毀滅、將藏身洞窟擊坍的無止境轟炸一路向東擠壓。在靠近巴基斯坦邊界的地方，這些人撤退到一塊稱作托拉博拉（Tora Bora）的十五平方公里山區內。蓋達就固守在這一連串海拔高達四千兩百公尺的發霉洞窟和淺溝裡。十二月初，賓・拉登對他的手下說，這裡會是他們最後的據點。

幾週前，在十月七日那天，美國對全阿富汗的蓋達和塔利班發動了一次配合良好的空中攻擊。戴著黑色頭巾、控制了阿富汗大半地帶的民兵組織塔利班，在過去幾年的統治期間拼湊出來的粗劣基礎設施，幾乎在一夜之間全毀。不健全的防空系統在幾個鐘頭內就被打到失靈，而塔利班的訓練營也在連番攻擊中起火。但隨著熱血的新招募成員從巴基斯坦抵達，塔利班還是頂住了防線。轟炸行動開始的一週後，美國特種部隊和北方聯盟（Northern Alliance）會合於烏茲別克邊境上的城鎮馬札里夏利夫（Mazar-i-Sharif），也就是十年前最後一批蘇聯部隊撤出阿富汗的地點附近。一個月前，這些屬於塔吉克部族和其他少數民族的賤民團體還在敗戰邊緣，當時蓋達的特務刺殺了他們的領袖阿哈馬德・沙阿・馬蘇德，就在九一一的兩天前。馬蘇德就是十多年前阿卜杜拉・阿札姆快身亡之前才剛打好關係的那位游擊隊領袖，在那之後到此時，他都投身於這場孤獨的戰爭，對抗奪去他國家的塔利班。當他死去後，美國在阿富汗的命運就得仰賴他身後留下的反塔利班勢力鬆散聯盟。

在整個十月裡，美國特種部隊的現地特務利用雷射，替那飛越阿富汗針尖般山峰頂的轟炸機所發射的精準飛彈標記位置。到了十一月初，持續的轟炸攻擊已經將塔利班削弱到可以正面進攻。上百名北方聯盟的戰士快速衝過狹窄的普利伊瑪目布克里橋（Pul-i-Imam Bukhri bridge），進入馬札里夏利夫。在戰場東南方將近三百二十公里處的喀布爾，賓・拉登和他認識多年的巴基斯坦記者哈米德・米爾（Hamid Mir）用了早餐。賓・拉登對這位比他矮的男子說，穆斯林有權攻擊美國。接著蓋達領袖又開始行動，沿著公路向東行，前往賈拉拉巴德。在他身後，喀布爾落入了北方聯盟的手中。

許多蓋達成員在他們指揮官向東撤退時，緊跟在後頭殿後，從一個村撤退到一個村，直到抵達賈拉拉巴德，離巴基斯坦邊界僅剩七十公里。少數人十二年前曾和賓・拉登一起圍攻過這座城。賓・拉登的新戰士們不論訓練或裝備都比他十年前率領的人精良，但他們仍不是空中持續攻擊的對手。當這些經歷了數週轟炸、眼神狂暴而凌亂不堪的人們湧入賈拉拉巴德時，賓・拉登見了他們。他們衣衫破爛，鬍子上東一片西一片地都是乾泥巴屑。賓・拉登試著用演說和祈禱來鼓舞他們的精神，但他知道這座城市守不住了。

賓・拉登為了這一天已經計畫了好幾年，他會告訴兒子和訪客，他只有在群山中才真正感到安全。一九八七年，在對蘇聯聖戰的最高峰時，他興建了一條路，出了巴基斯坦後彎彎曲曲地向北，接著向上穿過托拉博拉的通道，然後下山進入賈拉拉巴德。當時，邊界北方不遠處的天然洞穴吸引了他的注意力，而他花了好幾個月的時間，把那些洞穴挖通成一連串互通的軍械儲存庫。當他於一九九六年回到阿富汗時，他又把這些洞窟挖得更深，並擴充了軍械庫。現在，在逃脫美軍轟炸時，賓・拉登把他的手下引導到托拉博拉重新集結。

在天氣不錯的日子裡，從賈拉拉巴德沿這條狹窄曲折的路走五十公里要花三個鐘頭，但寒冷又缺乏食物的人們在南行時顯然達不到這個速度。分散在托拉博拉那遍地岩塊斜坡之上的，就是賓・拉登阿富汗組織的僅存人力。他們之中有一個二十六歲、髮線正在後退的沙烏地阿拉伯人賈比爾・費非（Jabir al-Fayfi），在阿富汗才待了九個月而已。將大半青春都浪費在藥物和偷懶之後，費非希望阿富汗能成為他罪惡的救贖。但現實一點都不如他所料。他自從抵達後就再也沒剪頭髮或刮鬍子，因此兩者都是又長又纏滿泥土灰塵。他總是又餓又冷——這是他當初賣掉車子資助自己加入聖戰時，從未想過的苦難——而現在看來，他好像要在托拉博拉的群山間死去了。

當地的蓋達指揮官把這些人根據國籍組織起來，那麼一旦開始射擊時，他們就能比較容易聽懂阿拉伯語的各種方言。除了葉門人和沙烏地阿拉伯人之外，還有埃及人、摩洛哥人和阿爾及利亞小隊。每個人都有作用。就連像法瓦茲的弟弟沙勒曼・拉貝義這種剛招募來的菜鳥，也都被催促著要工作；而在山底下的某處，賓・拉登的小個子私人祕書納瑟・武海希，正跟一小群葉門人在一個滿是塵土的地堡裡擠成一團。跟他們一起行動的賓・拉登和札瓦希里正指揮著最後的準備工作。

攻擊並未降臨——至少，不是以賓・拉登預期的方式。在齋戒月的頭兩個星期裡，阿拉伯人和他們的阿富汗盟友慢慢把冰凍的地表敲碎，以準備面對美國的地面攻擊。然而，美國卻是以將近兩千名阿富汗傭兵包圍了那一帶，並對著山裡發射了超過一千一百枚飛彈。這兩招都沒有用。

阿富汗傭兵是由哈茲拉特・阿里（Hazarat Ali）和哈芝・札曼・甘夏利克（Haji Zaman Ghamsharik）這兩名互相競爭的軍閥所指揮。阿里有四年級的教育程度及粗人的形象，而甘夏利克則是知名的毒販，曾經在法國流亡，直到中央情報局以一箱滿滿的現金說動他返回阿富汗。這兩個人彼此討厭，並拒絕協同計畫。對美國現地的特務來說，把戰爭外包給這兩個人和他們訓練差勁的追隨者，是一場悲慘的錯誤。中央情報局的喀布爾指揮官蓋瑞・本特森（Gary Berntsen），以及托拉博拉的三角洲部隊指揮者道爾頓・福瑞（Dalton Fury）[6]，都反覆要求美軍部隊增援。當地只有少於一百人的美國特種部隊，令他們擔心美國會邁向自己造就的災難。「我們在當地需要美軍。」在與美國那邊的戰爭策畫者透過衛星電話對話時，本特森如此請求。「我們抓到賓・拉登和他手下的機會正在消失。」

在電話的另一頭，阿富汗行動的指揮官湯米・法蘭克斯將軍（General Tommy Franks）駁回了他這名抓狂的現地特務。他想要維持五角大廈所謂的「淺足跡」。美國可不想重複蘇聯的錯誤，在阿富汗一困就是十年。

6　道爾頓・福瑞是駐托拉博拉指揮官的化名。

十二月三日清早，托拉博拉的轟炸行動就正式開始了。美國的戰機在福瑞的地面人員引導下，重擊了散布在冰凍山坡上的蓋達目標。在接下來四天近乎不停歇的連串轟炸中，美國對著十五平方公里的戰鬥區扔下了近三百二十噸的炸藥。那些阿拉伯戰士從沒看過這種景象。那些洞穴面對雨水般灑在他們身上的重型炸彈並未能提供多少庇護。煙霧沙塵覆蓋在所有東西上，讓人們個個灰頭土臉。他們沒辦法對幾千公尺上頭的飛機還擊，而地面上也沒什麼目標，因此這些被困住了的蓋達戰士別無選擇，只能忍受這種猛攻。白天，哈茲拉特・阿里和甘夏利克指揮的阿富汗傭兵把他們趕到更高的山上，進一步限制他們的選擇。唯一的舒緩時刻在入夜後到來。每天一到日落，阿富汗傭兵就會掉頭下山，享用齋戒月的日落後餐飲。費非等蓋達成員早已斷糧，他們就只能嫉妒地看著，並把任何可能找到的東西啃下去。

十二月九日，戰鬥進入第六天時，美國投下了多達六・八噸、像福斯金龜車一樣大的炸彈。這種在軍中被稱作「砍雛菊用的」（Daisy Cutter）炸彈，原本是設計用來在越南的濃密叢林中清出「即時」直升機降落區。過去十年來這些炸彈始終封存不用，但五角大廈認為或許可以徵用這些炸彈來當「洞穴剋星」。因為重到沒辦法綁在噴射機上，機組員只能從C－130運輸機的後門把炸彈滾出去。

爆炸震撼了幾里內的山區，還揚起了巨大的煙塵雲朵，讓飛行員無法評估造成多大損害。然而，在地面上，結果倒是毫無疑問。同一個洞窟中的好幾人一起在爆破中燒成灰燼，各種關於巨大炸彈的傳說在行伍間亂竄，造成了恐慌並使當地盟友開始拋下一度是夥伴的蓋達，而當地的村民則背叛了阿拉伯人，試圖將他們趕出山區。

整段期間內賓・拉登都保持著移動狀態，每隔幾個鐘頭就更換地點，但在十二月十日傍晚，三角洲部隊認為他們在略多於一公里半以外的地方、並已經即時鎖定了他。福瑞花了幾分鐘審視了這條情報，靜靜地讓抉擇在心中交戰。哈茲拉特・阿里到了晚上已經撤退，而福瑞則是直接獲得指令，不得帶頭作戰。這位美國指揮官一邊評估狀況，一邊猶豫著：他有三名手下在交火中被卡在原地，而夜色已經要垂下了。最後福瑞牢記了自己獲得的指令，並下令撤退。下一次美軍有機會逮到賓・拉登，要等到十年以後。

兩天後，隨著炸彈持續落在蓋達陣地上，現在與美國結盟的毒販甘夏利克，提供蓋達一條出路。稍早前美軍偶然聽到一條無線電訊息，是賓・拉登准許他的手下投降。我很抱歉害大家受困，賓・拉登在充滿干擾的訊息中悲嘆著。

甘夏利克現在跟福瑞說，有一大群蓋達戰士想要在當天下午四點左右投降。福瑞對此很懷疑，但因為現地的人實在太少，他別無選擇只能聽從阿富汗傭兵的建議。他勉為其難地同意短暫停火。蓋達完全沒有現身。他們反而傳訊給甘夏利克，解釋他們需要更多時間來集結所有人然後設法下山。他們提議在第二天早上，十二月十三日八點，進行新的投降會面。已經因為停火而失望的福瑞聽到了延期後整個大發雷霆。蓋達根本沒有要投降，他們只是在拖時間。確信自己剛才上當了的福瑞，要求美軍發動新一波空中攻擊，但在地面上，他沒有了阿富汗戰士就束手無策，而他們正在遵守著領袖所同意的停火協議。那天晚上，八百名蓋達戰士溜出了山區，抵達巴基斯坦。

賓・拉登和數百人留在後方。這名蓋達指揮官企圖重振他僅存的戰士，告訴他們要「把他們的女人小孩武裝起來」，但他內心應該害怕這已是末路了。在這幾日的烽火連天中，他都在起草一份遺囑。十二月十四日，齋戒月的最後一天，他寫完了。他懇求他的妻子不要再嫁，並求他的孩子原諒。「我建議你們不要和蓋達共事。」他寫出這樣的結語。

那天稍晚，沮喪且可能有受傷的賓・拉登和少數護衛拚了命地下山，並脫離托拉博拉。其他人也比照行動，離開了石英和長石質地的洞穴避難所。等到十二月十七日福瑞的隊伍小心翼翼地登上山時，那些洞窟都已經空了，而蓋達早就不知去向。

在托拉博拉之後，賓・拉登、他的一個兒子還有幾名護衛向東南方移動，朝邊界另一頭的巴基斯坦部族地盤前進，然後又沿原路返回阿富汗；而札瓦希里、賓・拉登的其他兒子以及少數幾個人，則是從另一條路離開了山區。其他人則是盡自己可能地逃走。武海希的一小群戰士往西南緊緊沿著巴基斯坦邊界走，然後攀過群山，直到他們在幾天後抵達了坎大哈外頭的沙漠平原。最終，他們轉而向伊朗前進。費非和一支包括了沙烏地阿拉伯人及葉門人、負責殿後掩護賓・拉登撤退的三百人隊伍，在象徵齋戒月結束傳統三日盛宴的第一天就脫離了托拉博拉。這群因飢餓而虛弱，又沒為高海拔冬天做好準備的人只能蹣跚前行，在松樹間排成一列縱隊前進。當他們在突然降下的陣雪中瞇著眼向東跋涉時，氣溫持續下降。這團體的其中一名領袖自認為有和巴基斯坦軍講好，會讓他們毫髮無傷地通過邊界。當他們於十二月十九日抵達邊界出入口時，邊界警衛說他們可以入境，但必須拋棄所有武器。又餓又累的人們只能不甘願地同意。軍人們便把他們送到鄰近村落的一間大清真寺。你們在這裡會很安全的，巴基斯坦人對這些逃命的阿拉伯人保證。

炸彈落在阿富汗境內的這幾個星期裡，美國都在對巴基斯坦施壓，要他們抓住穿過邊界的阿拉伯人。巴基斯坦軍隊和一些自由賞金獵人受到獎賞的承諾所吸引，因此造訪邊境地區以圍捕阿拉伯人和其他「外國人」，接著就把他們賣給美國人。

就在巴基斯坦士兵把費非那一群阿拉伯人丟在清真寺的不久後，士兵們又繼續載著費非這群人走，這次讓他們在一間有高牆的巨大建築物裡下車。

「我們在哪裡？」費非問其中一名士兵。「這是什麼地方？」

「這是一間監獄。」那人笑著回答他。

最終，一些美國人拘留了這些囚犯，並把他們整批押回阿富汗邊界那頭去。兩週後，費非和其他人降落在古巴關塔那摩灣的軍用跑道上。這些被蒙上眼罩、上了手銬腳鐐的人，根本不知道自己在哪裡。「我過了三個月也只搞清楚這裡是古巴。」費非後來這麼回憶。

除了費非這組人之外，巴基斯坦還一併把數十名大鬍子沙烏地阿拉伯人交給美方，其中包括一名叫做賽義德・希赫里的人。幾個月內，美國在關塔那摩灣就拘留了幾百人。

二〇〇二年三月，也就是葉門軍在馬里卜行動失敗的四個月後，薩雷赫把先前他要求在蓋達一事上幫忙的部族成員迦利布・札亞迪找來再次會面。這次札亞迪一個人前來沙那。「我又需要你幫忙了。」薩雷赫對他說。「我要你跟我們一起抓住阿達爾或者殺掉他。」

薩雷赫繼續說道，作為交換條件，「我會給你一個官位，五百萬里亞爾（riyal），還有一臺車。」官位代表不用來上班這麼麻煩便能領月薪——也就是葉門捐獻者口中的幽靈雇員——而五百萬里亞爾就只是兩萬五千多美金（只多一點），加在薪水之外。薩雷赫繼續說，札亞迪需要做的，應該就只是把阿達爾所在處的情報提供給政府，直到能逮到他為止。

當薩雷赫等著他的回覆時，札亞迪沉默地坐著，思索著這個提議。「但我什麼都不知道。」這名部族成員終於低聲回答。

薩雷赫皺了皺眉大聲說，「我是有多常讓你失望呢」，然後他又加了一句，「如果你的立場就是這樣，我實在是不太高興。」札亞迪回覆說，就是這樣。

在札亞迪得以走出大門前，守衛就先把他抓了起來並丟到後車廂裡，在一小段路程後抵達中央安全指揮部。由亞賀亞（Yahya）——在複雜交織的宮廷政治中，他既是總統的姪子、也是總統女婿——所掌管的中央安全部隊，是內政部的武裝側翼。亞賀亞對札亞迪下了工夫，在「只要合作就有錢」的利誘和威脅之間反覆交替，這名部族成員被激怒了。「我來沙那是來討論事情的。」他說，暗指了部族教條中的榮譽與尊重。「我實在沒想到會被這樣對待。」兩天後，亞賀亞把他交給了迦利布・卡米許和政治安全組織。

札亞迪很快就發現，他並非身在中央安全部隊的審問室，而是在地底下深處，在葉門某個祕密監獄裡。官員把他銬上沉重腳鐐，扶著他搖搖擺擺地走下一條潮溼發霉的走廊。守衛們不顧他一路聲稱自己是無辜的，就直直把他推進一間小而陰暗、只能勉強裝下一人的牢房。

隔壁牢房裡有五個喀麥隆人，三個是穆斯林，兩個是基督徒，他們在這個地牢都已經關了十一年。他們之中沒有誰曾經被起訴過，甚至連法庭裡長什麼樣子都沒看過。當札亞迪懇求多給一些食物時，守衛們嘲笑著他，對於他想要看醫生的要求也是聳聳肩晃過。當初抓他的人最後終於告訴他，你要了解，這是政治安全組織。「我們這裡沒有法律也沒有人權。你就把自己想成是羊，而我們是牧羊人。」札亞迪縮回原處，深信自己永遠都出不去了。

第八章 「他們動手了」

二〇〇一年

在九一一之前，當奧薩瑪·賓·拉登安居於遠離阿拉伯世界幾千公里外的流亡中且被鮮少質疑他未來願景的追隨者包圍時，他深信美國與其阿拉伯盟友就跟一九八〇年代的蘇軍一樣軟弱。二〇〇一年夏天被他派回沙烏地阿拉伯和葉門的基層小組，應該要在他攻擊完紐約和華盛頓後，認定他將為兩國爆發的革命定型並引導其方向。然而，全世界的穆斯林並未因此到處舉著蓋達的黑布條遊行，反而是被賓·拉登以伊斯蘭為名所釋放的暴力嚇壞了。未能把自己簡單明瞭而不證自明的訊息傳達給中東穆斯林，令賓·拉登內心沉重不已。在他於敵方進攻托拉博拉時寫下的遺囑中，他沉痛地思考著缺乏公眾支持一事。事實上，在他最需要的時候，連塔利班都拋棄了他。

在葉門這邊，二〇〇一年八月被賓・拉登派回當地的基層小組指揮官法瓦茲・拉貝義，總算搞懂他那位謝赫離別前吩咐的計畫是什麼。拉貝義和蓋達的葉門指揮官阿卜・阿里・哈里希見面，並向他輸誠。僅僅二十二歲的拉貝義在阿富汗期間留了長頭髮，而這一頭閃亮的黑色波浪如今已經長過了肩膀，和哈里希的短髮與剪過的鬍子都形成對比。但這兩個差距二十四歲的男人，卻發現彼此有很多相同之處。在沙漠中的幾次飯局間，他們彼此分享了在阿富汗的經歷，並討論了可能要進行的行動。哈里希想把蓋達特務阿卜杜・拉辛・那希里，也就是兩年前策畫科爾號攻擊行動的人拉進來。攻擊行動後，亞丁港的保險費率飆升，船隻紛紛敬而遠之。但沿亞丁灣往東六百五十公里靠近穆卡拉市的地方，卻有一座防禦脆弱的葉門主要油庫。那希里在偵察科爾號時就已熟悉了這座城市，到了二〇〇二年二月時，他便給了哈里希四萬美元來進行行動。

哈里希的手下重演了攻擊科爾號的事前準備，在紅海的港城荷臺達買了一艘小船，然後橫跨葉門境內數百公里將它運送到南方海岸。在穆卡拉，蓋達租了一間可以看見海港的房子，就跟兩年前在亞丁那時一樣。

同時，在穆卡拉西北方的一片片沙漠中，美國正開始把自己的後九一一戰略付諸實行。蓋達小隊買了船的幾天後，艾德蒙．赫爾大使前往了馬里卜。這趟出行屬於他首度離開沙那那間強化防衛館區[7]行程的一環，而他想要親自看看美國在葉門的部族地盤內究竟要面對什麼。這地方也是哈里希和阿達爾在九一一數天後找到的避難處（兩處位在同一地區），而在一路向東與政府官員和當地謝赫的會面中，這位新手大使也試圖盡量多了解牽涉其中的人們。赫爾對於魯貝什（Rubaysh）謝赫的印象特別深刻；他是一名正在變禿的部族長老，有著一大叢白鬍子，在馬里卜領導著一個離主要公路不遠的小村落。在返回沙那的一場遲到了的會面中，這位牙縫寬深的謝赫牽著大使的手，帶他繞了村落一圈，還有數十名村民跟在後頭。

他拉著大使向前走，帶他去看一間殘破失修、用木板封住的泥坯小屋。門上潦草地寫著「醫院」。謝赫懇求道，這就是我們需要的。赫爾發覺，這可以讓朋友不多的美國有機會獲得新朋友，便立刻算了算。博迪納任期間存下來的大使館多餘資金，可以輕易地成立一間新醫院，並替常駐人員提供居所。

「我保證」，赫爾對著謝赫及跟在後頭的部族群眾說，「美國會替你們蓋一間新醫院。」

回到沙那後，赫爾對他的幕僚解釋自己的道理：「你們需要在這些遙遠地帶強化政府的存在。」他這麼說。他要使用開發和援助來反抗蓋達的訴求。這個恐怖組織提供給成員的就只有艱困和死亡，而赫爾深信，如果美國可以提出更為正面積極的敘事，就可以慢慢削弱蓋達在部族地盤內獲得的支持。他跟華盛頓方面說，用一間二十五萬美元的醫院換得忠誠，是個便宜價碼。

拉貝義喜歡那希里這個效法科爾號的攻擊計畫，但策畫要花時間，而葉門安全部隊才剛逮捕拉貝義的父親以逼他投降。有了哈里希的祝福，拉貝義招募了他的哥哥阿卜・巴克爾（Abu Bakr）和另一名朋友希札姆・穆加利（Hizam Mujali）分頭進行炸彈攻擊。二〇〇二年三月初，在沙那市郊藏身處暗中行事的三人組出了一批粗劣的炸彈。三月十六日拂曉前不久，他們攻擊了沙那鬧區的民航大樓。兩天後，他們在政治安全組織官員穆罕默德・舍米——四年前把蓋達叛徒交給阿卜杜・薩拉姆・希拉勒的那位壯漢——的屋外，放置了另一個定時炸彈。他們也

7　譯註：大使館。

襲擊了另兩名政治安全組織官員在沙那的住家，把爆裂物藏在滿是沙塵的垃圾堆裡。四月四日，他們攻擊了沙那的政治安全組織指揮部，在環繞建築物的石牆上點火焚燒，但沒造成什麼真正的損害。這些炸彈沒有一顆是真的要殺人。那些都是警告：蓋達知道葉門官員住在哪裡、在哪裡工作。

攻擊政治安全組織指揮部的一週後，這三個人在拂曉的光線中駛遍沙那各處，從車上拋出數百張傳單。他們的訊息既簡單又直接：他們要求釋放一百七十三名囚犯，包括法瓦茲和阿卜・巴克爾的父親。聲明中警告，如果這些人沒被釋放，下一顆炸彈就會要命，先是政治安全組織的官員，然後就是政客。政府有三十天的時間。他們在傳單上署名「蓋達支持者」。

五月十日的最後期限過了，但威脅要進行的攻擊始終沒有實現。蓋達並沒有能履行威脅的設施和人力。哈里希在一九九〇年代初建立的營地都已在一九九四年內戰後的幾年裡遭毀滅或廢棄。馬里卜這邊，阿達爾仍在逃亡中，而其他在葉門的蓋達組織就只有賓・拉登在九一一攻擊前派遣的少數基層小組。哈里希就跟其他人一樣被九一一嚇了一跳，而在賓・拉登預測會出現的群眾起義並未奪權後，他就得邊逃亡邊重新調整、重新組織。二〇〇一年十二月的胡森村攻擊事件發生後，他就開始採取更多安全措施。哈里希避免使用電話通訊，偏好和手下當面會面，這就讓行動更難策畫了。薩雷赫總統也要求哈里希的部族把他交給國家處置。雖然該部族拒絕了，但這位蓋達指揮官也聽到有謠言說政府懸賞要拿下他的人頭。

不過從外部來看，事情就不太一樣了。三月和四月的炸彈攻擊，產生了一種將蓋達真正實力誇大了太多的扭曲印象。沙那持續高度警戒，而造訪的美國官員把這國家當成了戰區，他們快速飛抵機場進行短暫會面，旋即在重重保安護送下離開。當副總統迪克・錢尼（Dick Cheney）來到該市時，他還不是搭空軍二號，而是用一架備有反飛彈技術的C－17運輸機替代，以這種花招來分散潛在攻擊者的注意。

隨著政府持續逮捕有暗中支持蓋達或賓・拉登疑慮的人，局勢在整個夏天變得越來越緊繃。就跟科爾號攻擊事件後的圍捕行動一樣，有一些人有罪，但許多人沒有。上百人被丟進分布全國各地的祕密監獄。有發生幾次小型炸彈攻擊和槍擊，但那究竟是蓋達攻擊還是部族對政府的積極反恐表達失望，其實根本無法區分。七月，總統親戚兼國軍副參謀長阿里・穆罕默德・薩雷赫（Ali Muhammad Salih）的直升機險遭槍擊（子彈只是擦過去），當時他正從空中巡視沙烏地邊境的前哨站。許多媒體報導該事件為蓋達攻擊，但真實情況始終無從得知。

美國大使館的安全官員也同樣維持高度警戒。在阿富汗，第一個把九一一事件和賓・拉登牽連起來的聯邦調查局探員阿里・蘇芬，在審問一名美國拘留的蓋達嫌疑者時，揭發了那希里葉門海上攻擊計畫的概要。蘇芬盡責地寫下關於這名囚犯的報告，同時，中央情報局也特別指名要引渡這名囚犯，希望不受美國法律限制的外國探員能從他身上挖出更多情報。相信這個人會合作的蘇芬，請求中央情報局多給一些時間，但負責此事的探員拒絕了，主張這名囚犯有意誤導聯邦調查局。曾讓美國在九一一之前的反蓋達行動整個走偏的爭功老問題，到了此時仍未止息。「你和聯邦調查局對此都無能為力」，那名中央情報局官員怒罵，「這引渡你是擋不下來的。」深信自己正確無誤而且覺得會有什麼大事發生的蘇芬，便把他這份警告葉門油輪即將遇襲的備忘錄發給了好幾個政府機構。

沙那這邊，哈里希和拉貝義在等待那希里給穆卡拉小隊的准許令下來之前，又想到了另一個計畫。位於喜來登酒店下坡處的美國大使館外，一小群蓋達特務混在行人間，盯著他們的下一個目標。這幾天以來，他們輪流刺探著大使館，記錄其行事模式並研究其防衛措施。這些人沒有一個參與過一九九八年肯亞和坦尚尼亞的大使館爆炸案，但他們都知道蓋達是如何利用卡車炸彈在那場協同攻擊中殺害兩百多人。那種招式在這裡並非不可能。直接攻擊已經過時了，這些人提議使用火箭攻擊。

蓋達就這樣再次退回到了老模式。就跟對付科爾號那時一樣，這些人在沙烏地阿拉伯邊境附近、無法無天的蘇克．塔爾赫（Suq al-Talh）軍火市場買了爆裂物。哈里希親自進行了購買工作，選定了兩枚火箭，超過三百多公斤的塞姆汀（Semtex）塑膠炸藥，還有幾枚火箭推進榴彈。這些人小心翼翼地把爆裂物包在塑料盒內，在上頭堆疊了幾袋石榴。這不算偽裝得多細，但已足以通過沙那附近的檢查哨。這組小隊決定在八月十三日星期一，也就是西方人一週工作日的第一天發動攻擊。雖然美國大使館遵守葉門行事曆而在週六至週三上班，但小隊認為週一會有比較多美國人在場。

為了準備攻擊，小隊躲在沙那市郊的一間建築物裡。週四晚上，也就是攻擊行動的四天前，拉貝義和他哥哥阿卜・巴克爾溜到一旁的小邊間稍作休息，同時另外兩個人在玩那些火箭。在他們漸漸入睡後不久，一股巨大的爆炸將他們搖醒。穿著睡衣的拉貝義兄弟連忙衝到隔壁，看著面前的景象。靜電導致其中一枚火箭誤發，而當時瓦立德・希布赫（Walid al-Shibh）正好走在它正前方。那枚彈頭就直接命中他胸口。拉貝義連看都不需要看；那人早死了。希布赫的血噴得地板到處都是，而他的大半胸腔都沒了。一旁角落，第二個人，也就是薩米爾・哈達（Samir al-Hada），正痛苦地哀號，並緊抓著已經缺了手的流血殘肢。快速望過整片毒煙的拉貝義立刻做了決定。他們得離開這棟建築，而受傷的人需要看醫生。地板上已經都是血腳印；攻擊行動取消了。

幾天後，在波斯灣另一頭的巴基斯坦南部，美國又逮到了一個破口。在托拉博拉的轟炸之後，有數百名蓋達戰士溜進了巴基斯坦。他們之中有許多人被捕並被送到關塔那摩，但幾個高階指揮官逃過了搜捕網。美國特務已經花了好幾個月在追蹤這些遊走於各藏身處之間的人，而在二〇〇二年九月十一日，他們就逮到了其中一人。

那天一大早，巴基斯坦警察包圍了貧困港城喀拉蚩的一棟多層公寓。他們是在追捕葉門人拉姆茲・賓・希布赫（Ramzi bin al-Shibh），他是蓋達成員，也是九一一攻擊的協助者。上午八點半，巴基斯坦警方進入建築內。他們企圖壓低聲音，但他們上樓時得制伏兩個人，而扭打聲驚動了幾層樓上的戰鬥分子。當蓋達特務從窗戶向外看時，他們便看到警方在底下的街道拉起了封鎖線。這些人決定殺出一條血路，而接下來的四個小時裡，他們拋出手榴彈並開了幾千槍，過程中一直喊著「真主至大」。警察和軍中神射手包圍了建築物，用重口徑子彈扯開外牆，並撂倒了兩個人。最終在中午過後不久，疲憊又用光彈藥的最後八名蓋達成員投降。警方把這些人綁好並蒙上眼睛，將他們帶下了樓。當他被拉出建築物時，希布赫最後一次大喊「真主至大」。三天後，巴基斯坦就把他交給了美國。

就在美國從巴基斯坦那邊收下希布赫的**同一週**，美國官員授權進行一項與埃及情報員合作的行動，並在開羅抓走一名蓋達特務嫌犯。

在這次攻擊之後的幾個月裡，情報分析師又回顧了幾年來的報告，尋找任何他們第一次錯過的東西。這是一項既折磨人又耗時的工作。在他們挖出來的東西中，有義大利人所錄下葉門政治安全組織官員阿卜杜・薩拉姆・希拉勒談到「飛機」以及攻擊即將發動一事的錄音帶。在那段錄音之外還有希拉勒的弟弟討論未能進入美國的事。二〇〇一年十一月，《華爾街日報》把它們家記者在喀布爾某市集買下的一臺二手電腦交給中央情報局。那臺電腦的硬碟裡有上千份文件，其中有一份詳細描述了希拉勒在一九九八年初出賣札瓦希里組織間諜一事中所起的作用。這個溯及過往的證據看起來是躲不掉了。如果希拉勒不是蓋達成員，他就一定是個身上可能有可控訴情報的支持者。有鑑於希拉勒在葉門最高情報單位的探員職位，在開羅綁架他可能是中央情報局的唯一機會。

除了政治安全組織的工作，希拉勒也是埃及最大建設公司「阿拉伯承包公司」（Arab Contractors Company）的葉門代表。二〇〇二年秋天，開羅的總公司通知他，需要重新細查帳目，同時對最近委任他的事情也有問題要詢問。對於這樣的召見，希拉勒並未想太多。他經常前往埃及，甚至還有埃及的手機。不過，安全起見，他還是和駐沙那埃及大使館的聯絡人確認了一下。那邊的官員跟他說不用擔心。他的名字並不在任何觀察名單上。

在與埃及聯絡人見了面後，希拉勒訂了九月十九日的班機。他跟他弟弟說，這趟旅程應該不會花太久時間。希拉勒在埃及市中心貼近尼羅河畔的五星級豪華大飯店「塞米勒米斯洲際酒店」（Intercontinental Semiramis）訂了一間房間。頭幾天，一切都按照計畫進行。他參與會議並和沙那那邊的家人保持固定聯繫，一天打好幾次電話和他弟弟商談。接著，在九月二十四日，他就沒打電話了。他的家人打了他在埃及和葉門的手機，但都沒有回應。

第二天，希拉勒終於回了電話，打給了他的弟弟，阿卜杜・瓦哈比。「我被邀請去和某些人見面。」他猶豫地對他說。阿卜杜・瓦哈比勸他多講一些，但希拉勒就是不細述。阿卜杜・瓦哈比從未聽過他哥哥講話這麼含糊又緊張。希拉勒可是政治安全組織的上校，又是老練的情報官，但他此時很明顯地是嚇壞了。「這裡的天氣真是又陰又暗。」他在掛斷前隱晦地對他弟弟說。

在那通電話的幾小時後，一支訓練有素的埃及探員小隊，把希拉勒推進一臺原地等著的車子後座。這些人把這名葉門情報官載到城市另一邊的祕密監獄，並拘留了他三天。這些埃及探員讓希拉勒的手機一直開著，好讓他們追蹤有誰企圖聯絡他。絕大多數的未接來電都是來自沙那的家人。九月二十八日，埃及人把希拉勒移交給他們的中央情報局同行，他們把他送上一架停在開羅國際機場的私人飛機，兩個半小時的航程後抵達亞塞拜然的巴庫。起飛後不久，就有人把希拉勒的兩支手機關掉了。

當中央情報局和埃及共同在開羅綁架希拉勒時，它在沙那的據點傳來了更多好消息。蓋達當初用來計畫那場（已中止的）大使館攻擊行動的建築物，總算透露了一些線索。在火箭提早爆炸後，來自中央安全部隊的官員在總統姪子亞賀亞的指揮下接管了調查工作。現在他們認為在北方的郊區發現了另一個蓋達藏身處。

一支部隊在快速移動中包圍了屋子。那天深夜，一名軍官猛敲前門，而其他人全部準備衝進屋子。「阿卜・賽夫（Abu Sayf）」，他企圖把嫌犯弄出來而大喊著，「把門打開。」前幾秒沒有回應，接著屋內就噴出了機槍火光，打傷了一名士兵的腳。剩下的所有人全數退後，並把受傷的士兵一起拖走。由於不想直接衝進這間防衛良好的屋子，其中一名軍官命令手下改用催淚瓦斯。幾分鐘後，隨著屋子充斥濃烈煙氣，後門跟著打了開來，一名嫌犯跌了出來。幾名士兵同時開火，在門前幾公尺處將他擊斃。這名死者是亞賀亞・穆加利（Yahya Mujali），希札姆・穆加利的哥哥，涉及了三月和四月的炸彈攻擊。

在海濱城市穆卡拉，蓋達小隊帶著越來越多的失望追著沙那傳出的消息。那希里把行動所需的本錢交給他們已經八個月了，其間他們一直保持低調並躲避著偵察。三月，就在他們入住穆卡拉的幾個月後，薩雷赫總統抵達了該城和赫爾大使會面，離他們的藏身處就只有幾分鐘路程。即便在蘇芬交出備忘錄之後，美國的專注焦點依然幾乎只限定對葉門另外兩座港口，也就是亞丁和荷臺達的攻擊行動，而薩雷赫看起來幾乎只在意自己的安全。

多數人都是在一年多前回到葉門，成為拉貝義的基層小組一員，而他們已經厭倦等待了。船隻已準備好，炸彈也已組上。那希里和哈里希聽著他們的抱怨，但兩人都勸大家要有耐心。隊員們牢騷滿腹但還是遵從命令。接著在九月末，他們聽說了亞賀亞・穆加利以及沙那槍戰的消息。他們都認識亞賀亞和他那兩個弟弟，希札姆跟阿利夫（Arif）。這些人都是在葉門種種不可妥協的部族教條中長大，並抱持著同一種復仇欲望加入了蓋達。這個組織現在成了他們的部族，而亞賀亞就是他們的一員。對於他的死，必須要有所回應。

那希里與哈里希了解那些人正在經歷的處境，也一起擠在藏身處等待命令。在亞賀亞死後不久的十月初，那希里下令「行動」。攻擊小隊已經安排了好幾星期。就跟在科爾號那時一樣，那艘船會由兩名自殺炸彈客掌舵，分別是哈桑・巴達威（Hasan al-Badawi）和納瑟・基努迪（Nasir al-Kindi）。兩人都是自願參與行動。基努迪這個健壯而有點鬥雞眼的人是在穆卡拉附近長大，夢想著這一天已經好幾年。他放棄軍職前往阿富汗，後來又回到葉門，全都是為了這件事。殉道會使他擺脫那幾年在阿里・阿卜杜拉・薩雷赫軍中服役的罪惡。

十月六日上午九點過後不久，這兩人就啟航了。天氣晴朗無雲且溫暖，是葉門南方近海非常美好而平靜的一天。在幾百公尺外，他們的目標，一艘巨大的鏽灰色油輪，就幾乎毫無動靜地停在海面上。小船緩緩地加速離開海岸，而當他們靠近油輪時，船上某名資淺船副所看到的，就只是一艘「快速靠近」的小船。

該船在九點十五分撞了上去，爆炸在船身上開了一個七公尺寬的破洞，並貫穿了裝滿原油的貨艙。爆炸聲響徹海洋，在船艙內引發大火，並把船身碎片轟到十幾公尺的空中。掛著法國國旗、攜帶近四十萬桶原油的油輪林堡號（*Limburg*）燒了起來，還有一名船員失蹤。在攻擊造成的混亂中，一名三十八歲的保加利亞鉗工阿塔那斯・阿塔那索夫（Atanas Atanasov）在驚慌中跳船。穿著衣服和鞋子而難以游泳的他，在離船僅僅數公尺的地方溺水身亡。油輪上不知他下落的剩下二十五名船員，接下來花了三個鐘頭滅火。中午，船長彼得・雷耶斯（Peter Raes）下令船員棄船。直升機走空路將他們接回岸邊，同時救援隊伍試圖滅火並阻止原油外洩。

出於不可思議的巧合，阿里・蘇芬當時回到了葉門，目睹了幾個月前他在那份日後會被人稱作「水晶球備忘錄」（crystal ball memo）的報告中所預測的攻擊行動。巴達威和基努迪撞進油輪後不久，蘇芬在沙那喜來登酒店的電話就響了。

「打開電視。」電話另一頭的海軍陸戰隊上校說。

「怎麼了？」

「他們動手了。」上校繼續說道。「穆卡拉外海有一艘油輪失火了。」

第九章　美國人的勝利？

二〇〇二年—二〇〇三年

就在林堡號炸彈攻擊發生不久後，艾德蒙・赫爾要求他的組員安排二度前往馬里卜。這位在私下評估後並未就此停步的大使，仍然相信美國在此是有所進展的。在杜拜，警方逮捕了資助這次攻擊的阿卜杜・拉辛・那希里，而葉門則是加強了和美國的合作。從吉布地一座空軍基地飛來的掠奪者無人攻擊機，現正飛越葉門尋找目標。在美國資助成立的診所剛啟用的馬里卜，魯貝什謝赫聲稱他的村落是無恐怖分子區。赫爾在一場沙那大使館內的員工會議上說，美國正「處在紅區[8]」。然而，他警告，最後二十碼通常是最艱難的。由於阿卜・阿里・哈里希仍逍遙法外，赫爾因此打算再探訪那些他相信是勝利關鍵的沙漠省分。大使館把拜訪行程排在十一月三日星期日。

不知怎地，赫爾出訪的風聲走漏了。法瓦茲・拉貝義沒有掌握所有細節，但他知道的已經夠多而足以計畫伏擊。拉貝義猜赫爾應該會搭直升機前往馬里卜，便組織了一支六人小隊。他把一個人配置在機場裡的建築物內，指示他在直升機起飛時通知。其他人就都躲在機場東邊的沙質窪地，就在直升機的航路正下方。到了十一月三日上午六點，當太陽正要從沙那東邊的山頂探出頭時，攻擊者便已就定位。這個計畫需要靠拉貝義對直升機發射一枚俄羅斯製的地對空飛彈，希札姆和阿利夫・穆加利則以一對AK－47協力進行。這兩個人都還在哀悼著幾週前哥哥亞賀亞的死，而這場伏擊便是他們的復仇。拉貝義自己的哥哥阿卜・巴克爾則會錄下整個行動。這個小隊的最後一名成員，穆罕默德・德伊拉米，則是坐在其中一臺車的駕駛座上，以備快速逃脫之需。

上午六點四十五分，機場守望那邊傳來了通知。幾分鐘後，直升機轉動著旋翼進入視線，帶起的強風穩穩掃擊著底下這片灌木林地。拉貝義穩住了肩上固定

8 譯註：red zone，指美式足球離得分區只剩二十碼的地帶，意指即將得分。

飛彈的圓筒柱，並按下扳機。然而拉貝義並沒有看到爆炸，只能看見飛彈嗡嗡地飛過直升機旁邊，在空中留下一條細細的軌跡。在他旁邊的穆加利兄弟對著天空猛噴子彈。地上的人沒有一個能看出究竟有沒有打到什麼，但直升機卻用力向側邊一傾，然後退回了機場。沒有什麼東西好給阿卜・巴克爾拍的，就只有一枚脫靶的飛彈和一陣機槍槍火。

當阿利夫・穆加利匆忙離開現場、鑽進他哥哥旁邊第二臺車時，他把槍扔到前座底下。正當車子離開窪地、在石塊和緊實沙土上顛簸跳動時，因為阿利夫疏忽而沒鎖保險的ＡＫ－47突然走火，把一顆子彈打在他腳上。這名青少年痛苦慘叫著跌出車外，他哥哥只好把車減速停下。人們很快就發現了座位下的槍，並幫阿利夫一跛一跛地回到車上。他們駛離現場時，在沙地上留下了一隻沾血涼鞋。

儘管蓋達做了這麼多準備，赫爾卻根本就不在那班直升機上。然而，是有兩顆子彈貫穿了直升機艙，讓兩名洪特石油（Hunt Oil）的雇員輕傷。美國大使館的安全官員在電話上向赫爾簡報，而當時他正率領著車隊往東朝馬里卜前進。幾個鐘頭後，安全小隊又打來報告情況發展。

一年多以來，美國馬里蘭州米德堡的國家安全局一直都在監控一整串和哈里希有所連結的電話號碼。大部分時候都沒什麼值得聽的。自從二〇〇一年十二月發生馬里卜突擊事件，以及沙那一間蓋達通訊中樞被抄之後，哈里希就避免用電話通訊。他反而仰賴信使以及面對面會議，在國內各處走動來和手下談話。他一旦不在電話上，對美國的追蹤團隊來說他就隱形了。幾個月以來，國家安全局什麼也沒聽到。接著，在十一月三日，他們跟蹤的其中一個號碼卡嗟一聲進入使用狀態。

米德堡的分析師立刻確認這通電話來自馬里卜的某處。沙那那頭另一支美國與葉門的聯合特遣隊確認了位置，並把這資料傳到紅海另一頭，給待在吉布地無人攻擊機基地內的中央情報局小隊。

哈里希為了和他的手下確認狀況，而在馬里卜召開這場會議。中午左右，這一小群人在沙漠正中央排好隊準備祈禱，動作一致地跪下起身。接著他們圍著幾盤共食的餐點蹲下，一起吃午餐。一如往常地，哈里希不太碰食物。就跟賓・拉登一樣，他只吃最小的量，相信這樣的自律會使他更靠近真主。這一小群蓋達戰士在下午的熱浪中晃蕩閒聊，直到有人叫大家做下午禱告。

哈里希整天都處在一種鬱悶的情緒中，還提到他想殉教而死。禱告後，他又回到了這個主題。這些事對蓋達成員來說都不是什麼不尋常的事，他們都會談論自己想在暴力聖戰中為真主奉獻生命的念頭，藉以互相激勵。但哈里希此時卻緊咬著這念頭不放。最後，有些人厭倦了這種病態的對話，開始催促他們的領袖有耐心點，並等待真主選擇時辰。「最偉大的殉道是在真主的路途上被殺害。」哈里希使用了聖戰的委婉說法來回答。人們點了點頭，但他們已經準備好要聊其他事情了。

哈里希和另外六人在祈禱後不久便拔營離去。正當他們要擠進兩臺車裡時，哈里希的一支手機響了起來。這名四十六歲的蓋達指揮官出於本能地打開手機接了起來。

從哈里希接起電話的那一刻算起，美軍花了不到四個小時，便讓一架裝著兩枚地獄火飛彈的掠奪者無人攻擊機，鎖定了沙那東邊幾小時車程外，那臺正駛過無車軌沙丘荒漠的車子。在蘭里的中央情報局和在坦帕（Tampa）的美國中央司令部都已同意了這次攻擊，而無人攻擊機的操作者只要等該車孤立之後就可以開火。利用操縱器來操控的駕駛讓這架十一公尺的無人攻擊機就位並開火。第一枚飛彈撞進車旁的沙中爆炸，沒有造成傷害。

在車內，哈里希立刻察覺自己的錯誤。他把手機扔出了車窗外，並大喊著要每個人下車。但車外也無處可去。他們正處在沙漠正中央，能掩蔽的地方離這還有好幾公里。從數千公里外的美國控制著無人攻擊機的駕駛，等了一會兒後，便按下按鈕發射第二枚飛彈。他只剩下這一發，如果他沒打中，哈里希可能會在美國把另一架無人攻擊機派到此地前就逃之夭夭。

他再度發射並等待。他面前的螢幕快速閃動，車子則在爆炸中化成一團火。他扭動操縱器繞著殘骸盤旋，試圖確認沒有生還者。是沒有，或者至少說他沒看到有。後來得知的結果是，有一名叫做拉伍夫・那希布（Rauf Nassib）的人在攻擊後倖存下來。但哈里希與另外五名同伴全部喪命，其中包括有美國公民身分的葉門當地人卡梅勒・達爾維什（Kamal Darwish）。無人攻擊機接著又數度飛過現場，在搭直升機前去維護現場的葉門小隊抵達後，便退出現場。

薩雷赫允許這場襲擊的條件是將此事保密，而要做到這點，葉門就需要把現場清理乾淨並封鎖消息。幾個鐘頭內，英國廣播公司和美聯社就引用葉門政府的官方消息來源，報導指出戰鬥者運送的炸彈爆炸，使他們全體喪命。然而，美國這邊沒辦法對這次行動保持沉默。有一部分是因為這場首度不在阿富汗進行的無人攻擊機行動順利到令他們自豪，但那之中也有政治計算因素。這場襲擊發生在二〇〇二年十一月三日，就在美國期中選舉的兩天前，而在反恐戰爭上迫切需要可見勝利的小布希當局，因此想盡快公開這次成功的行動，好在五五波的國會選舉中助共和黨一臂之力。

在確認擊斃之後不久，國防部副部長保羅・伍佛維茲（Paul Wolfowitz）就前去CNN，就這場行動攬功。「我們就只是得在能力可及的地方施壓，而且我們不得不去否決庇護行為。」他對新聞頻道表示。「地獄火攻擊是非常成功的戰術行動。」沙那的葉門官員失望地看著這名死小孩般的副部長，在電視上即時揭露了這場祕密行動。伍佛維茲在自家贏得的政治加分，是由他們在付出代價。

「這就是為什麼和美國談交易是如此困難。」薩雷赫的執政黨副祕書長亞賀亞・穆塔瓦基勒（Yahya al-Mutawakkil）幾天後憤怒地對《基督科學箴言報》表示。「這就是為什麼我們跟他們密切合作時總是心不甘情不願。他們根本不考慮葉門國內的情況。在安全問題上，你並不希望驚動敵人。」

當赫爾處理無人機攻擊後續餘波的同時，聯邦調查局在沙那大使館裡的小隊則是忙於追著自己的線索。九一一才剛過幾週、事發點地上的大坑都還在悶燒，同時在幾個街區之外，有一名矮小、淡色皮膚的捲髮阿拉伯人走進紐約的聯邦調查局辦公室，並毛遂自薦擔任線人。這個穆罕默德・安希（Muhammad al-Ansi）年近四十，是布魯克林大西洋大道（Atlantic Avenue）上迅速成長的葉門社群之一員。安希當時雖然在美國還沒待到一年，但他已經在掙扎求生了。一開始他嘗試旅遊業，在布魯克林的法庭街（Court Street）租了塊地開了間公司叫做「馬里卜旅遊」。做不起來，之後安希和一名朋友替葉門人當代辦人，幫那些不相信銀行且經常沒有適當文件的人把錢寄回家。但他們的預算吃緊，於是這兩個人只好時常把現金藏在運往海外的蜂蜜裡，以避開報稅和國際限制。

一開始安希跟聯邦調查局之間的進展並不快。他告發自己的前搭檔非法攜出金錢，後來在這個案子結束後，又告發他在布魯克林認識的其他數十名葉門人。從一九〇八年成立以來就大幅專注在組織犯罪上的聯邦調查局，在九一一事件的頭幾個月裡又渴望獲得蓋達線索，因此安希的這些紀錄，替他在局內贏得了一些讚賞者。安希丟出了一些日後讓特勤搜查官羅伯特・富勒（Robert Fuller）證明是一流成果的東西。僅僅三個月內，他為調查行動貢獻的線索，就導致了二十人被捕，並沒收了一百萬美元的款項。很快地，安希就開始用「比這還大條的案子」的展望來誘惑他的監管者。他告訴探員，他認識某人跟賓・拉登很熟。但安希警告，他需要聯邦調查局給他更多錢和更大的承諾。紐約辦公室把兩個都給了他。

對於這種遊戲怎麼玩，安希是有些頭緒的。他以前就曾替美國政府工作。一九七九年，沙那大使館曾經僱用他當旅行社協調員，但不久就把他炒了。美國外交官在一九八四年給了他第二次機會，但不得不二度解僱他。葉門境內讓他背了兩張拘捕令的金錢糾紛，迫使他於二〇〇〇年搬到美國。但當聯邦調查局探員同意安希的提案時，他們對他的背景有多深的了解，就不得而知了。不過，就算是在布魯克林，他還是打響了自己的騙子名聲。他對某些人編造出心臟問題和醫療帳單的複雜故事。至於其他人，他則是用家庭危機的故事來獲得信任。但在那些因安希提供之情報而獲益匪淺的聯邦調查局探員眼中，這名被葉門同行形容為「不可信賴」的人，卻有著截然不同的形象。因為除了阿里・蘇芬和少數其他人之外，其實沒什麼探員對反恐怖主義有什麼了解。在這個極端聖戰的混亂新世界裡，安希就成了他們的嚮導。

自從安希在二〇〇一年十二月的會面中，告訴探員：葉門那邊的老清真寺有提供金錢和人力給蓋達之後，聯邦調查局就同意資助他前往葉門。探員們指示安希去探聽穆罕默德・穆威雅德（Muhammad al-Muayyad）這名謝赫在蓋達那邊是否仍有動作。關於這次的刺探會面，聯邦調查局幫安希匆忙捏造的表面理由是，他代表一名富有的前黑豹黨（Black Panther）成員出面，而這人想要捐錢給聖戰行動。

穆罕默德・穆威雅德根本不是最明顯的目標。當聯邦調查局通知沙那大使館他們在調查此人時，赫爾還得花一番工夫來搞清楚他們究竟在說誰。有著一大叢白鬍子的矮胖教士穆威雅德，看起來就像戴著可樂瓶底眼鏡、身上掛著手機的耶誕老人。很小就成為孤兒的他在宗教中找到安慰，最終還以伊斯蘭研究學位畢業。一九七〇年代晚期，當穆威雅德搬到沙那南部一個飽受貧窮所苦的新地區時，他所做的第一件事就是成立一間清真寺。「在我們連一個家都沒有時，我父親就已經在清真寺裡為貧苦人和孤兒服務了。」他的大兒子易卜拉欣如此回憶著。

穆威雅德興建的清真寺發展為一個貧困者社群中心，提供課程、麵包和毛毯給附近居民。到了一九九〇年代，這個慈善中心一天要照顧近九千人，讓穆威雅德在當地贏得了「孤兒之父」的名聲。就跟絕大多數葉門宗教人物一樣，他也在一九八〇年代晚期徵召葉門人前去參加阿富汗聖戰。就跟其他人一樣，穆威雅德主動地支援哈瑪斯（Hamas）這個致力於毀滅以色列的巴勒斯坦民兵組織。但也就跟葉門這裡的每個人一樣，在這裡，支援巴勒斯坦事業是一個人的伊斯蘭信仰標記。大使館在沙那的當地聯絡人十分懷疑穆威雅德能跟蓋達有什麼關聯。讓他和城裡其他教士有所區別的唯一一點，就只有安希認識他而已。

二〇〇二年一月安希回到紐約，並向聯邦調查局表示穆威雅德有罪。在一次任務報告會上，安希指出穆威雅德正在替蓋達購買武器並送出戰士。他也對探員們說，穆威雅德向人誇口他親手交給賓・拉登兩千萬美元。擔憂這樣一大筆錢要拿來做什麼的探員們，敦促他講出更多細節。但安希還沒錄下任何和穆威雅德對話的內容，而到最後，聯邦調查局只得相信他的說法。

接下來幾個月裡，聯邦調查局又派安希——在法庭公文中被標記為CI 1，或者機密線人一號（Confidential Informant One）——二度前往葉門，以準備誘捕穆威雅德。安希和穆威雅德又會面了好幾次，催促他收下自己代表的那位前黑豹黨員所提供的錢。穆威雅德一開始猶豫了，顯然是想要把他記憶中那個不入流的騙子安希和眼前這個有力中間人的新形象調和一番。但隨著兩人相處時間越長，穆威雅德對待安希就開始帶著更多敬意。二〇〇二年九月，他邀請安希去他幫忙辦理的一場集團婚禮上做客。這位聯邦調查局線人高興地接受了，甚至還問他能不能帶錄影機過去，替他在美國那邊的「朋友」錄下這場宴會。

在每一名贊助者對全體來賓及塑膠椅上長長一列的白袍新郎所發表的演說中，婚禮的流程越拖越久。在葉門，覺得單獨婚禮貴到驚人的窮人普遍會參加集團婚禮，而這也是一種尋常的政治贊助形式。穆威雅德早早在典禮中講過話，發表了一段關於真主和慈愛的枯燥布道。其他一整群大鬍子教士也講了一堆差不多一樣無聊的話，直到葉門的一名哈瑪斯代表穆罕默德・希亞姆（Muhammad Siyam）出現在講臺上。他有突發消息要和聽眾分享。

他對著群眾宣布道，「在臺拉維夫」有一場「哈瑪斯的行動」。在一場「明天在報紙上」就會讀到的公車炸彈攻擊中，有六名猶太人遭到殺害，還有超過六十人受傷。「真主至大」的呼喊聲響徹帳篷下，此時希亞姆微笑著舉高手要現場安靜。

「他們在這裡舉行婚禮，就是為了和那頭的**婚禮**一致。」他補上這句，並用上是聖戰委婉稱呼自殺攻擊的用語「婚禮」。帳篷再度爆出歡呼聲。站在一邊的安希把這整個錄了下來。

四個月後，二〇〇三年一月時，穆威雅德同意和安希的美國後臺老闆見面。這兩個人安排在德國見面後，一月五日，穆威雅德和一名助理便搭機飛往法蘭克福。三天後，這兩人與安希在機場附近的飯店房間，和一名假扮成前黑豹黨黨員的聯邦調查局密探見面。聯邦調查局和德國執法單位的同行合作，已經在房內裝好了竊聽器並架設了隱藏攝影機。在穆威雅德與助理和美國人會面前，安希先告誡這兩人，不管他說什麼他們都要同意。安希提醒他們，重要的是「要讓我們得到他的援助」。

安希介紹了這些人認識，並替不會說阿拉伯語的密探擔任起翻譯者。這名自稱企圖削弱美國國力的偽前黑豹黨黨員，幾乎是立刻就催促穆威雅德詳細告訴他接下來的蓋達攻擊行動。穆威雅德顯得有點緊張，而用一種關於他自己慈善工作的曖昧回答來回應他。在某一刻，那位密探直接問他下一次攻擊是會針對以色列或者美國。穆威雅德又模模糊糊地講了另一個含混的答案，但安希催促他給個確實的答案。「所以你對這有任何計畫嗎？」

「現在沒有。」穆威雅德回答。「我們要重新整頓我們的文件。」

當安希把段話翻回給特務時，他翻成了「他們會在該開始計畫的地方開始。」

第二天他們繼續開會。聯邦調查局想要逼穆威雅德在錄音帶上坦承一些事情，但又不能到讓他閃人的程度，同時穆威雅德企圖安撫這位有錢的贊助者。在這之間就全靠安希了。

穆威雅德徹底否認自己事先知道九一一，但當安希越來越熱切地祝福賓・拉登、亞西爾・阿拉法特（Yasir Arafat）和他們「對抗猶太人的努力」時，穆威雅德開始附和起他。「我們向真主請求如願。」這位謝赫同意地說。他對於他和巴勒斯坦組織的合作就比較開放，說他可以「找上哈瑪斯並安排一些事情。」

但美國並不想聽哈瑪斯；該國對於他和賓・拉登的聯繫才有興趣，尤其是原本安希報告中提到的兩千萬美元。他是如何運送這筆錢？他什麼時候送？那是用來做什麼？但這些問題沒能獲得回答。穆威雅德以過去式談起賓・拉登，提到他們在一九八〇年代於阿富汗聖戰中共度的時光。現在他對**那個人**一無所知，也完全沒有提到任何錢相關的事情。

一月十日，聯邦調查局出手了。穆威雅德還是沒鬆口，而他的班機再過幾小時就要離開了。探員們有兩個選擇：現在逮捕謝赫和他的助理並在法庭上聽天由命，或者讓他們回去葉門，冒著讓穆威雅德重新與賓・拉登聯繫上的風險。其實根本連選擇都沒有。待命中的武裝德國警察衝進了穆威雅德的房間，並把年長的謝赫和他二十九歲的助理都銬了起來。

兩個月後，在美國參議院司法委員會的聽證會中，司法部長約翰・阿什克羅夫特（John Ashcroft）把這次逮捕公諸於世。安希最證據確鑿的指控，那個聯邦調查局始終未能在錄音帶上證實的指控，不知怎地跑到了阿什克羅夫特準備好的評論內容中。對著細長黑色麥克風坐著的阿什克羅夫特，告訴委員會的參議員們，一個「聯邦調查局的臥底行動，發現有情報指出穆威雅德親自將兩千萬美元從其恐怖主義募款網絡交給賓・拉登。」

美國政府提出的這整個案子，全都仰賴一名盜用了超過十萬美元來行事的線人，所提供的一個不牢靠的證據。

當聯邦調查局正在德國追著幻影時，真正的蓋達組織其實正在葉門開會決定下一步。哈里希的死是沉重打擊。身為賓・拉登最初在葉門安排的人馬，哈里希曾經在該國建立第一個訓練營，並把大批年輕招募者訓練成老練戰士。不論是穆罕默德・阿達爾或者法瓦茲・拉貝義這兩名哈里希的副官，都還沒準備好繼承他的工作。阿達爾比較像是財務會計而非指揮官，而他仍然在馬里卜的諸部族間躲著薩雷赫。拉貝義有一天或許能成為優秀指揮官，但此刻他還太年輕缺乏經驗。他最近策畫的那次攻擊，也就是攻擊洪特石油直升機的行動，最終反而使葉門安全部隊利用那隻沾血涼鞋加上當地民眾密報，而一路追到了在沙那某醫院養傷的阿利夫・穆加利。

但總有人必須接管已成一盤散沙的葉門蓋達網絡。當這群人相聚來決定如何因應哈里希被刺殺的情況時，拉貝義率先站了出來。拒絕剪掉的長黑髮，此時已框住了他的面孔。他解釋，美國殺害了蓋達在葉門的領導者。要復仇，蓋達得要把美國在葉門的最高官員殺掉。

二〇〇三年初，從冬末到初春的那幾個星期裡，只要赫爾一離開大使館，由三名蓋達特務組成的小組就會尾隨他的車隊。儘管有那麼多安全防護措施，離開大使館的車隊還是只有兩個選擇。它們可以向右轉往一個圓環過去，或者向左往另一個過去。這兩個交通樞紐都是拉貝義所認為的完美伏擊點。但在他能把這最新計畫付諸實現前，葉門情報人員就衝進了位於沙那西北部馬德赫巴（Madhbah）的藏身處。安全部隊在三月初突擊了那棟房子，但出於聯繫失誤，他們無法充分封鎖整棟建築。拉貝義和希札姆・穆加利從一整列機槍和手榴彈攻擊掩護下殺出血路，最終得以逃出。這兩人開車向南逃了幾百公里，直到阿比揚省亞丁灣海岸公路上某個檢查哨的軍官把他們攔了下來。這名軍人對於拉貝義聲稱的「忘記身分證」感到懷疑，因此爬進了車內，指示這兩人向西開五十公里到亞丁，到了那邊他就能驗證他們的說詞。他們一離開安全檢查哨可聽見的範圍，拉貝義和穆加利就奮力奪下士兵的槍並殺了他。兩人把他的屍體丟在路邊後，就掉頭往馬里卜去，希望能在部族間找到避難處。但如今掛在蓋達脖子上的絞索已經越收越緊，隨著薩雷赫搜捕行動的持續，蓋達的選擇也快沒了。在拉貝義和穆加利殺了士兵的兩週後，葉門部隊在馬里卜逮到了這兩人。

關於逮捕一事，赫爾沒什麼時間恭賀薩雷赫，因為接著又有另一件安全事件威脅著讓兩國關係脫軌。四月十一日，十名關在政治安全組織位於亞丁監獄的囚犯，從浴室牆壁挖了個洞逃出去。逃脫者中包括了賈邁勒・巴達威和法赫德・庫薩，都是曾經在科爾號攻擊事件中扮演支援角色的蓋達成員。

「我們甚至連他們被轉送到亞丁都未獲通知。」赫爾跟華盛頓解釋，大使館原本以為這些囚犯還在沙那。

越獄事件發生的幾週後，聯邦調查局局長羅伯特・穆勒（Robert Mueller）飛抵沙那與薩雷赫總統會面。他對於這兩名手上沾了美國人鮮血的人再度脫逃感到失望，傳達的訊息因此直接而乾脆。薩雷赫得要重新把這些人抓起來。

五個月後，穆勒主動施壓，親自重返沙那了解追捕進度。看起來什麼變化都沒有。巴達威和庫薩依舊逍遙法外，而葉門人似乎不特別在乎此事。該國當時正在齋戒月中途，整個白天沙那看起來都像鬼城似的。辦公室紛紛關閉，而官員們整天都打著盹等太陽下山，屆時才能停止禁食並享用餐點。這種缺乏動力的狀態讓穆勒十分不悅。再一次地，他對薩雷赫總統發出了強硬而缺乏外交手腕的訊息。

內政部長拉希德・阿利米（Rashid al-Alimi）試圖藉由邀請穆勒和薩雷赫去他

家用晚餐來平息雙方的不合。但穆勒冷淡地拒絕了他。薩雷赫和他的部長都被穆勒的行徑所辱，尤其是拒絕一起吃飯一事，這在阿拉伯世界裡是格外嚴重的輕蔑。在回機場的車程中，被迫要在薩雷赫和穆勒之間調停的赫爾整個大發雷霆，並向聯邦調查局局長猛烈抨擊美方的缺失之處，同時向他解釋，葉門在對抗蓋達的戰爭中其實是有進展的。

而他們確實是有進展。就在穆勒離開沙那不久，葉門特務就接獲了有關穆罕默德・阿達爾行蹤的密報。情報單位聲稱，他準備要去沙那參加婚禮。在刺殺哈里希並逮捕拉貝義之後，阿達爾是該國最後一名蓋達主要領袖。如果葉門能逮到他，恐怖組織的領導架構就會被殲滅，而小布希兩年前秀出來當試紙的那張名單也就搞定了。

先不論美國分析師們的擔憂，葉門的蓋達組織已經徹底陷入混亂。一年前的無人機攻擊，摧毀了組織在葉門的基礎架構。沒有了哈里希，葉門的蓋達組織根本無法運作。大批特務遭到逮捕，而像巴達威和庫薩那些沒被抓的，也只能忍辱逃亡。阿達爾就像一個沒有軍隊的將軍一樣，發現自己的行動越來越受到突擊和安全漏洞所壓迫。他無法籌劃新的攻擊，就只能想著如何比葉門情報單位先走一步而已。當薩雷赫的人馬總算在沙那的一場婚禮上追到阿達爾時，他便知道自己完蛋了。他對最後幾個追隨者說，他寧願死也不要被活捉，然後就把自己封在屋子裡。

極力避免在首都爆發槍戰的薩雷赫總統，派遣一名信得過的顧問前往現場。那位談判者花了好幾個鐘頭，對阿達爾列出了薩雷赫的交易並解釋不屈服的下場。當時並未公開的交易細節，包括了以三年徒刑來交換他同意至少不在葉門境內重返聖戰。薩雷赫的特使說，不坐牢就去面對美國人。葉門蓋達的最後一名領袖便低了頭，用他的義腿一跛一跛地走出屋外，進入那臺將他送到城另一邊政治安全組織監獄的車裡。

第二篇

當威脅因此被遺忘

第十章 「改造」囚犯的可能？

二〇〇二年－二〇〇四年

在阿達爾投降的一年多前，總統阿里・阿卜杜拉・薩雷赫就做了一個決定，而這個決定將會對這場對抗蓋達的戰爭產生深遠影響。到了二〇〇二年八月底，對葉門總統來說，難題已經非常明顯了。連續幾個月的逮捕行動加上與美國的合作，除了造成監獄人滿為患，並使他疏遠了國內支持基礎外，其實根本沒什麼成效。他要在國內穩固自己，就需要部族謝赫們的支持，但他們對於逮捕行動卻是抱怨連連。他們埋怨，總統從他們那裡抓走了太多年輕人，薩雷赫進退兩難；他不能就這麼把囚犯放掉，也不能都把他們留在監獄裡。他得要找條出路。

二〇〇二年八月二十四日，薩雷赫找上了阿卜杜・馬吉德・金達尼和阿卜杜・

瓦哈比・德伊拉米，這兩名用指甲花染了鬍子、替阿富汗聖戰招募不辭辛勞的教士，邀請他們以及其他幾位布道者來總統府。六天後，三十名穿著長袍和露趾涼鞋的大鬍子，在他們的週五布道之後，推推擠擠地進入了薩雷赫的一間接待廳來聽他提案。

每個人都知道現在的狀況，薩雷赫如此開場。一排排的教士們回瞪著他。這間房間裡只有少數人支持薩雷赫和美國結盟或者那之後的強硬內部打擊手段。當時薩雷赫忽視了他們的勸告，而他們之中有許多人懷疑，他現在想要尋求意見的唯一理由，就是要讓自己面對部族時披上他們這層宗教掩護。

在接下來的數分鐘裡，薩雷赫展示了一個他自認為漂亮的囚犯問題解方。他承認，監獄裡的多數人只是因為遭懷疑支持蓋達而被捕，就算真的有，也只有很少數的人真能被起訴。薩雷赫並不想讓他們受審，而是希望和教士合作，並打造一個方案以讓他們重新融入社會。我們來重新教育他們並釋放他們吧，他這麼做出結論。

薩雷赫一說完話，批評聲就冒出來了。幾名拄著手杖向前傾身的老學者引用了穆罕默德・德哈哈比（Muhammad al-Dhahabi）的例子；這名埃及教士兼前部長在開羅推動一個類似的計畫時，於一九七七年被一個極端主義團體暗殺。其他人則是擔心，他們若是同意了總統的提案，有可能會被貼上美國走狗的標籤。薩雷赫看得出話題會往哪邊走，便在教士們形成反對計畫的共識前，快速地結束討論。薩雷赫對他們說，花幾天思考思考吧，然後決定一下這計畫該是什麼樣子。這並不是強迫要求。

就美國官員立場來說，他們討厭薩雷赫的想法。他們擔心薩雷赫所謂的改造計畫可能會弄出一個旋轉門。分析師們納悶，如果和葉門分享情報並幫他們逮住這些人，但幾個月後就把他們放掉，這麼做究竟有什麼好處？但薩雷赫心意已決。他認為計畫會成功的。

在薩雷赫展示了提案的三天後，這三十名教士又再度會面，不過這次總統不在。他們沒有一個人改變心意。唯一不同意的是一名資淺教士，他自認為是在場最年輕也最沒有資格的學者。當他們於九月四日舉行最後一次會議時，語氣柔和的地方法院法官罕穆德・希塔爾（Hamud al-Hitar）向大家解釋，他無法和他的夥伴們站在同一邊。相反地，他請求他們允許他提交一份獨立的少數派報告，來支持總統的計畫。

一個鐘頭後，在那位法官都還沒開始動筆前，薩雷赫就在電話上詢問會議進行得如何。

「並不好。」希塔爾坦承。

「是嘛，但你呢，你怎麼說的？」總統敦促他。

「我表達了我對他們抉擇的反對，並說就算只剩我一個人，我也會承擔對話工作。」希塔爾回答。

「做得好。」總統說。他手上有人了。薩雷赫問希塔爾有沒有想到哪些人可以找。

「有三名夥伴我滿想和他們共事的。」這位四十七歲的法官回答。有這句話總統就滿意了。後勤和剩下的細節就讓希塔爾自己安排。

那名法官比較喜歡稱作「對話」的這場會議，就從第二天開始進行。

個子矮小的希塔爾留著剃平的頭髮和斑點鋼絲絨色的鬍子，擁有一種大學教授般的安靜矜持模樣。身為先知穆罕默德家族後裔，他是葉門上層階級成員。但希塔爾的貴族世系掩飾了一種深刻的反骨傾向。其實，這次他和自己的同僚拆夥，並同意支持薩雷赫那套與蓋達嫌犯進行宗教對話的想法，也不是他第一次做出背離群體的決定。

一九八五年，就在被任命為沙那初審刑法法庭主席（對年輕法官來說是鮮有的榮譽）的一年後，希塔爾因為將殺害一名猶太人的兩個穆斯林判處死刑而登上全國頭版。雖然按照規定來說，葉門猶太人就跟基督徒一樣是受保護的少數族群，但他們通常是被當成二等公民對待。十九至二十世紀期間，伊瑪目們通過了限制猶太人住家大小和服裝樣式的法律。其他統治者則是不准猶太人在穆斯林眼前騎乘動物，因為騎在動物上使他們能從上方俯視上等人。希塔爾的判決引發了激烈的憤怒和混亂。

不應該是這樣的，他邊解釋邊失望地嘆了口氣。是的，他的確忽視了所有當代的法律和學術先例，但那是因為那些全都錯了。他回到問題的根源——在這個案子中，根源就是《古蘭經》和聖行，也就是先知穆罕默德的慣例。他主張，在這些原始資料中的謀殺案例，並無區分穆斯林和非穆斯林。他就只是把這種理解應用在他面前的案子上而已。他堅持認為，大眾的強烈抗議只是長年以來整體誤解誤用伊斯蘭律法的結果。

希塔爾想像著要對監獄裡的蓋達嫌犯做一樣的事。他可以拋開多年來錯誤的學術內容和差勁的宗教實踐，並向他們解釋《古蘭經》實際上究竟說了什麼。他經常跟記者說，這個方案，是「為愛而勞動」。

二〇〇二年**九月**五日大約上午十點時，希塔爾和他親手挑選的學者小隊走進了沙那鬧區一間監獄，準備進行第一次會面。希塔爾穿戴著一如往常的圓筒短帽和長袍，隨身帶著他的兩份資料來源文件，也就是《古蘭經》和葉門《憲法》。在他們進入房間前，其中一名警衛要希塔爾卸下他的葉門雙刃彎刀（*jambiya*），這是一種北葉門男性會在腰帶上綁著的大型彎曲匕首。

「為什麼？」法官詢問道。

「安全起見。」士兵說。

希塔爾一笑置之，並走進了房間。繞著桌邊坐好的是幾個穿著藍色監獄連身衣的人。希塔爾走過這些囚犯，來到房間前頭，並把《古蘭經》和《憲法》放到桌上。這時他才眼神上揚，準備開始說話。他以簡短有力的句子概述了整個方案。他解釋，《古蘭經》和《憲法》會主宰我們。對希塔爾來說，這兩本文件在法律上並無差異。《憲法》第三條寫道：「伊斯蘭律法是所有法規的根源。」而希塔爾打算向囚犯證明，任何《憲法》中的內容都是符合《古蘭經》的。希塔爾為了強調他的論點而拿起了他的《憲法》。「如果你在這裡面找到任何不合乎真主話語的東西，告訴我、然後我會修改它。但如果你們都沒找到，那麼就必須同意遵守《憲法》。」

希塔爾想開門見山地把事情講清楚。「如果你們是對的，我們就跟隨你們。但如果我們是對的，你們就要跟隨我們。」那些多數都還未被起訴的囚犯們維持警戒。他們已經被欺騙且虐待了許多年。一個法官又能做什麼？

「總統指派我來進行這個方案，而我是為了真主和其先知而接下工作的。」希塔爾繼續說道。

在接下來的十個星期裡，希塔爾和他的團隊與一百零四名囚犯會面，企圖讓他們相信，他們對伊斯蘭的理解已被賓・拉登和札瓦希里這類飢渴於權力的無賴所扭曲。他所見到的年輕人有著善良心腸，卻遭到誤導且缺乏教育。希塔爾相信，是《古蘭經》的語文複雜度讓他們舉白旗投降。這些人「不是《古蘭經》學者，因此在閱讀《古蘭經》時犯了一些錯誤。」他在他的報告裡提出上述觀察。「他們常會將內文章節斷章取義，或者就只是因為讀某一特定字詞時並未適當加重重音，而誤解了那些章節。」

希塔爾的學術傲慢觸怒了某些囚犯。他們可能沒有受過他那種專業訓練，但他們也研究過《古蘭經》並尊敬賓・拉登。他們之中許多人從個人經驗中得知，這位蓋達指揮官放棄了世俗享樂，並依真主最嚴苛的指令生活。賓・拉登連續數天禁食，通常過程中還不飲水，而在阿富汗時他甚至選擇了一個破爛農場當家。你希塔爾做得到嗎？賓・拉登尊敬手下，說話時把他們當成平輩而非傻呼呼的學童。囚犯們不需要上《古蘭經》的課。他們早就打從心裡認識這本書了。他們在深夜的討論中口耳相傳地對彼此說，薩雷赫要法官講什麼他就會講、要什麼合法他就會讓那合法。他們主張，他是個傀儡，把伊斯蘭扭曲到看不出原樣。

希塔爾概述了十一個不同的主題來辯論，但人們大部分的時間都在聽他演說當代國家和伊斯蘭的兼容性。誰有權代表伊斯蘭發言？賓・拉登和蓋達，還是希塔爾與葉門國？

這個問題的答案會決定這個方案的成功與否，這也就是為什麼希塔爾如此堅持要把《古蘭經》和《憲法》湊成一對。如果他可以讓嫌犯相信《民法》如其所主張的，是出自於《古蘭經》命令的話，那麼他認為，他應該就可以把他私下稱為「定時中炸彈」的這群人心裡的雷管拆掉。然而，希塔爾的主張迫使他進入陌生的智慧領域，而這最終使他創造出一個在伊斯蘭法學理論中沒什麼基礎卻奠基於階級權勢的平行世界。

他對他在監獄裡的聽眾說，伊斯蘭裡的每件事都映照在現代葉門國家之中。在希塔爾的平行世界裡，總統職就跟早期伊斯蘭的哈里發一樣，既是政治也是宗教官位，是整片土地上的最高權威。這代表薩雷赫是總統以及希塔爾口中的「法律捍衛者」（*wali al-amr*），一種宗教職責。這個主張的含義非常重大。如果囚犯接受了希塔爾的前提，那麼決定他們行動的就是葉門法律，而非蓋達誓言。遵守《古蘭經》就意味著服從國家。對囚犯們來說最重要的是，這就代表只有薩雷赫才有權發動聖戰。別人在《古蘭經》上都無權做這件事——賓・拉登不行、札瓦希里不行，任何其他的教士也都不行。

希塔爾這種創新的伊斯蘭法律理論解讀方式，讓公民權成為一個人宗教生活中唯一最顯著的影響要素。講起這番理論所帶來的智識挑戰會讓希塔爾更來勁，他便繼續為自己的主張詳細辯解。在給那些目光呆滯的囚犯上課時，他大膽地主張，國家採取的每個行動都是根據那些出自穆罕默德生平的已知伊斯蘭慣例。就以聯合國的憲章為例。葉門在這個當代國際組織裡的會員身分，是由穆罕默德於六二二年簽下《麥地那憲章》（Treaty of Medina）的事實所許可，而在當年，那份憲章是用來讓彼此獨立存在的眾部族相互結盟。他補充，同樣的基本原理可以應用於任何葉門簽下的條約。

這就像是看一名傑出的數學家在黑板上處理複雜定理一樣：含糊地有點趣味，大部分令人困惑，而完全看不出和真實生活能有什麼關係。不管希塔爾如何解釋他的理論，用各種慣例和案例潤飾，一切都還是仰賴於假想中國家和統治者在伊斯蘭律法上的合法性。那些總算抓到希塔爾論點核心的囚犯，實在很難把教育程度奇差、以喜愛威士忌和女人聞名的薩雷赫設想成宗教權威。但那就是交易條件：承認薩雷赫的最高權力並簽下保證禁絕暴力的棄權書，不然就堅守你的信仰然後待在監獄吧。

二〇〇二年十一月十一日，進入齋戒月一週之後，希塔爾教完了他的最後一課。他建議釋放一百零四名囚犯中的三十六人來當實驗組。到了那個月底，薩雷赫順著伊斯蘭聖月慶祝特赦方案的實施，釋放了這些人。他們的獲釋有一個條件是，必須一個月向安全官員報到一次。

希塔爾於二〇〇三年春天開始了第二輪活動。但這次有一些新的東西要解決。那年三月，美國入侵了伊拉克，從此一切都改變了。

薩雷赫並不覺得意外。自從二〇〇一年十一月在橢圓形辦公室和小布希有過交易後，他就知道這一天遲早會來。不過，這位葉門總統還是盡其所能地警告美國，不要開啟另一場戰爭。他反覆向大使艾德蒙．赫爾表示，那會造成「嚴重的問題」。每個來到葉門的美國人也都聽到了同樣的訊息。副總統錢尼、湯米．法蘭克斯將軍，還有不少助理祕書與軍官都得聽薩雷赫的這番看法。赫爾也很忠實地在回電華盛頓時重申了這位總統的顧慮。但這些都沒能改變什麼。

伊拉克打碎了希塔爾理想中那個由伊斯蘭慣例支配現代行動的平行世界。二〇〇三年十二月，在第一批囚犯獲釋的一年後，希塔爾建議再釋放九十二名「改信」了的戰鬥分子。他告訴總統，先前的實驗組有堅守誓言，放棄了暴力和極端主義。在那之後，事情就開始加速運轉了。

葉門在阿拉伯媒體上公開了這個方案，並把希塔爾描述為伊斯蘭的溫和派代表，是一個可以和賓・拉登辯論的人。「隨時隨地都行。」這位法官會這樣對記者開玩笑。希塔爾動身上路，前往各省分推銷他的方案。他不再進行方案第一年的那種小型直接辯論。現在希塔爾要一次向眾多犯人講道。

當時正進入第二年拘禁的賓・拉登前貼身護衛納瑟・巴赫里，也參與了這個方案。他解釋，囚犯們把這個法官看作是「他們獲釋的關鍵」。巴赫里說，儘管他是來談話的，然而「這之中並沒有對話」。法官一直說，「我們就一直聽，然後我們就被釋放了。他沒有改變任何人的心意。」

希塔爾是他們的大富翁脫獄卡。這些人一個對一個發誓，雖然他們嘴上可能會改口，但內心絕對不會變。更激進的囚犯還向那些猶豫的牢友再三保證，伊斯蘭律法容許他們在希塔爾的文件上簽字後又不用遵守其中條文。他們說，後來的結果會使當初的手段獲得正當性。

到了二〇〇四年初，希塔爾方案中的缺陷開始顯露。幾名獲釋的囚犯重新加入戰鬥並前往伊拉克，那裡的戰火對葉門聖戰士來說就像大磁鐵一樣。當自家沒有蓋達領導階層，但穆斯林世界心臟地帶卻有西方軍隊時，他們行事的邏輯就很清楚易懂了。二〇〇三年至二〇〇四年的伊拉克就跟一九八〇年代的阿富汗一樣。唯一的差別是葉門國支持過其中一方，但現在這個卻不支持。還在監獄裡的囚犯很快就察覺了這種矛盾。

在公開場合上，希塔爾仍然堅持伊拉克「不是對話的主題。」但在葉門的監獄裡，他就沒辦法逃避戰爭了。對多數葉門人來說，美國戰鬥部隊出現在伊拉克，明顯能援引《古蘭經》法學原理中的「保衛聖戰」。道理很簡單：非穆斯林部隊在穆斯林國家內攻擊穆斯林。對抗美國並非只是「允許這麼做」而已；是「得要這麼做」。

希塔爾試圖主張伊拉克並不是最重要問題，以避開這個難題。他對著整屋的囚犯說，在伊拉克戰鬥並不是不合理。那只是未經許可而已。只有薩雷赫總統可以合法地發動聖戰。如果他這麼做，戰鬥就會獲得允許。如果他沒有，人們就不可以參與。沒有人接受這種遁詞。囚犯們反駁這說法，主張薩雷赫若在這麼明顯的情況下還不發動聖戰，那麼他顯然就不是真正的伊斯蘭領袖。對那些見識過賓・拉登在行動中立場毫不妥協的人們來說，事情很簡單。賓・拉登不管情況如何都恪守《古蘭經》。薩雷赫和希塔爾就沒有。

儘管有這些困難，希塔爾的改造方案還是繼續喋喋不休。囚犯們持續簽名同意，承諾一旦獲釋就會守規矩。希塔爾很快就不再試著改變他們的意識形態觀點，而這個方案也演變成政府和好戰分子之間某種心照不宣的互不侵犯條約。囚犯們不再需要否定暴力聖戰；他們只要同意不在葉門發動攻擊就好。這個國家達成一個危險的折衷狀態：不要攻擊我們，那我們就不攻擊你們。

這招至少一陣子內有其成效。阿達爾於二〇〇三年末被捕後，葉門蓋達就消失了。其領袖不是死亡就是入獄，而那些活著沒事的也都去了伊拉克。葉門看起來一片平靜。希塔爾覺得這證明了自己的正確；當人們追問起他釋放的上百位囚犯時，他便指出這是葉門蓋達的終結。「證據就在結果中。」他說。「自從我們釋放了第一批囚犯之後，葉門就再也沒發生過恐怖攻擊了。」他驕傲地聲稱。

在整個二〇〇四年間，隨著葉門蓋達的威脅似乎消散無蹤，希塔爾便把自己的工作改為迎接該國最新的挑戰。在過去兩年中，葉門遙遠的北方出現越來越多不平之聲。這一次，威脅不是來自蓋達這類遜尼派極端組織，而是一群宰德派（Zaydi）反抗軍。他們附屬於什葉派伊斯蘭，但在教條上和伊朗所採行的「十二伊瑪目宗」（twelver）什葉派並不同。[9] 這項挑戰和之前的蓋達問題並沒有那麼不相干，因為兩者不過是同一個問題的不同現象；而那問題就是，該國的宗教面貌越來越極端。葉門遜尼派和葉門什葉派之間的連結有多難否定，這兩方就有多不想承認這件事。而前者的興起，就導致後者有所反應。

問題起於二〇〇二年希塔爾開始改造方案的幾個月前，發生在接鄰沙烏地阿拉伯的薩達省。同年稍早前，一月十七日那天，有一小群失望的農人和學生開始在薩達省首府薩達的清真寺外反覆喊叫。他們的聲音響徹靜止的山區空氣。「偉哉真主！美國去死！以色列去死！詛咒猶太人！伊斯蘭勝利！」

穿著白色長袍、外面襯著深色運動夾克，站在隊伍最前面的，是他們的領袖胡塞因・胡西（Husayn al-Huthi）。身材矮壯，膚色黝黑，又掛著大鬍子和一雙溫柔眼神的他，有著一種指揮者的模樣。他對他的聽眾說，我們的社群遭到了攻擊。宰德派很快就要消失了。

廣場上的人們知道他在說什麼。幾個世紀以來，像胡西這樣的家族都效忠於當地，為統治北葉門的伊瑪目供給資源。宰德派這個名字取用於穆罕默德的玄孫宰德・賓・阿里（Zayd bin Ali），他在西元七四〇年被一名遜尼派的暴君殘酷地殺害，幾年後屍體還被挖出來砍頭。宰德派採用了邊緣化團體的靈活度，採行介於遜尼派和什葉派的中間路線。他們是「五派」，是遜尼派伊斯蘭非正式的第五個派別，也是什葉派伊斯蘭第五伊瑪目宗的追隨者。在葉門，他們和生活在低地的遜尼派鄰居沒有什麼差別，頂多就是宰德派在呼喚前來祈禱時有多一句話，舉起雙手的方式也不同。這兩個團體會通婚，也會在對方的清真寺裡祈禱。接著，革命和內戰到來，推翻了沙那的伊瑪目，並摧毀了宰德派的國度。

等到八年內戰在一九七〇年結束時，葉門已經變了。為了建立共和國，宰德派的伊瑪目遭到廢止。葉門沒了伊瑪目而有了總統，而一千多年來唯一有資格擔任全國最高官位的賽義德統治階級，也就是先知的後裔們，此刻突然變得毫無權

---

9 十二伊瑪目宗從歷史上就和遜尼派有所爭執，不像胡西（Huthis）所附屬的五伊瑪目宗什葉派那樣和遜尼派伊斯蘭相當接近。

力。對胡西這樣的賽義德家族來說，這是個混亂的時刻。共和國的第一任總統阿卜杜拉・薩拉勒（Abdullah al-Sallal）來自低階的屠戶家庭。一個被胡西認定在自己之下的人現在居然在領導整個國家。

宰德派在政治和宗教上的敵人從他們的沒落中大獲好處。來自沙烏地阿拉伯將宰德派視為異教徒的變節者瓦哈比派，把金錢和教師往南送，在他們認為已準備好改信的地方蓋起了學校並資助宗教設施。一九七九年，前宰德派部族成員穆庫比勒・瓦迪易（Muqbil al-Wadi'i），這名一度被胡西這種賽義德家族恥笑其下等出身的人，從沙烏地阿拉伯王國回來了。小時候經歷侮辱傷害、如今準備好要復仇的瓦迪易，蓋了一間小小的學校，並開始從傳統上被賽義德統治者們所羞辱的宰德派改信者中，吸引了一群擁護者。上百名因為過時的社會階級制度而無法藉由結婚進入賽義德階級的年輕人，被瓦迪易傳達的平等訊息以及遜尼派伊斯蘭所吸引。

就跟一九九四年內戰後搗毀亞丁墓園的聖戰士一樣，被同一種瓦哈比神學所影響的瓦迪易，也特地把宰德派有如神殿般的墓地挑出來，認定那是一種使人不崇拜真主而崇拜人的滔天大罪。雖然宰德派在墓園四周部署了武裝守衛，但瓦迪易的年輕追隨者還是找到方法溜進去砸毀墓碑。薩達省也是蓋達在一九九〇年代早期就蓋下第一批訓練營的地方，他們也是在這個地方取得攻擊科爾號和林堡號所需的爆裂物。像胡西這樣的家族，都認為這兩股勢力已結盟、並把他們當成要盡全力來毀滅的目標。

那天在廣場上聽胡塞因・胡西演說的人都知道這段歷史。他們就活在其中。胡西提醒了他們，薩雷赫沒有遵守諾言興建醫院，也沒將電路網延伸到薩達。宰德派被當成目標，就只是因為他們的宗教而已。

二〇〇三年初，在胡塞因・胡西組織第一場抗議的一年後，薩雷赫在前往沙烏地阿拉伯的途中經過了薩達。停下來祈禱時，胡西的人馬以更多的呼喊聲來迎接他。在「戰勝美國與猶太人」的呼喊中，薩雷赫聽出了其中暗藏的、對他的統治的批評。打從胡塞因・胡西在一九九〇年代中期成為國會議員，這位總統就已經認識他了。在胡西拒絕參與一九九七年的重選之後，薩雷赫甚至還補助過胡西在蘇丹完成碩士學位。

這項資助是薩雷赫自己稱為「蛇舞」計畫的一部分。當時，薩雷赫還在犧牲宰德派的伊斯蘭主義對手來強化宰德派。事實上，當薩雷赫重打算盤、宰德派再度失寵，而總統資助也中止時，胡西也只能於二〇〇〇年返回薩達。

胡西這套口若懸河又充滿宗教意涵的演說，充分利用了葉門國內泛濫的不平之氣。一個嚴重腐敗的政府、節節攀升的食物價格以及高失業率，都迫使人們開始行動，而且也不限於薩達省。每星期五祈禱結束後，被胡西以及其追隨者所鼓動的宰德派行動者，就開始在沙那的大清真寺外吶喊著。由先知穆罕默德的同伴所興建、深藏在舊城區內的這間沙那最古老的清真寺，就這麼成為了反抗的象徵。到二〇〇四年六月時，安全部隊光是在沙那就逮捕了八百名抗議者。而且這項運動還快速向外散播。在北葉門橫跨焦夫省、阿姆蘭省（Amran）和哈傑省（Hajjah）的城鎮間，人們都在重複著一樣的呼喊。

第十一章　北方的造反

二〇〇四年—二〇〇五年

二〇〇四年六月十八日中午過後不久，數十人從沙那鬧區大清真寺那扇木造大門裡魚貫而出。幾分鐘後，舊城區狹窄的石頭巷道便響起了如今已很熟悉的呼喊聲：「偉哉真主！美國去死！以色列去死！詛咒猶太人！伊斯蘭勝利！」但這次，薩雷赫的人馬已準備妥當。便衣警察和數十名制服警察用棍棒打退了抗議者，並逮捕了數人。

在北方大約兩百五十公里處，在薩達的泥磚舊城市中，胡塞因・胡西的追隨者加入了他們自己的前哨戰。他們接管了一間國立清真寺，放逐了領政府錢的布道者，並把看門人推到街上。他們透過清真寺的擴音器宣布，過了今天之後，這地方不會再播放政府的謊言了。

整個下午薩雷赫都在監控著這些報告，但很明顯地這些每週發生的衝突已經到達了危機關頭。於是這位葉門總統再一次找了他的童年好友阿里・默赫森・阿赫馬爾來幫忙。十年前的內戰期間，這位牙縫不小的將軍在打敗南葉門社會黨時非常關鍵，而現在薩雷赫需要他處理北方的事。

來自阿里・默赫森旗下第一裝甲師的部隊從他們位於薩達的基地裡轟然衝出，朝著約五十公里外的胡西家進發。突然的軍事入侵立刻就引發了反擊。在道路上方的整片山區中，遍布四處且裝備精良的胡西支持者對軍方開火。士兵們也開火還擊。在戰鬥爆發處以北的幾百公里外，正在利雅德一間醫院裡進行癌症手術的部族強大領袖——阿卜杜拉・阿赫馬爾謝赫，聆聽著逐漸明朗的情況報告。[10] 這位年長的謝赫擔心離他老家阿曼不到幾公里的地方將會開戰，因此請求薩雷赫給胡西一些時間寬限。給他一個機會前往沙那自首，謝赫如此懇求道。薩雷赫只能勉為其難地同意了。二十四小時，就這麼久了，總統如此說道。

但薩雷赫的最後通牒始終沒有下達過。軍方指派的薩達省長亞賀亞・阿姆里將軍（General Yahya al-Amri）兩度來到了胡西的農場，但每一次他都被揮舞槍枝的人們趕了回去。六月二十日的第二次造訪中，省長和一支大型特遣部隊一起行動。結果，當胡西武裝精良的追隨者再度拒絕士兵通過時，一場槍戰隨之爆發。最終證明，這場發生在北葉門臺地峭壁間勝負未定的槍戰，將會是八年叛變行動的開幕戰，而這場叛變將會把國家推到破產邊緣，並使其無法致力於反蓋達戰鬥。胡西戰爭就這樣開始了。

在**戰鬥開始**的一週後，通往胡塞因・胡西農場的電話線被剪斷，他只好坐下來寫了封信給總統。他承認，他感到很困惑。為什麼薩雷赫那麼氣他？「我很確定我沒有做什麼會惹您生氣的事。我並未與您作對。」他以難懂、歪斜的字體潦草地寫著。「我站在您這邊，所以別聽那些偽君子和煽動者的話，請相信我比他們還要對您忠誠。」胡西以樂觀語調替這一頁信件收尾。他仍然相信他們可以排解彼此歧見。「若真主有意而當我們見面時，我會告訴您那些對您至關重要的問題。」

10 阿卜杜拉・阿赫馬爾和阿里・默赫森・阿赫馬爾儘管來自同一個哈希德部族聯盟，但彼此並無關聯。

仍因胡西的公然挑戰而受傷不已的薩雷赫，拒絕與這名四十八歲的叛軍指揮官直接聯絡。他轉而派出一個調停小隊向北進入山區。在這群談判者中有胡西的弟弟亞賀亞，是薩雷赫所領導執政黨的一名國會議員，另外還有他們兩人那矮小而虛弱的七十八歲父親。薩雷赫只對這位胡西族長說，管好你兒子，而沒有把他對這家族不言自明的威脅明白說出口。家人們嘗試過了，但每當他們籌劃一回停火，阿里・默赫森就會用這支調停隊伍當掩護，以武裝直升機攻擊叛軍駐紮地。

在那片不毛群山的上空，來自沙那的噴射軍機對疑似胡西駐地的地點發動轟炸攻擊。政府估計，在這片將近有一個紐澤西州大小的地區裡，有近七十萬人口遍布在農莊和田園間，而那之中胡西擁有三千名支持者。但簡單的算術誤導了結果。北葉門崎嶇的地形中，山峰可以高到海平面兩千四百公尺而增加了防守力道，同時深而寬敞的山洞又提供了躲避猛烈空中轟炸的避難所。外交部長阿卜・巴克爾・奇比（Abu Bakr al-Qirbi）把這一帶形容為「葉門的托拉博拉」。

不分青紅皂白的轟炸又加重了問題。空軍炸彈穿進農人的田地，摧毀了一年份的耕耘和投資，讓一個又一個的家庭落入債務窘境。農場之外，過去兩年半都在追捕蓋達的安全部隊現在向北移動，來與胡西派戰鬥。他們把同一套大規模逮捕和財產沒收的戰術帶進了這場新戰爭中。在那場橫跨全薩達的逐家搜索中，戰士們家中的老父小妹和為數不多的堂表兄弟都遭到逮捕。身為宰德派就跟聖戰士嫌犯一樣，在證明無辜之前都是有罪的。政府掌握了薩達大部分的都會地帶，但要打敗胡西派就得要綏靖鄉村。最終證明，一個村一個村地掃蕩是既難搞又緩慢且有害。軍隊這種集體報復行為，反而把上百名原本中立的部族成員推往胡西陣營。

二〇〇四年七月初，薩雷赫要求罕穆德・希塔爾，也就是忙著改造蓋達囚犯的那位法官修改他的方案，以處理政府抓到的胡西派囚犯。

經過了幾週的課程後，希塔爾回報這不可行。「蓋達和胡西的差別在於」，他對總統解釋道，「蓋達遵從書本。這代表著，如果有人告訴蓋達戰士一個道理，而你能在《古蘭經》上找到一個跟那道理牴觸的說法給他看，他會相信你。」但希塔爾繼續說，面對胡西戰士的話就不同。「他遵從的是某個人，而不是某本書，所以要與其搏鬥實在困難太多。」

幾週後，參謀總長穆罕默德・阿里・卡西米少將（Major General Muhammad

Ali al-Qasimi）在薩達與記者會面，並發布一些好消息。「我們正處於收尾階段。」他宣布。他主張，這場戰鬥會在二十四小時內結束。

整個夏天，當眾多調停和改造方案仍在喋喋不休的同時，陸軍已把士兵灌滿了整個地區，迫使胡西的支持者更深入山區。沉重的轟炸攻擊把該地摧毀大半，初步估計認為薩達要復原得花上好幾年。八月五日那天，軍隊在一場會戰中殺害了超過一百四十名胡西支持者。「一切都結束了」，卡西米自豪地宣稱，「叛軍既虛弱又被圍困著。」

這位和眾多軍方高層一樣、與薩雷赫同屬桑漢（Sanhan）部族的將軍解釋，胡西戰士現在被圍在兩個區域內，彼此相隔五十公里。在省會西邊，胡塞因・胡西和幾十個追隨者持續堅持著，同時在城市北邊，他的頭號副手阿卜杜拉・魯札米（Abdullah al-Ruzami），也是另一名前國會成員，則是率領著第二組隊伍。卡西米大膽預測，整個衝突最終會歸結在這兩個最後據點。

但叛軍們並不會放棄。他們正捍衛著他們幼時玩耍的同一片山地。整個白天，靠著那些想趁機削弱胡西支持者中自己對手的部族民兵支援，政府部隊一路打進了群山中，但只會在入夜後被迫撤回。身為天生游擊戰士的胡西派所使用的打帶跑突擊風格，讓葉門笨重的坦克與重機械部隊蒙受損失。

在卡西米於記者會上發表預測的兩週後，有一小群胡西派戰士伏擊了一支軍方巡邏隊，並殺害了幾十名士兵。死者中包括了阿卜杜・阿利姆・希塔爾（Abd al-Alim al-Hitar）這名三十五歲的陸軍上校，也就是罕穆德・希塔爾的弟弟。空軍的噴射機展開報復反擊，增加了從沙那出發的轟炸機次。但駕駛們依舊是在沒有堪用情報的情況下發動攻擊。他們能做的就是把更多炸彈丟下去，希望其中有一些能打中正確目標。

神奇的是，在那些高低起伏的山區和廣大的範圍內，其中一枚炸彈還真的命中了。一次幸運的攻擊摧毀了位於薩達城西邊，由胡西蓋在藏身洞窟裡的那套錯綜複雜的供水系統。胡西和一些家人被四處巡邏的士兵以及在五萬五千美元賞金驅使下遍布山區的部族成員所困，只能在黑暗中等待著。

九月十日，就在水用盡的三天後，胡西派他其中兩名妻子（其中一人還在餵一個小孩吃奶）離開洞穴來到天光下，進行拖延戰術。在黑暗中待了好幾天，這兩人披著破布又被灰塵弄得髒兮兮，看起來有如難民。政府軍很快就鎖定了這兩名女性，並下令胡西舉高雙手出來。「我要跟總統對話。」胡西喊回去。「我只會向他投降。」

他從這場戰鬥開始以來的唯一一個要求還是落空了。慢慢地，這名被打敗的人拖著腳步往洞窟的入口走近。當他進入天光底下時，有一名士兵覺得自己看到他伸手掏進口袋。士兵們開火，打中他胸口數槍。這個渾身血汙的人向後倒回了洞口。隨著身邊的沙子逐漸染成泥濘，無法再說出一個字的胡西幾分鐘後便死去。

我們不知道他在想什麼，當場的一名士兵後來這麼承認。「我們不知道胡西是要攻擊還是投降。」搜身之後，士兵發現有把手槍塞在他口袋裡。

北方這場為期數月的游擊戰讓葉門軍方損失慘重。軍方估計其損失為四百七十三人死亡，兩千五百八十八人受傷，然而獨立單位的估計數字比這還要更高。一般判斷胡西派在戰爭中的損失更為慘重，但兩邊付出的成本若與三個月戰爭期間民眾的死傷和經濟損害相比，都是小巫見大巫。從來都沒有保障的葉門經濟，現在陷入了嚴重危機中。

九月初，在胡西被殺害的不久前，美國助理國務卿小林肯・布魯姆菲爾德（Lincoln Bloomfield Jr.）抵達了沙那，與薩雷赫和軍方高階指揮官會面。美國擔心可攜式防空飛彈（man-portable air-defense system, MANPADS）這種地對空飛彈可能落入蓋達手中而威脅到民航班機，因此展開了全球購回計畫。葉門保有將近一千五百套這種設備，而根據消息，國內各處還有數十架在軍火商的手上。

布魯姆菲爾德這位外貌依稀與雷根相似的五十歲高雅外交官，擔心著葉門軍火庫的外流情況。兩年前法瓦茲・拉貝義差點就打下洪特石油直升機時，蓋達便已使用過一套這種系統；儘管該組織的成員多半已在監獄，布魯姆菲爾德還是想避免重蹈覆轍。他對薩雷赫說，美國將會買下葉門所有的可攜式防空飛彈。

薩雷赫也很擔心地對空飛彈，但令他輾轉反側的是胡西派的人。對薩雷赫來說，蓋達是這個亂哄哄國家裡的一個小麻煩，但胡西派卻是實實在在的威脅。宰德派心臟地帶發生的血腥叛變有著挑戰薩雷赫統治的潛在可能，這是蓋達始終辦不到的。而在那三個月的戰爭中，叛軍使用過可攜式防空飛彈打下了直升機和飛機，產生了毀滅性效果。薩雷赫向布魯姆菲爾德承認，讓他們從薩達的軍火商那邊買到這武器並拿在自己手中，是「天大的錯誤」。

「放心吧，葉門不會再有這種武器了。」總統繼續說道。「但什麼都有價錢。你們得要買單。」他停了一下，然後給出價碼。「一臺一百萬美元。」

在片刻尷尬沉默之後，薩雷赫大笑出聲。葉門口譯轉向布魯姆菲爾德並緊張地悄悄說，「我覺得我有責任要確保你理解這是個玩笑。」布魯姆菲爾德點頭表示了解。但他沒辦法不去想，這位微笑總統會打算在這種每臺要價兩千美元的武器上加多少回購價。

他向薩雷赫重申，美國會付的價錢「雖然已經固定了，但遠高過我們認為的市價。」

薩雷赫並非唯一一個想跟美國要到更多錢的人。幾天前，布魯姆菲爾德才給了參謀總長穆罕默德・卡西米一份C－130運輸機的授權合約，允許美國協助維修。「這幾個運輸機的小零件，代表的是我們幾年來軍方對軍方合作的一大步進展。」這位將軍在簽署文件時諷刺地表示。

在葉門原本的預期中，打敗蓋達獲得的回報應該要比這多很多。薩雷赫想要坦克和噴射機，而非備用零件。「我們在薩達需要F－5戰鬥機。」他抱怨道。北方的胡西派仍在竄逃，但薩雷赫知道這場戰爭離結束還遠得很。

胡西死後，北方的戰鬥就化解為試探性的停火，而政府軍則是慢慢撤回了城市，讓武裝戰士控制了某些區域。為了提防激發更多衝突，以及避免可能的另一輪戰鬥，軍方留在基地內，不去管胡西派的行動。政府仍有數百名囚犯關在國內各處，而薩雷赫認為他可以用他們來交換永久停火。

二〇〇五年一月，巴德勒・丁・胡西（Badr al-Din al-Huthi）這位七十八歲的家族族長從山中下來監督戰後談判。兒子已經死去，現在得由年邁且生病的巴德勒・丁來保護那些為他們家族戰鬥的人。比多數葉門人矮、留著一臉蓬亂白鬍子的駝背教士，並不是談判的最佳人選。有著學者個性且脾氣不好的他，在同輩政客和他們的圓滑手腕之間感到不太自在。

巴德勒・丁把他的妻子們和大半個家族一起帶到沙那，而這一整群隨行人員便搬進了他兒子亞賀亞在首都留下的擁擠公寓。身為一名短期居民，亞賀亞只有在國會會期間才會使用這棟老舊破損公寓，回家前在這裡睡幾個晚上。幾個星期過去，卻仍無和總統會面的具體時間，待在這過度擁擠空間內的人們火氣越來越大。時常因家中爭風吃醋而不合的胡西家女眷們，抱怨起下雨時會弄溼，並咕噥著說住在河邊會比較好。這個小公寓和薩達那邊城堡般的家有如天壤之別。

但他們一家就卡在那裡了。沙那城裡的人們擔心政府報復，又不確定什麼是可接受的行為，因此都不願意租屋給胡西派的人。最後，一名同是宰德派且公然反對胡塞因・胡西政治立場的學者，出於對這家人的同情而讓他們使用城裡的一間房子。當薩雷赫聽說了巴德勒・丁在居住上的困境，便察覺到一個好機會。他吩咐一名助理，給他在沙那弄間房子，一間大到可以容納他所有女眷的房子。

這並不是政府第一次試圖收買胡西長老。一九七九年，當宰德派和穆庫比勒・瓦迪易在薩達爆發小規模戰鬥時，巴德勒・丁就寫了本書嘲笑沙烏地阿拉伯的教士長阿卜杜・阿吉茲・賓・巴茲（Abd al-Aziz bin Baz）。這名擔任奧薩瑪・賓・拉登導師的眼盲教士非常介意這件事，而下令攻擊他的對手。

為了逃離沙烏地阿拉伯的殺手，巴德勒・丁離開葉門並迂迴地流亡，最終過了好幾年才在伊朗落腳。才剛從伊斯蘭革命中新生的伊朗教士們，試圖使這名葉門人從「五伊瑪目宗」改信他們的「十二伊瑪目宗」什葉派。巴德勒・丁拒絕了，還一併拒絕了阿亞圖拉[11]們所提供的一間「美麗房屋」。他這個人，就如一名宰德派同門所言，「無法腐化」。巴德勒・丁對伊朗人說，他有他自己的信仰。二〇〇五年，薩雷赫的中間人聽到了同樣的訊息。巴德勒・丁不要一棟房子。他要與總統會面並交還他兒子的遺體。

巴德勒・丁對於自己在沙那的緩慢進展越來越不滿，因而大發雷霆。三月初，他在一次罕見的訪問中，對著沙那當地的報紙出聲。被問到囚犯談判狀況和有沒有與總統見面的事情時，胡西長話短說。「我還沒見到他。」

「都沒有？」訪問者追問。

就跟之前他兒子的情況一樣，巴德勒・丁從未得到他要的會面。這次訪問是他最後一次表態，但在這消息發布之前，他就已經離開沙那回家了。

二〇〇五年三月十九日，就在巴德勒・丁訪談刊出的同一天，第二次胡西戰爭開打了。戰鬥就在薩達城外零亂的武器市集蘇克・塔爾赫開始，也就是蓋達購買科爾號和林堡號攻擊事件的彈藥之處。在某條滿地垃圾的窄巷中間，一群部族成員集結在一間小破屋前，向幾名士兵探聽交易某些武器的事情。這種來來回回的即席交易在軍火市場很常見；在這裡，士兵經常卸下政府裝備來換錢，後來就聲稱不見了或者被偷了。不知怎地，這次交易變得不太妙，而爭吵又轉變為死亡

11 譯註：ayatollah，什葉派宗教學者的一個層級。

事件。一名士兵開火殺害了兩名部族成員，兩人偏不巧就是胡西支持者。士兵們拖著一名受傷的同僚逃出市場。

全省各處立刻重新畫出戰線。胡西死後的幾個月裡政府疏於安撫的那些農業地區，有不少都再度武裝起來。四月初，薩雷赫總統嘗試了一次不太認真的降溫行動，宣布再給胡西派一次機會自首。然而，過去近三十年統治期間讓薩雷赫獲益匪淺的邊緣政策，如今要開始動搖了。在沙那，人們懷疑薩雷赫若不是想打仗，就是本事已經不再。但薩雷赫就跟其他人一樣困惑。他完全不知道胡西派的人要什麼，或者他要如何讓他們停止戰鬥。「他們都被包圍了，卻還是繼續像驢子一樣頑固戰鬥。」他對美國大使館的某名政務官抱怨。

早在四月八日，胡西派的狙擊手就溜過了軍方的檢查哨，進入了薩達。這場配合良好的突擊讓軍方措手不及。確信自己要避免巷戰的阿里・默赫森將軍，下令增援部隊進入薩達有如迷宮般的舊城區心臟地帶。軍隊花了兩天才把窄巷和沙塵街道構成的迷宮整個清空。疲憊又滿身是汗的年輕人進出一棟又一棟的建築，把頭探進陰暗的房間裡尋找狙擊手。四月十日，這些氣力用盡的士兵們完成了掃蕩，準備反擊。效忠於阿里・默赫森的部隊往巴德勒・丁位於城外的大本營出發。

那位老教士不在家，早一步去了一個沙烏地邊界上的小村落。這會是任何一個胡西派以外的人最後一次看到這位病弱的教士。無法對這個人報復的士兵們毀了他的家。這是原定計畫沒錯。但接下來的就不是了。

那些年輕的新兵為了搜捕狙擊手，在陰暗建物內經歷了長時間的恐懼與挫折，並因此疲憊不堪；對他們來說，看著那些牆壁塌下想必很有宣洩效果。當胡西的房子倒下時，士兵們便轉往他鄰居的房子，然後又是那隔壁的房子。經過了幾小時的瘋狂拆屋後，葉門軍便在從未出現過敵人的地方創造了一批新敵人。

這批軍隊，薩雷赫權力的基本根源，看起來毫無紀律又不稱職。政府擔心大眾察覺軍隊愚蠢的一面，立刻就在二〇〇五年四月十三日宣布第二次戰爭結束。然而隨著雙方重新部署起來，戰鬥也開始失控。一些小事件——四月底在沙那的一場手榴彈攻擊，還有五月初企圖刺殺某軍官的行動——讓軍方不得不保持警覺。但到了五月中，戰鬥就被緊繃的僵局所取代。

私底下，薩雷赫指示中間人和阿卜杜・馬力克・胡西這位繼承父親與兄長事業的年輕人談判。這場對談一路談了整個夏天，卻沒什麼進展。二十五歲的阿卜杜・馬力克就跟他父親之前一樣，很快就對進展感到失望。條件已提出，細節也已討論，但就是沒能和薩雷赫會面，而薩雷赫似乎鐵了心不要屈服在這家族的要求下。沒有總統本人涉入，這個問題就卡在了官僚傳話的死局中。

八月，阿卜杜・馬力克把談話公諸於世，對五個月前採訪過他父親的同一家報紙說，他要和政府中斷一切談判。「我會這麼做」，他對報紙表示，「是因為政府正刑求著薩達和沙那的囚犯。」這樣的主張死無對證，但在經歷幾個月的對話且毫無改變之後，已經沒有什麼東西能把他留在談判桌前了。

更重要的是，接下來的胡西戰爭在葉門社會中製造了裂痕。擔心胡西派要恢復伊瑪目制度並挑戰國家控制權的薩雷赫，做出了過度的反應。他沒有只針對胡西派，而是展開了一個將有權勢的宰德派家族邊緣化的過程，但這些人卻是國家的骨幹。一段時間後，在北方開始的戰鬥，就將擴大為葉門強大的宰德派和人數更多的遜尼派之間的戰鬥，一邊削弱薩雷赫和他的軍力，同時又鼓舞了像蓋達這樣的組織。

第十二章　監牢的試煉

二〇〇四年—二〇〇五年

在政治安全組織送迦利布．札亞迪去單獨監禁的十五個月後，他們又來找他了。沙那的守衛把這名拒絕幫薩雷赫抓蓋達戰士的部族成員拉出洞外，然後又把他拖過當初那條潮溼通道。他活了下來。連續幾個月沒有訪客、持續不斷的恐懼，以及緊迫的不確定性都使他受到損傷，但他並未屈服於黑暗。

札亞迪不知道薩雷赫是已經原諒他了，還是來自他部族的壓力終於有了回報。不管情況如何，他都已經脫離單獨監禁。守衛們幫這位眨著眼睛的囚犯拖著腳步、行經建物群，來到主監獄。

一九七〇年代於沙那市郊興建的這間政治安全組織監獄，在該城西邊顯著的白色岩石峭壁之下顯得渺小。在圍牆內這群建物的中央是一棟長條狀的多層建築，有著圓柱形的主體和兩個有角度的側邊。在那裡面，監獄裡的多數人都擠到幾乎要雙腳離地，最多有二十人一起塞在一間五乘四公尺平方、跟主臥室一樣大的牢房裡。這些滿是汗水的牢房是細菌和疾病的完美培育室，一產生傳染病往往橫掃整棟建築，成批地殺害那些只有家屬送來的食物可吃的體弱囚犯。低劣的醫療又加重了問題。賄賂有時能幫點忙，讓外面的醫生穿過守衛，但只有葉門強大的部族系統能產生若干持續作用。守衛因為擔心遭受到葉門人口中的 *tha'r*，也就是報復殺害，所以會避開部族成員。他們因此轉而專注於那些好下手的獵物，那些不屬於哪一派的葉門人和外國人。就是這些人會發現自己被拖進了監獄深處滿是汗痕的水泥房間，他們在那裡會被電擊棒燙傷，並被綁著手吊起來，直到昏迷過去。

在地底下待了好幾個月而消瘦且失去方向感的札亞迪，艱困地想要弄清楚他的新世界：幾百名沒有洗滌的人穿著監獄的連身衣，正在移動並禱告著。經歷了有如另一個世界般沉默的單獨監禁後，這些聲音壓倒了他。生活片段片段地回到他身上；和他人用餐、跟著團體一起祈禱、十五個月的黑暗中所遺忘的一切。有些人幫了他忙。在某天晚餐時，他見到了法瓦茲・拉貝義，那名衝勁十足的年輕蓋達指揮官還帶他去熟悉監獄各處。這些人把他們的監禁視為試煉，是某種必須要忍耐過去的東西。「我們會因為這個而更為強大。」他們對他說。

拉貝義沒有浪費任何時間。二〇〇三年底在馬里卜被捕不久，他就被轉送到沙那的政治安全組織監獄，而他就是在自己的牢房裡開始了漫長的步驟，要將薩雷赫和美國摧毀的東西重建起來。卡辛・萊米和哈姆扎・庫艾提（Hamza al-Quayti）這兩名如今是牢友的阿富汗舊友，也來幫忙進行招募。這三個人都曾經在賓・拉登的指導下度過一段時間——庫艾提經營一間旅社，而萊米則曾經是某訓練營的教官——而他們現在把自己當成蓋達在葉門的當然領袖。這三個被關在葉門最惡名昭彰監獄裡的人，如今從頭來過。通道裡的一丁點對話變成了各自牢房裡深夜的悄悄話。他們組織了祕密研究圈，並領導著一支逐漸增加人數的招募隊，教導他們如何使用《古蘭經》，當作當前政治的指南。

在監獄內，蓋達的訊息在那些從未被起訴的眾多囚犯間迴蕩著。萊米每週五在牢房裡布道，憤怒地譴責正義淪喪，以及他所謂的「錫安主義者—十字軍聯盟」。他吸了口氣，對周圍圍著的人們說，那就是把我們弄到這裡的人，猶太人和他們的代理人。這些控訴似乎是從留了二十六年的烏黑鬍子中飄出的。他把小布希和阿里・阿卜杜拉・薩雷赫放在同一個陣營裡。若說有什麼差別，葉門總統還是比較糟的那個，因為他自稱穆斯林，實際上卻替美國人效勞。誰把你弄來這裡的？萊米憤怒地悄聲問道，你犯了什麼罪？

萊米談起阿富汗和他在前線的時光，總是會把討論帶回到真主與先知。他說，研讀《古蘭經》會導向聖戰這個結論。萊米於一九九〇年代末前往阿富汗之前，就已經記住了《古蘭經》全部一百一十四章，而他現在鼓勵其他人也效法他。在私下對話中，這位矮胖的囚犯甚至鑽研得更為深入，問比他年輕的囚犯為真主律法的機構效勞是不是錯的。你除了試著依循《古蘭經》之外還做了什麼？如果你有罪，為什麼他們不起訴你？萊米和整個蓋達監獄的網絡並不只是解釋而已，還提供了一個政治方案，一個矯正錯誤並形塑未來的方向。甚至那些不同意他們訊息的人，也尊重他們的虔誠。「我和他們在某些地方意見不一致。」札亞迪說。但「他們有一種為他們宗教奮鬥的灼熱欲望。」就是這樣的人們，他繼續說道，「總有一天會成立一個伊斯蘭國家。」

拉貝義、萊米和其他人經常整個白天禁食，同時把複雜的神學論點詳細教授給困惑的囚犯們。當他們總算吃飯時，他們把他們貧乏的食物分給弱者，並花時間與生病者一起祈禱，而蓋達的監獄網絡也逐漸結合成一個社群。「我發現他們是謙卑而虔誠的人。」札亞迪回憶道。「他們既理性又有智慧。」

比拉貝義和萊米都大將近十歲的哈姆扎・庫艾提承擔了年長政治家的角色。這位頭髮日漸稀疏的三十四歲人士，負責解決監獄生活裡的小糾紛和日常不平。就跟大部分的葉門蓋達成員一樣，也像賓・拉登本人一樣，庫艾提是葉門父親在沙烏地阿拉伯的孩子。這個王國和其保守的神學形塑了他的早年見解，並促使他走上聖戰和阿富汗的道路。在沙那的牢房中，庫艾提利用他找到的憤怒和絕望來協助形塑蓋達的下一世代，那些終有一天會取代他的戰士們。

在札亞迪離開單獨監禁而來到此地的幾個月後，蓋達三人組和另一名來自阿富汗的老朋友納瑟・武海希重新聯繫上。被賓・拉登指派為個人祕書的瘦小年輕葉門人武海希，在九一一過後的幾年裡變了許多。在阿富汗時，他有如賓・拉登的影子，不論到哪裡都如影隨形；現在他看起來冷靜許多，也更有自信。武海希用他輕柔的說話方式，將托拉博拉的恐怖情況告訴他們。他於二〇〇一年十二月脫逃之後，就一路向南，最終跨越了邊界抵達伊朗，並在那裡被捕。待在伊朗監獄裡的兩年，給了他充分的時間來思考並計畫。九一一攻擊的成功遠遠超越蓋達所能想像的一切，但那之後，這個組織就犯了太多錯。武海希說，這些錯誤必須要糾正。而他手上有個計畫。

武海希跟隨賓・拉登的那四年，可以說是手把手地學會了如何打造恐怖主義者網絡。他讚許了拉貝義等人在監獄裡的初步工作。現在要進行下一步了。這些人熬夜密謀著、計畫著，剖析過去在葉門和阿富汗犯的錯，並爭辯著如何在未來避免這些錯誤。

監獄之外，在相隔幾百公里的伊拉克，抵抗美國入侵的行動正在茁壯。就像一九八〇年代的葉門人前往阿富汗一樣，新一代的戰士們前往了伊拉克。到了二〇〇四年初，私運網絡已如雨後春筍般遍布葉門，幫助招募兵向北前往約旦和敘利亞，其後他們便能從此處溜過邊界進入伊拉克。在美國的逼迫下，薩雷赫頒布了一條新法律，禁止三十五歲以下的葉門人在無政府事先許可下前往約旦或敘利亞。很快地，薩雷赫的人馬就開始在機場和國境上逮捕年輕葉門人。然後又一次地，這位葉門總統別無他法，只能把這些戰士嫌犯丟進監獄裡。安全部隊把這些失望憤怒的年輕人丟進越來越過度擁擠的牢房裡，也就很不智地把他們送進了蓋達萌芽中的監獄網絡之心臟地帶。

每天武海希都會和新囚犯（其中不少人是第一次入獄）一起坐下來，向他們展示一套從美國入侵伊拉克到他們自己被監禁都能解釋的世界觀。這些新成員在武海希的話語中獲得了慰藉。他們聽蓋達老兵告訴他們，說他們是一場全球戰爭的一環。背後是美國人，武海希向他們偷偷透露。要怪就怪那些美國人，和那些人的猶太後臺。世界上所有衝突的終極原因，就是在他個人描述中萊米所提出的「錫安主義者—十字軍聯盟」。武海希就跟萊米一樣，待在南葉門的宗教機構時記住了整部《古蘭經》，並以從中精心選摘的章節來支持自己的論點。他能回憶並引述自己與奧薩瑪・賓・拉登的私下談話，而讓年輕人留下深刻印象。在全國各地的監獄中，其他聖戰老兵也複製了武海希的網絡。當薩雷赫專注於北部胡西的叛變，而美國把金錢人力投注於伊拉克時，蓋達便在陰暗中發育著。

武海希找到的這些人需要指引。他們有所渴望但缺乏教育，一心一意但缺乏經驗。來自中央高地塔伊茲一帶的二十幾歲高中輟學生烏斯曼・蘇拉威（Uthman al-Sulawi）就是這樣的一名囚犯。一九九〇年代末期，他在沙那的宗教學院讀了一段時間的書。但幾年後，他對此失去興趣並中斷學業。他在九一一之後又回到學院，重新充滿活力以及疑問。接下來的兩年裡，在一名當地謝赫的引領下，蘇拉威研讀了《古蘭經》和伊斯蘭法學。

有一天，一個學院裡的朋友把他介紹給一名從伊拉克歸來的戰士，他和他談起了聖戰的學問。當那人走在沙那城外滿是岩石的山澗時，他解釋道，那遠不只是戰鬥而已。那是奉獻與犧牲的生活方式。

蘇拉威加入了一群準備前往伊拉克的學生。他們把手上僅有的一點點錢捐出成立一個共同基金，然後時時刻刻夢想著自己能對美國部隊發起的行動。其中一名被蘇拉威視為導師的成員率先成功抵達伊拉克，並對巴格達的美國部隊進行了自殺攻擊。在沙那，人們帶著微笑聆聽著這次攻擊的報導，並高喊「真主至大」。但在他們得以偷渡到國外前，葉門部隊就襲擊了清真寺，並把整個基層小組都逮捕了。

一開始還頗為喪志的蘇拉威，逐漸把自己的被捕看作是真主的安排。監獄使他和蓋達聯繫上，並教導他要有耐心。武海希和拉貝義用幾張破紙片和想像力，重新打造了賓・拉登和札瓦希里用書本和電腦在阿富汗打造的東西。這個心智上的訓練營，把蘇拉威這種素人變成了精良的戰士。

在相隔兩塊大陸的古巴東南端，在美國最新的拘留設施內，有另一組蓋達老兵也開始了他們自己的監獄計畫。儘管這些關塔那摩灣拘留者比葉門的囚犯還受拘束，他們還是找到了一條生路。

就在監獄於二〇〇二年初完工後不久，像賈比爾・費非這種囚犯，便開始降落在小小的跑道上。這名經歷過托拉博拉、頭髮已日漸稀疏的沙烏地阿拉伯人，被蒙著面又銬著手腳，還塞著耳塞阻隔所有聲音，實在想不到自己究竟在哪裡。粗暴的手臂將他拖出飛機外，在他還跌跌撞撞想站穩時就把他扭著向前走。最終，那些手臂猛拉住他，並把他扭倒在地。這是這幾天以來首次有靜止的時分，沒有震動的飛機機身，或者把他推來推去的守衛。費非輕輕挪移他的腿，透過薄薄的褲子感受到粗糙的水泥地面。那是他唯一與世界接觸的端點。

守衛們把囚犯一個一個拉到一處辦事用的帳篷壓手印。在那裡面，其中一個人拿掉了費非的頭套和耳塞，並把紙筆放在他面前的桌上。「你何不寫封信？」他指示。

已經好幾個月沒和家人聯繫的費非，便坐下來開始寫信。他連最傳統的開頭——「奉最慈悲、最憐憫真主之名」——都還沒寫完，守衛就把信紙從他手中一把搶走。「他們只是要我的筆跡樣本而已。」費非回憶道。

關塔那摩的規矩得要花點工夫去習慣。囚犯不能把手放到毯子外的範圍，不准說話，而且最令所有拘留者沮喪的是，禁止公開呼告進行禱告。沉默不眨眼的守衛拒絕任何要求。他們不和這群白宮開始稱作「拘留者」（detainees）的囚犯往來。「我們只是想知道祈禱的方向而已。」少數人以英語抱怨。

美國希望這些人盡可能地困惑弄不清方向，而五角大廈的高階官員則是在傳遞著一本一九七〇年代的社會學書籍，名稱是《阿拉伯的心智》（*The Arab Mind*）；這本書在籠統歸納之後，主張阿拉伯人只理解權力。任何使他們熟悉起日常生活或者象徵日常生活的東西，好比大部分男性會留的鬍子，都得要把它移除，直到拘留者失去存在感以及（如中央情報局所願地）失去防衛心為止。在一個心理學家稱作「習得性失助」（learned helplessness）的新震撼課程中，如廁習慣和睡眠模式也都遭到更改，其目的在於擊潰拘留者的精神，並讓他們更容易遭受控制與審問。

這些未經測試的處方，大部分是由兩名外部顧問詹姆斯・米歇爾（James Mitchell）與布魯斯・簡森（Bruce Jensen）針對美軍既有的「如何活過刑求」訓練手冊進行逆向研究所設計出來，並對囚犯造成了嚴重的傷害。有一些人被鎖在房間裡，讓女性審問者用冰水潑他們的裸體，或者用尖銳的高音攻擊他們，不讓他們睡覺，因而慢慢發瘋。其他在抵達關塔那摩前身體就有問題的人，則是在這裡更加惡化。有一名葉門人聲稱自己前往巴基斯坦是為了替受傷的腦部找便宜醫療，卻在九一一之後的懸賞追捕中一併被抓；他似乎從來都搞不清自己被起訴是為了什麼，還會把蓋達這個組織名字和葉門高地上某個同名城鎮搞混。

「我是從葉門的烏爾岱（Urday）城來的，不是蓋達那邊的城。」在那個成立來認定他是否應當被分類為敵方戰鬥者的敵方軍事法庭上，他這麼辯解著。「我住的城市離蓋達城很遠。」

官員再度跟他一一詳述罪名，透過一名翻譯跟他解釋，蓋達是一個組織，不是一個城市。

「不管那是個城還是個組織，我都不是從蓋達來的。」這名困惑的囚犯重複著。「我是從烏爾岱城來的。」

費非以自己的方式奮力求生。他前去關塔那摩的理髮師那裡，沉默地怒視美國人把他打結的鬍子刮光。在整座營地各個特別打造的房間裡，他對著換來換去的審問者重複他的故事。每四個月就會有新人出現，而他就得要把這整套流程重複一次。第一輪審問還不到一半，口譯者就已經連他們在古巴這件事都說溜嘴了。隨著費非漸漸接受自己被監禁的現實，他也開始有所改變。監獄官方鬆緩了先前關於說話的禁令，而最核心的拘留者開始在他們的鋪位上講課。每天晚上他們的聲音都飄進了隔壁的牢房裡，以阿拉伯語慰藉了孤獨而受到重創的囚犯。

就跟在葉門監獄裡的蓋達特務一樣，關塔那摩裡的蓋達特務把他們受到的拘留解釋為一種試煉。他們在與美國作戰，而他們自己老家的政府卻拋棄了伊斯蘭律法，和美國站在同一邊。有些國家，好比沙烏地阿拉伯，甚至派調查員來幫美國評估這些囚犯——監獄裡的意識形態擁護者便主張，這就證明了這是場有兩道前線的戰爭：國內一道、國外一道。拘留者缺乏與其辯論的敘事，又被小布希官方所謂的「強化審問」連番折磨，因此緊抓著迴盪在牢房裡的聲音，把他們殘酷而不妥協的訊息當作真理一樣地呼吸著。

「這是我第一次真正被 *takfiri* 的意識形態所影響。」費非使用了含有「將穆斯林教友逐出教會」意涵的這個詞，以回憶他在關塔那摩的時光。*takfir* 主張，任何無法為建立伊斯蘭律法而努力的人，都不能被視為徹底的穆斯林，因此，在一個善惡分明的世界裡，此人就會成為一個合理的目標對象。而賓・拉登和札瓦希里也是用這個想法來讓自己攻擊其他穆斯林領袖的行為獲得正當性。

「在阿富汗，這種想法並不真的很極端。我們就只是在戰鬥而已。」費非補充了這句。但在關塔那摩，這種想法開始腐化。隨著費非的信念開始演變，他的行為也跟著變化。一份內部報告提到，他變得「越來越不服從，且對守衛部隊和工作人員越來越有敵意。」一費非定期參與集體擾亂行動，甚至對守衛投擲尿液。關塔那摩把他從一名正在復原的藥癮者變成了更堅定的聖戰士。

在二〇〇三年的最高峰時，關塔那摩關押了六百八十名拘留者，包括法瓦茲・拉貝義和卡辛・萊米的弟弟們。一年後，二〇〇四年十二月，阿卜杜・薩拉姆・希拉勒，也就是美國在埃及綁架的葉門政治安全組織特務，在中央情報局遍布全世界的祕密設施輾轉待了兩年後，也抵達了這裡。關塔那摩灣也關了賽義德・希赫里，那位九一一之後不久就離家前往阿富汗的三十一歲沙烏地阿拉伯人。希赫里已經當了好幾年的教友控訴者（*takfiri*），世界在他眼中非黑即白。關塔那摩只是讓他深信自己這條路的正確性。

希赫里並未造成擾亂或者帶頭起義，但官員們還是擔心這名頭髮有著灰斑的安靜人物可能會是個「負面領袖」。沙烏地阿拉伯的評估者把他列入三十七名最危險囚犯的名單中，而美國人相信他有受過訓練來抵抗審問。多年來他的說法都維持一致，說得通，但充滿了太多令人心煩的未知之處。無法拆穿他底細的官員，每隔幾個月就提出報告建議繼續拘留他。安靜而表面順從的希赫里就這麼等著他能出去的那天。

就算美國真的試圖走國內法庭系統時，還是遇上了困難。二〇〇三年九月，經過了數個月的外交口水戰，美國收容了穆罕默德・穆威雅德，也就是幾個月前聯邦調查局在德國逮到的葉門教士。為了能讓穆威雅德和助理從德國引渡過來，美國承諾不將兩人求處死刑或把他們送至關塔那摩。而當法務部的律師們在紐約準備審判時，聯邦調查局的調查員碰上了一個問題。他們的頭號線人穆罕默德・安希，也就是聯邦調查局為了他在案件裡的付出而給了超過十萬美元的那個人，正在製造麻煩。於是，探員們開始悄悄地調查起他。

在幾個月的奢華生活中，安希卯起來花聯邦調查局的錢，在牛排館留下一百美元的小費，還投資了好幾個有問題的商業計畫。讓他慘賠的，是他在紐約上州花了六萬八千美元買下的清潔業。把錢花光後，他就不付帳了。他的支票在該州各處跳票，身後追著一大群憤怒債主。安希試圖從布魯克林的葉門僑民拉人幫忙，但因為他過去的失敗紀錄外加曾和聯邦調查局合作，現在沒什麼人願意幫他。想要從頭再來的他，搬到了維吉尼亞州的福爾斯徹奇（Falls Church），就在華盛頓特區的外圍而已。

在維吉尼亞州，這個葉門騙子開始把他的困境訴說給新的一批陌生人。他說服某旅館的房務主任借他三千八百美元，從此再也沒還。「他講起困難時就真的哭了出來。」她說。「我信了他，因為他看起來就像個成功人士，只是運氣不太好而已。」

安希不太好的運氣很快就要更糟了。二〇〇四年五月，聯邦調查局起訴他銀行詐欺，這代表政府現在正在控告自己的頭號證人。安希是唯一聽說過穆威雅德自誇給賓・拉登兩千萬美元的人。如果他無法證實，那項證據就不能採信了。

安希跟聯邦調查局探員說，他急切地需要錢。當這招沒用時，他便說他生了病，需要有人幫忙支付糖尿病藥以及緊急手術費。接著他提議為穆威雅德一案作證來交換回葉門一趟，好探望他口中生病的妻子。每次探員都回覆他一樣的答案：已經給他的十萬美元就是政府會給他的所有錢。但安希記得最早跟一名探員對話時，這名探員說他能成為億萬富翁，而他現在便要聯邦調查局堅守這個承諾。

差不多在同一時間，安希的名字和他在法蘭克福圈套中的角色都洩漏了出去。當一家葉門報紙撈到了這個新聞，他在沙那的家人就開始接到威脅電話。對安希來說，這又是一個聯邦調查局無法履行最初協定的信號。探員們無法保護他的身分，他們無法給他美國永久居留權，而他們還拒絕給他更多錢。「跟聯邦調查局合作是我犯的大錯。」他對局外人說。「我沒有瘋到為了十萬塊而毀掉我的人生和我的家庭。」

二〇〇四年秋天，欠債又絕望的安希，轉而向《華盛頓郵報》求助。他期望，有關他慘況的報導或許能對聯邦調查局施壓，進而給他更多錢。當這最後的計畫也失敗後，安希決定把事情鬧得更大更公開。十一月十五日清早，安希坐在位於維吉尼亞州的租用公寓裡，寫了兩封零亂而瘋狂的信。第一封是寫給他在聯邦調查局的對口羅伯特‧富勒，也就是幾年前證實安希是一名「主要」線人的人。

「二〇〇四年十一月十五日星期一的今天，我將**自殺掉**自己。」這名失望的葉門人用生硬的英文寫下，並在大寫加粗的用字底下畫兩條線強調。「我會在意想不到的地方**燒死**自己，而且確定我會在十五分鐘內打給你們。」他繼續寫道，後來用鉛筆在句子裡加進「在紐約」，很明顯是想甩開聯邦調查局的追蹤。面對他心中認定害他捲入這一切麻煩的人，安希實在無法忍住不開這最後一槍。「請務必將我的遺體和我公寓內的個人財物（行李已經打包好了）送還給我在葉門的家人（我希望你們會開心）。」

第二封信是寫給凱里爾・墨菲（Caryle Murphy），是他在《華盛頓郵報》合作過的記者之一。他重複了自殺威脅並警告她，他會在預計要犧牲的十分鐘前打電話給她。安希把給富勒的信單獨傳真到紐約的聯邦調查局辦公室，再把兩封都傳真到《華盛頓郵報》。那天的不久後，安希就按照傳真所言地打給《華盛頓郵報》，再度威脅自己要在意想不到的地方自焚。他又再打給報社兩次，而最後一次，也就是在下午兩點過後，他對記者們說他已經灑滿了汽油並會「在兩分鐘內給自己點火，不是十分鐘，而且會發生在白宮附近。」

安希掛斷電話後，就走向白宮西北側位於賓夕法尼亞大道上的警衛室，並要求一名安全官把一封私人信直接交給小布希總統。當該名安全官拒絕後，安希退後了四、五公尺，從口袋中拿出一個打火機，然後點燃了自己身上夾克的一角。特勤局的官員立刻有所反應，將他撲倒在地並在他燒死前把火滅掉。

醫生們後來發現安希身上有百分之三十灼傷，而他在武裝護衛下康復的同時，《紐約時報》和《華盛頓郵報》皆以長篇文章仔細審視了他的機密線人身分。兩家報社的記者都提出同一問題：一名會自殺且顯然不穩定的人，是如何有辦法說服聯邦調查局，在怎麼看都沒多少證據的情況下去追查穆罕默德・穆威雅德？

二〇〇五年一月二十八日，在安希自殺未遂僅僅過了兩個月之後，穆威雅德和其助理的審判就在布魯克林某法庭進行。由於安希還在醫院，美國政府的起訴人決定不傳喚他當證人。他的不在場，意味著大部分有關穆威雅德身為蓋達一員的證據都得捨棄。他們轉而專注於這名葉門教士與美國法律指定恐怖組織「哈瑪斯」之間的連結，並決定把立論都奠基在安希於二〇〇二年拍攝的集團婚禮錄影帶上。這卷錄影帶明顯呈現出哈瑪斯官員宣布了在以色列發動的自殺攻擊，而原告方計畫主張，穆威雅德作為婚禮主辦人，就意味著他預先知道炸彈攻擊。法官裁定他會允許用錄影帶作為證物，但前提是安希要出庭作證。政府方因為在安希自殺未遂之後就擔心這名證人的可靠度，因此拒絕讓他出庭並轉而專注在以色列自殺攻擊中的受害者。

基甸・布萊克（Gideon Black），一名蘇格蘭籍的法律學生兼炸彈案生還者，談到了他在爆炸案中死去的表親。在情感洋溢且不時落淚的證言中，這名二十一歲的學生重述了那一天的情況，向陪審團描述了炸彈引爆的那一刻。「玻璃、金屬和彈片往每個方向飛去，特別是朝著公車的後側而來。」爆炸後，他繼續說道，「先是有幾分鐘的恐怖寧靜，然後才是警笛、尖叫聲，慌亂呼喊。」

開庭進入第四週，在原告方舉證完畢後，穆威雅德的法庭指派律師決定賭一把，傳喚安希來當敵對證人。他們要把這名葉門線人說成是精神失常且懷恨在心的人。這個大膽的策略代表著，政府現在可以起訴穆威雅德為蓋達一員，而婚禮的錄影帶可以在推進法庭裡的大螢幕電視上完整播放。名義上安希可能還是一個心智混亂的騙子，但他本人可能還能有其吸引力。而在他提出證詞的過程中，他還是展現了他一生中始終在使用的魅惑力和戲劇效果。

安希聲稱，穆威雅德身為一名「危險人物」，總是帶著武裝護衛一起旅行。其中一名辯護律師霍華德．傑考布斯（Howard Jacobs）顯然不知道葉門的政治與宗教人物身旁習慣上都會圍繞著武裝護衛，抓住了這個控訴機會。「如果那些都是真的」，他問安希，「在婚禮錄影帶中，那些護衛都去哪裡了？」在陪審團的注視下，安希要傑考布斯把婚禮錄影帶倒帶再放一次。

「停。」他大喊，並指著螢幕。在那模糊的靜止畫格內，站著一個手持機關槍的人。

三月十日，經過了五天的審議後，陪審團認定兩人都有罪。在支援蓋達的部分他們被認定無罪，因為原告方始終無法證明這點，但實質支援哈瑪斯的部分就被認定有罪。法官判處穆威雅德七十五年的徒刑，並於科羅拉多州佛羅倫斯（Florence）的超高層級監獄執行，另處一百二十五萬美元的罰金。

在葉門，人們一路關注著穆威雅德的案子直到審判結果即將揭曉。沒什麼人能了解，這名被稱作「孤兒之父」的人，為什麼會因為支援哈瑪斯而在美國法庭受審。穆威雅德是一個在被引渡之前從沒去過美國的人，而替哈瑪斯募捐在葉門不僅合法而且是受鼓勵的行為。在政治安全組織的監獄中，武海希和其他蓋達領袖針對這件事發表演說，把它指為又一個美國侵略的證據。這顯示了他們的「嚴重傲慢自大」，這位蓋達指揮官對他的牢友如此說道，並建議他們一起祈求謝赫獲釋。

那年初春，正當穆威雅德的案子即將在布魯克林做出判決時，其中一名囚犯有了個想法。三年前曾參與突擊洪特石油直升機的蓋達特務希札姆・穆加利，聽說伊拉克囚犯曾經進行過一次大膽嘗試，挖了一條隧道逃出美國在阿卜格萊布

（Abu Ghraib）的監獄。他們的嘗試被發現了，但這名二十六歲的特務喜歡這個點子。「我們為何不在這裡試試看呢？」他問他的牢友們。

「不可能的。」其中一個人回答。「這種辦法是出不去的。」

討論到這裡結束，但接下來的幾天裡，他們之中有許多人開始發表一些夢想，想像有一條隧道裡滿滿都是爬著的囚犯。伊拉克戰爭圍捕行動所造成的監獄過擠，迫使政治安全組織把一些蓋達嫌疑者移出監獄主棟，換到南邊圍牆附近的別棟裡。他們的其中一間浴室甚至還能看見外面的街道與隔壁的清真寺。那些人便決定了，清真寺就是目標。他們估計自己得要挖四十五公尺才能到那邊。他們便用自己家人在飯中附上的金屬湯匙撬開了地磚並開始挖洞。

正當他們要開始時，一個葉門法庭宣布將維持阿里・沙瓦尼（Ali al-Sawani）的死刑原判；這名伊斯蘭主義者，於二〇〇二年謀殺一名當地社會黨政治人物而被判有罪。他們並未直接認識沙瓦尼，但他們都讚賞他的行動，並因法庭的決定而憤怒。在阿富汗擔任過賓・拉登訓練營教官的煽動布道者卡辛・萊米率領了一支三人小組，要求和典獄長見面。

「十字軍已經讓你們犧牲夠多了。」萊米斥責著典獄長，以替那名被定罪者辯護。「犧牲像阿卜・阿里・哈里希那樣的人們。」他大喊著。「這已經夠了。他們不需要更多我們的兒子。」

萊米邊喊邊憤怒地發著抖，主張葉門不應該為了討外國主子歡心就殺掉沙瓦尼。「但如果你們這麼做」，萊米威脅道，「我們就會以牙還牙。」

當迦利布・卡米許，這名曾與阿里・蘇芬共事的政治安全組織粗獷領頭聽說了萊米的威脅後，便下令將這三人銬起來丟去單獨監禁。接著他從萊米的牢房裡再抓出包括武海希和法瓦茲・拉貝義在內的六名囚犯，並給他們一樣的處罰——這個團體也因為領導者被移走而延後了逃脫的企圖。

武海希日後寫道，這整件事都是個錯誤。「我們根本不該跳進沙瓦尼事件裡。」蓋達下一次嘗試，得再等九個月。

第十三章　政策轉變的原因

二〇〇五年

二〇〇五年七月十七日，阿里・阿卜杜拉・薩雷赫總統邀請了達官顯要們來到位於沙那的總統府參加慶祝活動。二十七年前，在前兩任元首遭到殘暴暗殺後，薩雷赫宣誓就任總統。這種一年一度的聚會，通常是用來讓薩雷赫以他當兵時所養成、粗糙而短促的軍中阿拉伯語發表國情咨文。穿著長袍的部族謝赫們和穿著昂貴西裝的西方大使混坐在裝潢精美的接待室裡，此時薩雷赫小心翼翼地踏上副官們在講臺後擺好的墊高檯子，並開始演說。

他談起了使他獲選為總統的「和平權力轉移」，然後討論起國家在過去三十年克服的挑戰。他頻頻停頓下來查閱原稿，一路照著唸下來：部族暴力和復仇殺戮都被一場內戰和各種對團結的威脅所取代，但整個國家挺了過來。他重申，若沒有來自他的執政黨以及反對黨的愛國葉門人共同協助，這些成功都是不可能達成的。接著，隨著薩雷赫的演說醞釀到了結論，他做出了一個驚人的聲明：「我不會是，也無意成為接下來總統選舉的候選人。」薩雷赫直直盯著攝影機，宣布了自己的退休。他不會在二〇〇六年競選連任。「祖國需要新血。」他這麼說道。

整場演說，薩雷赫都使用第二人稱的複數代詞，講著共同的奮鬥與勝利，但到了此刻他突然又換回了第一人稱單數。薩雷赫望著一整片驚愕的面孔，呼籲所有政黨在他們自己的隊伍中尋找合格的替代人選。「該是另一次和平政權轉移的時候了。」

在薩雷赫發表宣言的幾天內，正當葉門人開始談起真正的民主和真正的選擇時，這場演說也揭露了它作為政治劇的真面目。薩雷赫的這個承諾，是在政府下達「減少柴油汽油補助」這個不受歡迎的決定之前，先安排用於轉移批評。

過去十年間，薩雷赫曾在三個不同場合對撤銷補助表達猶豫不決，向世界銀行與國際貨幣基金組織的顧問表示這樣的舉動會激發暴動。但葉門的經濟在與北方胡西派的兩輪戰爭後已很難有還債能力，這些資助者因此一致同意：補助必須停止。薩雷赫聽了國際組織的提案，但他知道，若按照他們的建議以緩慢而明顯的流程來減除補助，就會成為一場政治災難。靠著以低價柴油汽油將貨物運輸到市場而能維持的食物價錢一旦攀升，他的關鍵盟友就會立刻開始攻擊他。取消補助會從所有層面影響葉門經濟。

在薩雷赫發表演說的兩天後，也就是七月十九日的深夜，國家電視臺宣布從午夜開始，所有的燃油補助都將取消。幾個小時內，人們就開始囤積燃油，全國各地的油價隨之漲至兩倍，然後三倍。第二天早上，薩雷赫預言的暴動就開始了，武裝幫派橫行街道，大呼口號並洗劫財物。薩雷赫靠著承諾不競選連任，把做出這決定的黑鍋轉移到年邁且不過就是個橡皮圖章的首相阿卜杜・卡地爾・巴賈麥勒（Abd al-Qadir Bajammal）背上。當群眾攻擊著他們認為也有錯的銀行和跨國機構時，薩雷赫偷偷商訂著他後來稱作「折衷」解決方案的文件。他很清楚，取消補助的幅度不管是多輕微都會引發暴動，所以他故意先指示政府官員宣布全面取消補助，好讓他接下來可以調回到國際資助者原本要求的百分比。經過了三天暴動並在全國造成近五十人死亡後，薩雷赫就那麼做了，跟大眾說他下令政府恢復一部分的補助，同時把營業稅砍半，並把公務員薪水調高百分之十。據國營媒體所言，薩雷赫是這個國家的救主。這個劇本對大部分葉門人來說十分熟悉。一九九五年，政府上一次大幅降低燃油補助時，薩雷赫就做了類似的事。那就是他玩弄政治的方式：靠著創造新危機來解決危機。

美國大使館的官員看著薩雷赫這場以暴動和起火車輛為背景的政治戲碼，開始懷疑這名總統一開始保證不競選連任時，究竟是不是說認真的。每年國務院都會推演誰有可能是薩雷赫的繼承者，但每年都沒有結果。有一份外交密件便猜想，問題會不會就是在這裡。一旦說到總統大位，薩雷赫就是「僅此一家」。葉門的另外兩個最有實力的玩家——阿卜杜拉・阿赫馬爾謝赫或者阿里・默赫森・阿赫馬爾將軍——都無意爭取這位子。這兩個人都比薩雷赫年長，也比較喜歡擔任擁立王者的角色。

當薩雷赫在暴動後拒絕撤回承諾時，有一些葉門人選擇把總統決定下臺一事當真，因而聲稱要競選總統。幾乎就在一瞬間，總統的支持者網絡就動了起來。有一名與薩雷赫同黨的候選人納瑟・薩布爾（Nasir Sabr），在與美國大使館官員會面時被丟了一顆手榴彈進車內，然後他就把自己的名字撤回了。根據報紙報導，另一名住在開羅、曾經參與幾年前一場政變計畫的候選人，一旦回到葉門就會被逮捕。其他流亡者也遭到類似的方法妨礙。其中有一名葉門外交部副部長的兄弟阿哈馬德・努曼（Ahmad Numan）在歐洲宣布參選。「你有沒有要離開這邊去幫他選呀。」薩雷赫開玩笑地對他的副部長說。努曼收到了這個暗示，而他兄弟的選舉活動過了一夜就消失了。要傳達的訊息很清楚：如果薩雷赫不選，別人也別想選。

自從二〇〇一年十一月，薩雷赫與小布希總統在白宮橢圓形辦公室見面後，美國就開始把總計數百萬美元的金錢和軍備傾注到葉門。其中的多數讓薩雷赫在軍中的親戚與盟友得益，賄賂了使他政體得以完好的整個施恩體系。有一小批美國軍事顧問，會在這些用美國納稅人的錢蓋在沙那市郊的訓練營之間固定輪流蹲點。這些戴著深色太陽眼鏡，只標記了名字而沒有姓氏的大鬍子男人，和薩雷赫的長子，也就是掌管全國共和衛隊以及葉門特種部隊的阿哈馬德共事。在一輪訓練課程後，阿哈馬德就把美國官員拉到一邊，說他自己想要成為合格的美國海軍海豹部隊（Navy SEAL）。

「你會游泳嗎？」那人問道。

「不，但你可以教我。」阿哈馬德說。

「那麼，就再看看吧。」那名美國人避重就輕地回答。私底下，他擔心薩雷赫的這名繼承人顯然是看了太多動作片。他對他的顧問說，但願啊，這個要求就只是阿哈馬德一下子心血來潮而已。

還有其他訓練者和總統姪子亞賀亞・薩雷赫所指揮的中央安全部隊反恐小隊共事。在沙那和亞丁的機場也有了新的掃描機和電腦來管制出入境。美國甚至替薩雷赫無中生有地成立了一支海岸防衛隊，從船隻到訓練費到電腦全部包辦。

當小布希總統於二〇〇四年連任成功，薩雷赫便告知美國新任駐沙那大使湯瑪斯・克拉耶斯基（Thomas Krajeski），他想要成為第一個參訪華盛頓向他親自恭賀的外國元首。有些事情只能面對面討論，薩雷赫加上這句話當成一個誘因。

美國則是敬而遠之。既然蓋達看起來已經受到了控制，那麼就不會有什麼事情像三年前那麼緊要了。現在並非適合的訪問時機，克拉耶斯基從沙那寫給總統表示。

身材高大，有著黑白相間鬍子的克拉耶斯基，一直都在外事處任職。他出生於麻薩諸塞州格羅夫蘭（Groveland），那裡就在波士頓北方四十五分鐘路途的梅里馬克河（Merrimack River）畔。他大學的時候也離家很近，就在阿姆赫斯特的麻省大學念書。原本是俄羅斯專家的他，在冷戰結束時重新把自己改造為阿拉伯專家。在抵達沙那之前，克拉耶斯基在伊拉克替保羅・布雷默（Paul Bremer）當了兩年的政治顧問。他從巴格達的綠區（Green Zone）親眼目睹該國陷入混亂以及宗教派系戰事。氣質上來說，克拉耶斯基不同於理智保守、始終持續在幫忙當地轉型的赫爾；他向前輩求教，試圖克服他們個性之間的鴻溝。他從未在葉門這樣的地方效勞過。東歐國家和波斯灣城邦國家的經驗，對該國有如迷宮般的部族系統來說都派不上用場。甚至伊拉克和該國亂七八糟的戰爭，看起來都還沒有朝他而來的這一大堆名字和權力中心來得複雜。

赫爾給他上了一堂速成的沙那政治課，帶他看看首都各處，並鼓勵他以經濟和經濟改革作為首要任務。赫爾快要離開該國時，把這幾天的對話用最後一句忠告來總結：「讓葉門符合千年挑戰。」被外交官們以其字首簡稱為MCC的「千年挑戰機構」（Millennium Challenge Corporation），是小布希政府於二〇〇四年成立的雙邊對外援助單位；領導這單位的概念想法是，如果美國讓援助綁定於治理有方及經濟自由方面，那這些受援助國家就會發展得更有效率。

第一年，克拉耶斯基多半都遵照赫爾的建議，但幾乎就在他於二〇〇五年初讓葉門暫時符合資格的同時，該國在三個評估領域——公正執政、投資人民、經濟自由——的表現就開始下滑了。薩雷赫要的是錢，不是改革。整個春天，克拉耶斯基都在警告薩雷赫，說他得要兌現承諾。這位大使明白表示，說詞不會讓國際捐贈者滿意；他們要的是有行動。儘管薩雷赫在會議中都點頭表示了解，令人擔憂的報告還是持續走漏到了大使館內。

五月底，一名位居高職的葉門線人告訴美國官員，薩雷赫此時的貪婪和偏執已是前所未有，並形容他「不切實際而愚蠢地充滿自信」。兩週後，克拉耶斯基利用與薩雷赫的私人對話來檢驗線人給的結論；他恭喜他決定用國際投資來開發亞丁的港口。「杜拜港務國際公司（Dubai Ports International）是一間享譽國際的傑出老練公司。」克拉耶斯基如此提議。「開發亞丁港和亞丁自由貿易區的龐大潛力，是正確的決定。」

「我親自挑的。」總統微笑著說。

比葉門總統高了三十幾公分的克拉耶斯基，聆聽著薩雷赫自鳴得意的解釋。

美國喜歡杜拜港務公司這個選擇，但美國更想知道這個決定是如何下的。克拉耶斯基在局內通信中緩和了自己的批評，但他結論道，一切「最終仍是根據總統的一時興起而決定的。」

二〇〇五年十一月，在薩雷赫提出要求的將近一年後，美國總算同意他前去訪問。那年夏天，國務院花了好幾個月的時間，想從沙那大使館和華盛頓特區總部之間的通訊中，弄清楚要如何對付葉門總統才是最上策。情報研究局的分析師在奮力撰寫薩雷赫履歷時也承認，這人根本是個謎。就跟一九九〇年代的埃及聖戰士一樣，美國人發現薩雷赫表現得忽冷忽熱。他私底下有吸引力且善於調停安撫，但在公開場合卻太常展現好鬥一面。哪一個才是真正的薩雷赫？有沒有一個真正的薩雷赫？有著總統內線消息的付費線人持續宣揚著那些故事，說薩雷赫曾開玩笑說他能夠把羊毛拉過美國人的眼睛上。

克拉耶斯基的頭號助手，以阿拉伯語為母語的使領館副館長那比勒・庫利（Nabeel Khoury），建議美國在薩雷赫抵達華盛頓時表達強硬態度。「必須以那些至今仍只是說說的東西來逼迫他。」他寫道。「就這點來說，ＭＣＣ會員資格是蘿蔔也是棍子。」這是一個精準的平衡，庫利繼續說道。「必須要確保讓薩雷赫得到他與美國合作所能得到的實質利益，但不能讓他在離開華盛頓時，認為他可以用一切照舊的方式就得以維持自己與美國的友誼。」

有些事情得要改變；至少這點是很清楚的。克拉耶斯基私下給葉門總統的警告沒有起任何作用。美國大使重複說著一樣的話，而薩雷赫就點了點頭，但看起來從來都沒有任何行動。貪腐已經失控——軍官會用補助過的費率來購買柴油，然後走私到國外賺取溢價。至於「國家安全局」（National Security Bureau），這個美國敦促葉門於二〇〇二年成立、希望能取代充斥聖戰士的政治安全組織的新情報單位，裡面某些人涉入柴油走私的程度，就跟他們在政治安全組織裡的同行差不多一樣深。至於獲得美國資助與訓練的中央安全部隊，其實帶頭的亞賀亞·薩雷赫和他底下的官員也都做著一樣的事情。

薩雷赫家族和他的小圈圈為了私己的各種賺錢利益而在全國各處奪取土地，並造成了葉門幾十年來的貪腐問題。但那些跟著薩雷赫一起出頭的老一代謹慎騙子，如今已經讓位給那些慣壞了的年輕人，他們相信，自己想拿什麼東西都有權可以拿走。亞賀亞·薩雷赫在南方有大片的經濟農場，並在全國各地都有工廠；

他的三個兄弟則是私吞了從黑市柴油賺來的數百萬元。其他家族成員甚至更有出息，從回扣和私約中賺了不少錢。葉門最大的資助方——沙烏地阿拉伯，就警告美國不要放太多錢在葉門國內，並說這最終通常都會進到瑞士銀行的帳戶裡去。

十月初，就在薩雷赫前往美國的一個月前，克拉耶斯基公開了他的批評，並對一家反對派的報紙說，葉門的民主改革已經「停滯了」。如果這名菜鳥大使說這些是想得到回應，他其實不用等太久。第二天，葉門的官方專欄作家和記者大軍就在報紙和國家電視臺上狠狠數落克拉耶斯基，警告他不要干涉葉門國內事務。這種集中火力和近乎全體一致的信息，代表是直接來自上頭的指示。看起來美國終於獲得了薩雷赫的注意。然而克拉耶斯基並未預期會有這麼激烈的反應。他很忠實地改變過去主張，聲稱他真正的想法因為翻譯而失落了。他解釋，他是以英語接受訪問，然後讓某人翻譯成阿拉伯語。

四天後，就在大使館職員還在拚命跟那些譴責克拉耶斯基發言的專欄文章對抗時，大使詢問英語媒體《葉門觀察報》（*Yemen Observer*）能否讓他再試一次。《葉門觀察報》堅定地站在薩雷赫這邊，其發行人是法利斯・沙那巴尼（Faris Sanabani），一名伶俐的西化年輕葉門人，同時兼任薩雷赫的媒體祕書和發言人。

在訪談中，克拉耶斯基解釋，他是想說葉門民主「陷入泥沼」或者「慢下來了」，但被翻譯成了「停滯」。就這樣而已，這位大使說：就只是個錯誤而已。

薩雷赫從未弄懂克拉耶斯基想表達什麼。儘管克拉耶斯基花了那麼多巧勁並給出那些信號，但他顯然無法把美國政策的轉變傳達給最重要的這個人。當薩雷赫於十一月初前往華盛頓時，他仍預期自己會被視為親密不可缺的盟友而獲得獎賞。畢竟，從他第一次與小布希會面以來的四年裡，美國要他做什麼，他都做了。中央情報局給的那份名單上的所有人，他都已經解決了。哈里希死了。阿達爾和拉貝義在獄中，而且自從三年前的林堡號炸彈事件以來，也都沒再發生任何蓋達攻擊行動。每一次冒出安全威脅事件，他就會去解決。今年稍早，當一個鬧事的戰鬥組織興起，威脅了沙那美國大使館並迫使它短暫關閉時，薩雷赫的部隊在幾天內就逮捕了主使者。「你們一需要什麼，我都立刻回應。」薩雷赫對大使說。

精打細算的葉門總統，對於小布希會如何回報他這些警覺迅速的行動，有著好幾種想法。在薩雷赫的心中，這趟華盛頓之旅是一場瘋狂血拼，而他飛抵華盛頓特區時，手上已經有了一張願望清單。薩達那邊正準備要展開另一場（第三場）對抗胡西派的戰爭，而這位總統正需要把軍火庫重新裝滿。他在蓋達的事情上幫過美國，而現在他對付自家恐怖分子時也想要人幫忙。

薩雷赫三天行程的第一天，就約略感受到事情有多大變化。國務卿康朵麗莎・萊斯（Condoleezza Rice）通知他，葉門被「千年挑戰機構」停權，這會使葉門被砍掉兩千萬美元的援助。由於對這場會議毫無準備，葉門總統只能在萊斯「向他憤怒指責」腐敗現況和缺乏改革時，失望而語無倫次地反駁。萊斯繼續說道，如果沒有什麼改變，美國就不會把薩雷赫看作是二〇〇六年總統選舉的正當候選人。這件事克拉耶斯基已經說了好幾個月，但薩雷赫從未相信美國是認真的。彷彿在一夜之間，美國就改變了對外援助的原則。至於蓋達，美國則解釋，那已經是過去的問題了。

第二天，薩雷赫在世界銀行總部開會，和賓夕法尼亞大道上的白宮只隔幾個路口。由於這裡的領頭是保羅・伍佛維茲，也就是二〇〇二年刻意把無人攻擊機擊斃哈里希的細節公諸於世的那個人，所以薩雷赫對此並無什麼期待。世界銀行的官員沒打算浪費時間。他們說，葉門在關鍵指標上明顯退步。因此，世界銀行會把援助從四億兩千萬美元砍到兩億八千萬美元。就跟萊斯一樣，他們也把政府的普遍貪腐列為關鍵因素。

兩天後，在搭機返國時，薩雷赫終於失控了，對著副手們大吼大叫，並在起飛後的幾分鐘內就開除了整個經濟顧問團隊。這群受西方教育且會說英語的年輕人已經等不及要回到沙那，並遠離他們這位氣到冒煙的老闆。「太恐怖了。」一名成員日後回憶道。「我這輩子搭過最久的飛機。」

過了幾週，當薩雷赫冷靜下來後，他又把多數人聘了回來。「你真的覺得，如果自由之家他們改變了我們的評等，會造成什麼差別嗎？」他問其中一名年輕人——在混亂的家族政治圈裡，這人是薩雷赫最新一名妻子的某個親戚。

「當然。」這名緊張的助理回答。「那一點便是他們從一開始就砍我們錢的理由。」

薩雷赫微笑並搖了搖頭。「**美國人想把錢給誰就給誰。**」

這趟旅程是美葉關係的轉捩點。從九一一以來挹注到該國的錢開始見底。到了二〇〇六年初——隨著美國的安全援助掉到四百六十萬美元的史上新低——美國認定葉門蓋達不再有威脅，因此可以把錢和資源放到其他地方。沒了蓋達，葉門就只是又一個窮國罷了。

在薩雷赫造訪美國的一個月後，罕穆德・希塔爾，進行葉門改造方案的法官，也跟隨他的腳步前往華盛頓。過去一年中，美國政府已經悄悄放下對這方案的反對，甚至還邀請希塔爾到沙那大使館用齋戒餐。就跟葉門官員們一樣，美國也了解，沒辦法再這樣無限期地關押數百名嫌犯。對薩雷赫來說，這是出於部族壓力和內政考量；對小布希政府來說，這是為了關塔那摩灣和司法系統。有些國務院的年輕官員認為，希塔爾的改造方案有機會能夠解決關塔那摩裡某些葉門拘留者的問題。希塔爾已經在巴黎和倫敦與一些歐洲外交官談過，但這是他第一次前往美國。

十二月十日，在旅程開始的幾天後，《阿拉伯聖城》（*al-Quds al-Arabi*）這份倫敦發行的泛阿拉伯報紙，便以頭版宣稱，至少有三名從希塔爾那邊結業的葉門人在伊拉克對美軍發動自殺攻擊。在華盛頓的飯店房間裡，希塔爾難以置信地讀著這篇文章；他覺得有人打算破壞他的好事。

那天晚上他打給哈立德・哈瑪迪（Khaled al-Hammadi），寫這篇報導的葉門記者。「你知道我來這裡打算做什麼。」希塔爾盤問道。「你怎麼能這樣對我？」

哈瑪迪在電話那頭聳了聳肩。他就只是盡自己的職責，把他獲得的消息報導出去。但兩個人都知道這個方案完蛋了。

「當時在部裡有兩個陣營。」希塔爾日後回憶道。「一個支持我的工作，另一個則不。」

內政部裡批評希塔爾的人，在幾個月前也嘗試了一次類似的戰術，把一個也差不多在說「獲釋囚犯在伊拉克戰鬥」的故事洩漏給美聯社。當這招沒用時，希塔爾的敵人便等著他抵達美國，等著那場大會議即將開幕。最終美國官方還是開了那個會，但如果他釋放的囚犯跑去伊拉克殺美軍，那他們就再也無法推薦希塔爾的方案。

小布希政府內始終疑慮著希塔爾以及其主張的其他人，此時便用這篇文章當作壓倒駱駝的最後一根稻草，逼薩雷赫結束這方案。等到希塔爾回到葉門時，改造方案就收攤了。

第三篇

新世代的
「恐怖分子」

第十四章　大逃脱

二〇〇六年

希塔爾的改造方案因為報紙頭版而完蛋的翌日，蓋達的監獄網絡獲得了第二次機會。納瑟・武海希和其他領袖服完了單獨監禁，現在回到了兩房式的共用牢房。那天晚上祈禱過後，這些人便重新展開原本的計畫，開始往他們在南牆那側的別棟窗戶裡看見的清真寺挖。就在這天晚上、那群人談話時，法瓦茲・拉貝義，這位賓・拉登在九一一之前派回葉門、充滿領袖魅力、目前在牢裡即將邁入第二年的牢房領頭，也搬進了裡面這個房間，並開始撬地磚。那天是二〇〇五年十二月十一日。

這些人仰賴著從阿富汗訓練營學到的安全警戒，約好要保持低調。牢房外沒有一個人能知道計畫。他們把地磚拉起來後，發現底下是一層土，便扭彎了湯匙及金屬盤改造出小手鏟，來把土壤刮起。牢房裡間的那扇門擋住了通道上守衛的視線，而待在外間沒有挖土的囚犯，就輪流吟誦《古蘭經》來蓋住牢房裡間的聲音。「我們盡可能地大聲唸。」武海希這麼說。

每天早上外頭呼告了晨間祈禱後，囚犯就開始挖，直到聽見那天第五次的祈禱呼告從擴音器裡爆出，他們才停下手。一開始進度很慢。挖了幾英寸土之後，他們敲到了一層混得很差勁的混凝土。他們在拔起來的地磚上把盤子邊緣磨利，將其改造成粗製的鎬，用來鑿穿混凝土。經過三週的工程後，他們只推進了三十公分。在他們成功打穿混凝土後，他們就得回來面對最困難的問題：挖出來的土要怎麼辦？曾經其中一名囚犯試圖把土從排水管沖下去，但便宜的管子堵住了，讓就在牢房旁邊的浴室淹起水。另一個人提議用蹲式廁所。蹲式廁所在葉門十分常見，就只是個兩邊有踏腳的陶瓷盆接在地上的一個洞口。這個人認為他們可以把土跟水混在一起，然後從洞口沖下去。這招有一陣子可行，但不久，廁所也回堵起來了。接著他們試著把土藏在牆邊由監獄發給他們坐在地上的墊子下頭。最後，這些人開始把土包在通常跟食物一起送來的便宜塑膠袋裡，並堆在浴室裡面，以避開守衛目光。

二〇〇六年一月初，葉門持續苦於監獄爆滿，政治安全組織又把五名犯人送進牢房裡。現在這兩間小房間裡有二十三個人。新來的人有一個是賈邁勒・巴達威，他涉及了科爾號攻擊行動，並於二〇〇三年逃出位於亞丁的政治安全組織監獄。四十多歲的巴達威有著深琥珀色的眼睛和滿臉正要轉灰的鬍子。清心寡欲而習慣安靜思考的他很少笑，偏好藏起自己那一排歪斜發黃的牙齒。巴達威在監獄裡的日子削弱了他的聖戰欲望，而他也不想參與武海希的計畫。上一次他逃跑時，一名葉門法官下令由行刑隊將他處死。一個上訴法庭最終推翻了死刑，但巴達威已不想冒二度定罪的風險。武海希坐在這位年長者身旁提醒他，別忘記這裡許多人都發過的蓋達誓言。這位賓・拉登的前任祕書解釋道，他們都是同一場生存搏鬥的一部分；當朋友最需要他的時候，巴達威想必不會拋下他們。他們持續對話好幾個鐘頭，到了結束時，巴達威同意幫忙。

除了湯匙、盤子和幾個用來搬運土壤的剖半洩氣足球之外，這批囚犯並無多少設備。從一臺電扇拆下來的電線，替臨時拼湊的礦工頭燈提供電力，而一個水罐則充作桶子用；撕成條狀並編成麻花的衣服則是將就著當成繩子。後來，他們有個人在監獄底下的土裡面發現了一根金屬棍。有一天，當他們挖到將近四十五公尺時，一名士兵進了牢房，奉命要修一扇壞掉的門。一名囚犯擔心士兵看到那些灑到內室外頭而在分隔內外室的門底下一清二楚的泥土，因此開始找人吵架，企圖讓守衛分心。結果士兵根本連門都沒開就量好了尺寸並離開。「就好像他眼睛上罩了一層紗，所以看不見泥土似的。」武海希回憶道。

二〇〇六年二月初，他們又碰到一個時機。監獄官員下令再度進行一輪牢房整修，他們因此擔心這次恐怕沒辦法藏住泥土了。卡辛・萊米確信他們得在維修工開始工作的週六，也就是葉門一星期的第一天平日之前逃跑，因此率領了一支四人小隊，在週四晚上進入那條狹小隧道裡做最後衝刺。這四個人挖開了清真寺地板底下最後幾寸土。萊米用盡全力把金屬棍卡進地磚。金屬打在地磚上的尖銳聲響傳遍寂靜的夜空，在空蕩的清真寺裡迴響著，還回傳進相隔十四公尺的監獄牆壁裡面。警戒塔裡的一名守衛被聲音嚇到而開槍，後來跟上司說他聽見了手榴彈爆炸的聲響。隧道裡面的囚犯們僵在原地，等待著第二聲槍響。時間一秒一秒慢慢過去，而洞裡的人們也從上面牢房的囚犯那邊，聽見他們悄聲傳來的新消息。等到看來顯然不會有人來檢查時，萊米便謹慎地回頭繼續工作。幾個鐘頭後，這四個在金屬棒上費盡苦心而腰瘦背痛的人，終於打穿了最後一塊地磚，進入了清真寺。新鮮的空氣瞬間灌進洞內，而他們則是微笑著，並悄聲對彼此的耳朵輕喊「真主至大」。

囚犯們本來希望能從清真寺的停屍間出來，但當他們從破碎的地磚中探出頭時，卻發覺自己在女廁裡，也就是清真寺最少人使用的房間。四個人對於這一棟建物已被棄用感到非常滿意，便爬回牢房傳達好消息。

時間已過了午夜，這些人決定等到晨禮時逃脫。這樣，囚犯們就可以利用清真寺內的清晨禮拜者來掩護他們逃跑。此外，他們也就可以在把他們關了那麼久的監獄旁邊，第一次以自由人的身分進行祈禱。凌晨三點過不久，囚犯們就跳進洞裡，再也沒有出來過。

在清真寺的女廁裡，這些人拍掉彼此身上的灰塵，並在寂靜中互相擁抱，同時等著祈禱的呼告。為了不引人起疑，他們決定在這個有牆相隔且因為女性專用而很少有人的房間裡進行祈禱。當祈禱在那天早上五點半結束時，這群人便三三兩兩地走出前門，在黎明前的陰暗中混入其他睡眼惺忪的禮拜者之間。他們拖著腳步離開清真寺，看著住在附近的人們紛紛走離街邊小巷，再回頭去睡個一兩小時。此刻是二〇〇六年二月三日星期五早晨，**而蓋達就要回來了**。

美國很快就做出結論，認為這二十三名囚犯一定有內應。要從監獄一間牢房瞎挖四十五公尺就挖進隔壁清真寺的女廁，實在是太困難了。畢竟，這間監獄是由政治安全組織所營運，而這個組織可是出過阿卜杜・薩拉姆・希拉勒，也就是曾替賓・拉登和札瓦希里把隊伍中叛徒揪出來，現在拘留在關塔那摩灣的那號人物。關於這個共謀的範圍有多大，中央情報局和聯邦調查局的分析師只能猜測。一名官員坦承，我們不知道「涉及的人有多少」。有些在華盛頓的人主張，越獄行動可能是薩雷赫對四個月前大砍援助的回應。其他人則是推測，可能就只是那些支持他們的守衛正巧忽視了挖洞的證據而已。

其中兩名越獄者，賈邁勒・巴達威和賈比爾・巴尼那（Jabir al-Banna），都在聯邦調查局的頭號懸賞名單上，其中巴達威是因為參與了科爾號攻擊事件，而巴尼那則是涉及了二〇〇二年美國紐約州水牛城的「拉克瓦納六人案」（Lackawanna Six）——六名葉門裔美國人被控於二〇〇一年夏天前往阿富汗時，為蓋達提供實質援助。薩雷赫試圖緩和批評，承諾懸賞每名嫌犯兩萬五千美元。但這名葉門總統還有其他事情要爭。在北方，葉門第三場對抗胡西族的戰爭情況慘烈。薩雷赫的將軍們所試過的所有行動——武力封鎖、人海壓陣，甚至焦土戰——都沒造成什麼差別。葉門深陷於自己代價昂貴的叛變中。薩雷赫也得思考競選連任的事。雖然他每隔幾週就重申不選的承諾，但全葉門沒幾個人相信他。兩個月前，在薩雷赫所屬政黨於亞丁召開的提名會議上，他就暗示他真的有可能會被說服再當一任——但他也替自己設限，說只有在「新血」無法及時找到的情況下才會如此。

二月底，越獄事件發生的幾週後，薩雷赫宣布經由祕密非正式管道與胡西派會談，情況有所突破。協定內容包括，薩雷赫以更為中立的人取代原本的薩達省長，並釋放五百名胡西派囚犯。在同月的一場訪問中，薩雷赫宣布他正與某些囚犯有接觸，而他們很快就會回來接受拘留。私底下，薩雷赫主動接觸全國各地的謝赫，通知他們他願意和逃亡者談條件。多數人不會被起訴罪名，而且如果他們同意不在葉門進行任何攻擊，薩雷赫保證會赦免他們。

來到葉門國界以北的沙烏地阿拉伯，這個王國正在清除自己國內所殘存的蓋達。二〇〇二年一月，就在賓・拉登逃出托拉博拉後不久，他就派了幾十名沙烏地阿拉伯戰士回到王國內。因巴基斯坦的懸賞追捕而失去數百名人手後，他想保存足夠的追隨者重新組織，並策畫更多攻擊。那天冬天，這群疲憊不堪的聖戰士們盡了全力一路返家，自行偷渡離開巴基斯坦進入伊朗，一點一滴地回到了沙烏地阿拉伯。幾乎就在賓・拉登人馬都就位的同時，他便開始敦促他們發動攻擊。但當地的基層小組領袖反彈，他們還需要更多時間。賓・拉登擔心自己的人馬在該大膽時表現膽怯，因此駁回了這些在地副官的要求，並下令他們攻擊。

二〇〇三年五月十二日，就在美國入侵伊拉克的近兩個月後，蓋達的沙烏地阿拉伯分部發動了第一場攻擊。那天晚上過十一點不久，四臺載著爆裂物和人手的車子，輕巧地溜過沙烏地阿拉伯首都利雅德的街道。儘管他們擔心缺乏準備時間，但這些人其實有著充分的計畫。在幾乎是同步的炸彈攻擊中，他們在利雅德東側命中了三處供西方人居住的複合住宅區。在其中兩處，他們一路殺穿了外面的警衛，並在住宅區裡安靜的居民用路上引爆汽車炸彈。這些爆炸在周邊的公寓建築上炸開了大片水泥，而當生還者蹣跚地走進街道時，蓋達的槍手便開火射擊。這場同步攻擊造成了超過三十人死亡，包括九名美國人。數百人在大屠殺中受傷，而這整場屠殺還要花好幾週才能釐清過程。

翌日於美國印第安那州露天市場的演說中，小布希總統稱這場攻擊是「無情的謀殺」，而沙烏地阿拉伯則發誓要擊潰那些該負責的人。曾在九一一攻擊事件中忽視賓・拉登作用的七十歲內政部長納伊夫王子（Prince Nayif）[12]，指示他的兒子兼副手穆罕默德・賓・納伊夫（Muhammad bin Nayif）領頭調查炸彈案。整個夏天，賓・納伊夫的部隊逮捕了數十名嫌犯，並殺死了尤素夫・武亞伊利（Yusuf al-Uyayri），也就是賓・拉登在該國的最高指揮官。但到了十一月八日，蓋達又再度發動攻擊。

假扮成警官的蓋達特務攻擊了利雅德西側的穆哈亞（al-Muhaya）複合住宅，距離納伊夫自己的其中一間私宅不到一公里。巨大的汽車炸彈搖晃了儲君的宮殿。但沒有了武亞伊利的領導，蓋達的攻擊嚴重計算錯誤。這棟複合住宅並無美國人和其他西方人，住的多半是在該國工作的外籍阿拉伯人。十七名死者中有五名穆斯林孩童，而那些屍體的照片在電視播放並刊在報紙上後，震撼了保守的沙烏地阿拉伯社會。王國內各清真寺的教士們，第一次發表了譴責蓋達及其血腥行徑的布道。這個組織成了出手狂暴不分方向的殺人機器。「過去，人們可以找到藉口。」一名沙烏地阿拉伯教授在攻擊事件的幾天後，對一名西方記者這麼表示。「但這變得太荒謬而令你無法解釋，你無法為其辯護，你甚至不能理解。」

在穆哈亞炸彈攻擊後，國內對於蓋達組織的支持瞬間蒸發，而蓋達成員也抱怨連他們自己家人都轉而反對他們。過去被沙烏地阿拉伯人所輕忽而視為少數人暴力的這些行徑，如今變成了某種針對他們所有人的行動。他們無法容忍在自家門前大量屠殺穆斯林。隨著藏身處減少與資金縮水，賓・拉登的年輕追隨者開始猛擊沙烏地阿拉伯安全部隊。接著，這種閃電突擊戰又被一連串的綁架與鏡頭前斬首所取代。但這都太遲了。全沙烏地阿拉伯沒幾個人知道這些戰士在做什麼。他們納悶，如果蓋達想要殺美國人，**為何他們不去伊拉克**？

二〇〇五年四月初，沙烏地阿拉伯軍隊包圍了該國中央城鎮拉斯（al-Rass）附近的某農場。槍戰持續了三天。結束後，有十四名資深特務死在現場，內政部同時宣布沙烏地阿拉伯境內的蓋達基層小組已被擊敗。

在這些行動的邊陲，有一對年輕的沙烏地阿拉伯兄弟，分別是易卜拉欣・阿希里（Ibrahim Asiri）和阿卜杜拉・阿希里（Abdullah Asiri）。他們兩人都不屬於

12　譯註：納伊夫・賓・阿卜杜勒－阿齊茲・阿勒沙特（Nayef bin Abdul-Aziz Al Saud）。

境內蓋達組織；他們想要在伊拉克戰鬥，而非沙烏地阿拉伯。他們的父親哈桑是沙烏地阿拉伯武裝部隊一員，在嚴格而保守的家庭中把這兩個小孩養大。矮小而強壯有力的哈桑頭髮不多，有著短而雪白的鬍子。他從不允許他那七個孩子——四個兒子和三個女兒——看電視或聽音樂。他反而鼓勵孩子背誦《古蘭經》，並專注於課業。所有的男孩都試圖讓父親高興，但只有阿卜杜拉是真正的出色。「從他還小時，他就是最好的。」易卜拉欣如此回憶。「他不管在清真寺還是學校都是名列前茅。」

比他那瘦乾的弟弟大五歲而且更有吸引力的易卜拉欣，對阿卜杜拉非常溺愛。放學後，這兩個人經常跟著一群鄰居小孩一起在晚飯和祈禱前踢足球。敏感而脆弱的阿卜杜拉，總是想矯正每日身邊所見的所有不公不義。因為自己沒有力量，他便仰賴易卜拉欣來強化他那不可妥協的定論。

二〇〇二年，在九一一攻擊事件的幾個月後，阿卜杜拉邁入十六歲，並第一次開始質疑過去引領他生活的假想。易卜拉欣正忙著在城另一邊的沙特國王大學（King Saud University）念化學，而阿卜杜拉很快就開始把大部分的空閒時間都花在家附近的清真寺裡。教士們喜歡這個安靜害羞又牢牢抓住他們一字一句的男孩，而他們經常會要他去呼告群眾前來祈禱；阿卜杜拉年輕的聲音透過清真寺的擴音喇叭用力傳了出去，邀請每位鄰居前來祈禱。隨著阿卜杜拉表現得越來越虔誠，他想要獲得答案的渴望也越來越強烈。沙烏地阿拉伯本身就以作為伊斯蘭國家為榮。一九八六年，也就是阿卜杜拉出生的那一年，國王更改了自己的官方頭銜。一道飭令指出，該頭銜從今以後就只需稱為「兩聖地監護人」，這裡指的是麥加和麥地那，先知穆罕默德的故鄉和一度供他避難的城市。從一開始，沙烏地阿拉伯的法律系統就是奠基於伊斯蘭教法及其國旗；全綠色的旗面上，在一把劍的上頭，寫著伊斯蘭的信仰宣言「清真言」（*shahada*）。聲稱只想認同伊斯蘭教法——如果有需要便透過劍來達成——的蓋達，後來在自己的旗幟上採用了類似的設計：一面黑旗，上頭以白色字寫上伊斯蘭教法。儘管該國表面上有這一切信仰宣言，阿卜杜拉所看到的，卻不符合他在《古蘭經》裡讀到的東西。那位青少年相信，沙烏地阿拉伯的社會已經變成了一個偽善者的國度，漫不經心地忽略著真主明確的指示。每到週末，人們先花了一個早上在清真寺祈禱，然後就加速衝過堤道跑到隔壁的巴林，在沙烏地阿拉伯所禁止的酒吧和舞廳度過夜晚。在這些人的家裡，《古蘭經》就跟其他書本一樣亂扔，隨隨便便堆在地板上。阿卜杜拉認為人們應該以應有的尊敬來對待真主話語，而當他們不這麼做時，他就火氣大發。來自足球場的敏感男孩已成長為一名十六歲的狂信者，教訓著比他大幾十歲的人，說他們刮掉鬍子是多麼可恥的行為。

有一天，當他和易卜拉欣開車經過一間學校時，阿卜杜拉看到有一箱垃圾裡塞滿了舊報紙。阿卜杜拉把車停到路邊後，幾乎要忍不住哭出來。他對他哥哥說，那些紙上可能寫有真主九十九個名字之中的幾個。「它們應該要妥善地處理，而非混在其他垃圾中，或者用來包食物。」接下來的一個鐘頭裡，兩兄弟把那些骯髒、沾溼了的紙弄出盒子外。「他撿出每一片新聞紙碎片之後才肯停手。」易卜拉欣後來回憶道。

九一一之後，沙烏地阿拉伯開始和美國站在同一邊，並支援美軍在阿富汗與伊拉克的戰事。阿卜杜拉忍不住問自己，這怎麼可能。一九八〇和一九九〇年代，沙烏地阿拉伯支持的是阿富汗和車臣的聖戰。是什麼變了？

在阿卜杜拉過往的大半人生裡，都把國家宗教學者的看法當成是真主的真理，但現在，隨著他的疑問從社會轉移到政治，他便開始懷疑他們謹慎小心的答案。穆斯林仍在保衛著自己的土地並與非穆斯林戰鬥，就跟他們在一九八〇年代和一九九〇年代所做的一樣。差別在於皇室。他們不再支持聖戰，反而把財物安全和舒適生活擺在身為穆斯林領袖的職責之前。

二〇〇四年，隨著伊拉克的戰事退化為殘忍的暴力循環，阿卜杜拉和易卜拉欣加入了一群年輕沙烏地阿拉伯人組成的團體，準備穿越邊界。隨著新人大量湧入，基層小組也開始分割，將兩兄弟分到不同團體。就在為了專注訓練而離開大學的易卜拉欣準備要離開利雅德之前，沙烏地阿拉伯的安全部隊襲擊了他們的藏身處，並逮捕了整個基層小組。「不到那一刻，我都還不知道沙烏地阿拉伯政府是為十字軍效勞。」易卜拉欣日後評論道。

阿卜杜拉前往監獄探望他哥哥，聽易卜拉欣抱怨他在安全部隊手中受到的待遇。「他們是披著真主宗教衣服的無信仰者。」易卜拉欣警告他。

他在獄中的這段時間同時讓兩兄弟都更為激進，並使他們相信，沙烏地阿拉伯的統治者已不再是真正的穆斯林。現在他們才了解蓋達為什麼要攻擊沙烏地阿拉伯境內的目標。王室已經做出了抉擇，決定和美國及猶太人站在一起，而非站在弱者和被壓迫者這邊。數個月後易卜拉欣獲釋時，另一名失望的年輕沙烏地阿拉伯人吸引了兩兄弟；此人正試圖重新啟動蓋達沙國境內的戰鬥行動。儘管缺乏組織又生澀，像這樣的基層小組還是在二〇〇五年底於全國各地如雨後春筍般冒出。

二〇〇六年二月二十四日，其中一個基層小組試圖把兩臺汽車炸彈開進沙國東部省（Eastern Province）的阿卜蓋格（Abqaiq）煉油廠。這座全世界最大的煉油廠掌控了沙烏地阿拉伯每日石油出口量的三分之二，光這一個廠就負責了全世界石油輸出的百分之十以上。這場硬幹的午間攻擊失敗了，但它造成的震撼導致油價一桶漲了兩美元。

在利雅德的內政部，納伊夫王子的兒子穆罕默德憤怒不已。他以為自己將近一年前就在拉斯消滅了蓋達網絡。這名四十六歲的王室成員同意進行一場毫不寬恕的戰鬥行動。他的部隊快速打下好幾個基層小組，而在六月底，他們則在利雅德北邊攻擊了一間蓋達的藏身處。那天下午，易卜拉欣聽著零碎的突擊相關報導，建議大家逃走。「我們該去葉門。」他說道。阿卜杜拉猶豫了。因為同伴被逮而憤怒的他想要留下來作戰，而非逃走，最後在激烈的討論後，他服從了哥哥的懇求；該是逃走的時候了。

他們的父親出生於阿西爾省（Asir），是接鄰葉門的多山省分，而他還有些家人住在那裡。兩兄弟便一邊遠離主要道路，一邊小心向南走。沙烏地阿拉伯的邊境巡邏會在沙漠的道路上來回，搜尋著從葉門穿越邊境而來的經濟難民和走私者。兩兄弟只帶了一把手槍，在人跡罕至的沙漠中艱難地餐風露宿並緩慢移動。每次他們看到沙烏地阿拉伯邊境守衛閃耀的運動休旅車，便急忙爬到遮蔽物後面等著。在七月高熱下，骯髒又滿身是汗的兩人徒步穿過低矮的山岳，朝葉門而去。

當他們接近邊界時，巡邏也增加了。有一天，深信自己已被看到的阿卜杜拉要他哥哥躲在一塊圓石後面，而他則是蹲在另一塊後頭。「等他們來這邊，你就用手槍打他。」阿卜杜拉指示。「然後我們就搶他們的武器。」

易卜拉欣看著他弟弟那張汗涔涔的二十歲面孔，然後笑了出來。這個計畫就很阿卜杜拉——空有希望和樂觀而不顧現實。他們這樣是兩個人一把手槍對上重武裝的沙烏地巡邏兵呀。「我們只有三顆子彈。」易卜拉欣提醒他弟弟。他們等待著，但士兵們始終沒走過來。幾天後，八月一日——在他們離開利雅德的五週後——這兩個人跨越了邊界，進入葉門。

待過了利雅德那種三不五時就被賓・納伊夫人馬襲擊藏身處的窒息環境之後，阿希里兄弟忍不住覺得，安全管制到了葉門變得如此鬆散，實在是可喜可賀。就在易卜拉欣和阿卜杜拉穿越邊境的葉門北方時，隨著胡西派強化了對鄉間地帶的掌控，戰事也開始減少。在沙那，經過國營工人和學童連續三天進行了國營報紙筆下所謂的「自發性示威」之後，薩雷赫總算同意挺身競選連任。美國同樣也全神貫注於選舉。國會民主黨黨團正猛打著伊拉克戰爭來競選，並且已準備好達成睽違多年的兩院同時過半。戰事越惡劣，他們的民調就越好。甚至連二〇〇六年六月空襲擊斃阿卜・穆沙布・札卡威，都沒辦法平息大眾越來越深的疑慮。八月，反伊拉克戰爭的聲浪達到新高。在CNN民調中，有百分之六十一的回答者表示反對這場戰爭，而有百分之五十七的人不滿小布希的整體表現。

戰爭還有其他沒那麼能以量估計的結果。伊拉克就像是個巨大黑洞，把政府資源和專業能力一直吸進去，直到沒有人可以顧及其他地區為止。而在中央情報局和其他情報單位裡，僅剩的骨幹成員卻充斥著經驗與語言能力皆不足的官員，因此並沒有能追蹤二十三名葉門逃犯的時間或者專業訓練。

六個月前，也就是二〇〇六年二月發生越獄事件後，逃脫者就這麼消失了。他們三兩成群行動，能在哪邊避難就待哪邊。第一天早上納瑟．武海希和法瓦茲．拉貝義兩人就和卡辛．萊米分頭行動了。因為擔心政治安全組織會監視他們在沙那的家人和朋友，這兩個人都只去找不是很熟的朋友，但他們找上的人沒有一個願意幫忙。每個人都太害怕了。那天早上過了一陣子，當這兩人開始越來越絕望時，一名沙那鬧區的年長女性同意藏匿他們。武海希後來充滿敬意地寫道，她住在離一個安全指揮部不到兩公里的地方，而那裡還有軍官在巡邏左鄰右舍，但她毫不猶豫。就靠著老太太在第一個早晨的這一份好心，兩名未來將會讓蓋達葉門分支復活的人就這麼得救了。

拉貝義心裡想的事，就跟二〇〇二年他父親被捕之後一樣，他想要安排立即攻擊。武海希勸他要有耐心，但隨著薩雷赫私下進行的部族談判對他們造成損害，他們也開始擬定出一個計畫。幾週內，就有四名逃犯投降以交換減刑，而在四月，葉門部隊則是在突擊沙那某公寓時逮捕了另一名逃亡者。此外也有其他事情令人困擾。那年夏天，拉貝義年邁的父親病倒了。在得知父親住院後，拉貝義便假扮成病人偷偷溜進醫院探望。穿著患者服裝坐在他父親的病床前，拉貝義把逃亡以來這幾個月的消息告知了他。他訂婚了，這名二十六歲的年輕人告訴他父親。這是父親見到他最開心的事。那個女孩子來自一個好家庭，拉貝義解釋道。她的父親亞賀亞・穆加利是二〇〇二年末被葉門部隊殺害的蓋達特務。拉貝義和亞賀亞・穆加利的兩個弟弟，也就是成為那女孩監護人的希札姆和阿利夫很熟；在獄中，這三個人想好了婚禮的詳細計畫，而他們相信這場婚禮會把葉門的兩個偉大聖戰家族聯合起來。拉貝義的父親聽他兒子解釋對婚姻的夢想，以及他所希望成立的家庭。在接下來的四個小時裡，這兩個人悄悄地聊著，同時亞賀亞・拉貝義告訴他兒子，他有多麼地佩服他。這便是這兩個人最後一次說話。

在二〇〇三年與二〇〇四年的沙烏地阿拉伯作戰失敗後，賓・拉登就反覆地發布事先錄好的影像訊息，呼籲攻擊波斯灣的石油工業。二〇〇六年失敗的阿卜蓋格攻擊行動就是對這影像的一次回應，而在那年秋天，拉貝義也在葉門弄出了一個類似的計畫。拉貝義和其他幾名逃犯在武海希的祝福下，決定攻擊哈德拉毛也就是葉門南部海岸沿線一帶的運油港口，以及沙那東邊沙漠裡的一間煉油廠。

二〇〇六年九月十五日，在葉門總統大選的五天前，拉貝義下令行動。他組織了兩支雙人自殺小隊；每一小隊的兩個人會各開一臺車，一名逃犯領頭，並由一名比較年輕的新人協助。這個計畫基本上就是以車輛來個兩拳連擊。每一小隊的第一臺車會搞定大門的保安，所以第二臺自殺炸彈客就可以毫無阻礙地駛向建物群裡面的目標。在攻擊發動的那天清晨，這群人唸完了禱詞，然後把四臺車裝滿了以黃色炸藥控制爆破的瓦斯罐。打扮成一名石油工人和一名士兵的第一小隊，在早上五點十五分攻擊了哈德拉毛的杜巴（Duba）港。兩臺車都沒能撞破大門，在大門附近的火網下爆炸。三十五分鐘後，在五點五十分時，第二小隊攻擊者把車子開往沙那東邊馬里卜煉油廠周圍的安全邊界。被加速車輛嚇到的警衛立刻開火，在兩臺車撞破大門之前就將其引爆。

烏馬爾・賈拉拉（Umar Jarallah），馬里卜攻擊行動的領頭炸彈客，在攻擊五天前寫下的遺囑中勸告他的戰士夥伴，無論結果如何都不要放棄：「這條路充滿了危險、困境、難題和辛酸。」

第十五章　蓋達復興

二〇〇六年——二〇〇七年

在炸彈攻擊失敗的不到一週後，薩雷赫以將近百分之八十的得票率邁向連任成功。接著他就開始追擊蓋達。十月一日，葉門部隊包圍了沙那市郊一間兩層樓的小房子，他們相信法瓦茲・拉貝義和另一名逃犯穆罕默德・德伊拉米躲在這裡。這棟狹小的泥磚建築蓋在離道路有段距離的小斜坡上，並緊緊夾在一塊建築工地和一面一・八公尺高的泥牆中間，兩者形成了通往該屋的一條狹窄巷道。那天早上十點左右，士兵們在隔壁蓋到一半的建築陰影中就位，其他人則是蹲在牆邊。幾星期前，他們在沙那又拿下了一間蓋達藏身處，也是越獄以來的第二間。這兩次，越獄者都是未開一槍就投降，但這次士兵們在事前簡報中就獲知要有情況會不同的心理準備。拉貝義有可能會反抗。其實有些人也偷偷希望他會動手。幾年前，拉貝義已經從他們手中脫逃過一次，在二〇〇三年遭突擊後逃亡的幾星期裡，他還在阿比揚的檢查哨外殺了一名士兵。

士兵吼著要裡面的人出來，然後深吸一口氣等著。過了幾分鐘，無人回應。接著冒出一聲槍響。士兵們便奉命對房子開火，特別集中於二樓的兩扇窗。火網幾乎快掀開了外牆，把大塊大塊的泥土和水泥噴到空中。屋內的人們也開火還擊，從狹小的窗戶扔出手榴彈和管狀炸彈。某名士兵的一顆子彈幾乎正中德伊拉米的兩眼間，使他瞬間斃命。隨著自動槍枝的回聲停下，士兵們也聽到拉貝義在屋裡喊叫的聲音。他準備要投降了。這場戰鬥只經過了幾分鐘而已。

自車庫旁邊的一樓門板後方探出頭的拉貝義，把槍丟到了地上。被右手邊的泥牆和左手邊蓋到一半的房子包夾的他，掀起了襯衫展示他胸前未綁炸彈，然後就開始一寸一寸地走出窄巷。在他前面的某處，有一名士兵把槍管對準並扣下扳機。子彈打中了拉貝義的胸口。於是，最後一名元祖葉門蓋達指揮官兼賓・拉登親自挑選的副官，就在門前幾公尺處死去。國營媒體後來聲稱，德伊拉米和拉貝義都在槍戰中死亡。但在聖戰組織內部，話語逐漸流傳開來：拉貝義是被謀殺了。這樣的訊息很明顯：如果蓋達殺了士兵，軍方就會以牙還牙。

拉貝義的父親亞賀亞始終不相信官方說法。幾天後，當他在城另一頭的哀悼帳篷裡接受弔唁時，心裡不禁想著他那四個兒子的命運。法瓦茲死了。同樣為蓋達戰鬥的阿卜・巴克爾在監獄中。他已經五年沒看到的小兒子沙勒曼人在關塔那摩。而他的大兒子哈桑，則是每次政府想要對他兄弟施壓時就會被捕，這樣持續好幾年之後，甚至連話都不想跟他說。不管怎樣，他所有的兒子都算是不在了。亞賀亞・拉貝義獨自被他兒子拋在身後。然而，當他和那些前來摸他的手並在他耳中低語的人們說話時，他還是可以為法瓦茲的死而驕傲。「我的兒子有如雄獅般活過，而他也如雄獅般死去。」

拉貝義的死替納瑟・武海希開了路，讓他能全面掌控蓋達重建。整個冬天，賓・拉登的這位前祕書開始在團體內留下個人印記，使這團體更有條不紊，也更有耐心。武海希利用了他所看過、賓・拉登在阿富汗完稿的那份藍圖，打造了一個將會存活下來的網絡。他知道葉門這邊的組織第一回出了什麼事，當時哈里希的死拖垮了整個網絡；而他也見過了在伊拉克和沙烏地阿拉伯所發生的失敗。蓋達得要從這些錯誤中學習。

武海希以一條大圓弧路線行進，向東離開沙那前往馬里卜省的沙漠，接著向北進入焦夫省的荒地，然後往南回頭，前往他所出生的夏布瓦和阿比揚山區。他深入地方進行招募，利用他在監獄的那套方式吸引人們。即便他離開葉門將近十年，他還是了解這邊的社會如何運作，也了解部族和幫派羈絆的重要性。武海希和卡辛・萊米一起替一個耐久的組織打下了基礎，指派了會在自己家鄉指揮蓋達行動的當地酋長或指揮官。這兩個阿富汗老兵把大部族和顯赫家族放在優先地位。武海希要他的人馬藉由血緣和部族來與他們所屬地帶的權力架構聯繫起來。這是他對抗日後不可避免到來的壓力時，所採取的保險措施。

在葉門轉寒而一片慘澹的艱困冬季期間，武海希持續走著他發揮影響力的弧形路線，在每個擠滿人的會議裡坐著，一邊擬訂計畫，一邊聆聽意見。二〇〇七年初，其中一個會議選出了武海希擔任葉門蓋達組織領袖。武海希就跟他的導師賓・拉登一樣，要求每個人發下稱作*bay'a*的效忠誓言。九年前，他就對賓・拉登發過這樣的誓，承諾遵從他極度崇拜的蓋達指揮官。現在那些從未去過阿富汗的招募者，正對他做著一樣的事情，而成為賓・拉登圈子的一環，**他門徒的門徒**。武海希把他們連結到一九八〇年代以及阿富汗聖戰的榮耀時刻。

有一些從沙烏地阿拉伯招募來、像是阿卜杜拉・阿希里這樣的人，還發了第二個誓，承諾一旦武海希下令，他們就會去執行自殺攻擊。蓋達在葉門生根的同時，武海希也打造了他的統治集團。在他發揮影響力的這道弧線之中心，也就是幾乎位於沙那正東方的馬里卜省內，武海希任命阿里・多哈（Ali Doha）這名只掛著一小撮八字鬍又有著娃娃臉的部族成員擔任該地的指揮官。被一名蓋達夥伴形容為「珍貴明珠」的多哈，是蓋達在獄中招募的一名新血。他很年輕，不管是武海希在阿富汗的時光和經驗，或是更重要的，武海希屬於阿比達這個強大部族的身分，都很容易就能深深打動他。

多哈很快就和其他幾名前囚犯組成了一個基層小組。馬里卜是無人攻擊機殺害哈里希的地方，而這件事也促成了蓋達在葉門的第一個網絡遭到毀滅。武海希和新一批副手們越獄後，就編列了一份暗殺名單。他們專注於兩組葉門官員：那些刑求蓋達成員的人，以及那些與美國緊密合作的人。他們把這些人稱作「罪人」。在名單幾乎最上頭的地方有一名四十三歲的上校兼犯罪偵查者，叫做阿里・瑪哈穆德・卡薩伊拉（Ali Mahmud Qasaylah）。武海希相信，這名肥胖警探在二○○二年美國攻擊哈里希時，曾經擔任過當地的通風報信者。而且既然卡薩伊拉在馬里卜是一名外人，他就算死了也不會有部族報復。

武海希效法當初賓・拉登教導他的，把細節留給現場的手下：決策集中化、執行去中心化。多哈和他的三人小組策畫起暗殺行動並無什麼困難。部族和家族的通風報信，可以讓他的人馬緊跟住這名警探的一舉一動。多哈的基層小組對當地地形知之甚詳，熟悉所有交叉遍布整個地帶、被稱作「乾谷」（wadi）的隱匿低窪地和乾河床。

三月二十九日深夜，這些人從馬里卜城外某條路的埋伏處出擊。三個人從一座沙丘周圍的陰影處現身，對著卡薩伊拉的車子掃射，把警探的屍體留在座位上並且逃逸。政府在沙那替卡薩伊拉舉行了國葬，但由於沒有目擊者和嫌犯，死亡調查陷入僵局。蓋達多年來首度在葉門成功的攻擊，在沙那這邊幾乎沒什麼受到注意。

五月，泛阿拉伯日報《生活》（*al-Hayat*）的一篇文章引述馬里卜的消息來源，指出蓋達是這場伏擊的背後主使者。這篇文章使得停滯不前的調查重啟，同時內政部的官員則是發出了半版廣告，宣布懸賞兩萬五千美元，徵求能抓到主使組織的情報。而當政府加緊亡羊補牢時，蓋達則是忙著讓自己的隊伍更為齊一。

就算是對那些曾在伊拉克與阿富汗戰鬥過的葉門人來說，在葉門當地發動聖戰也是充滿爭議的事。許多老兵反對武海希在葉門重建蓋達的想法。他們問那些被武海希派來找他們的年輕熱情使節，為什麼要在這裡？他們不了解在自家進行聖戰的必要性何在。他們是因為美國入侵觸動了「捍衛聖戰」這種想法，迫使他們不得不參加，才因此去了伊拉克和阿富汗。為了保衛穆斯林的土地，他們得要戰鬥。但葉門這邊真的也是這樣嗎？美國又沒有入侵，而且不管蓋達再怎麼主張，薩雷赫名義上就是個穆斯林。那人說，如果逃犯那麼想戰鬥，他們應該要去伊拉克或阿富汗直接跟美國對打。

武海希聆聽他們的批評。他懂他們在說什麼。畢竟，他從一九九八年就離開葉門在海外作戰。但這些人似乎沒搞懂時局變化有多劇烈。他主張，九一一之後，就不再有任何中立派了。葉門已經站到了美國這邊。此外，武海希強調，他們只要看看周圍，就能看到葉門也正遭受西方軍隊攻擊。這位口吻輕柔的指揮官充滿耐心地對懷疑者展示證據：殺死哈里希的無人攻擊機、把沒有犯下任何罪行的葉門聖戰士當成目標的行動，還有政府禁止人民前往伊拉克的決定。這些都是在美國的指示下完成的。但任何檢驗都會得到同一個結論，他繼續說道：就跟伊拉克和阿富汗一樣，葉門是聖戰的正當戰場。

只有少數老兵被說服。他們已經打完了自己的仗，而聖戰是年輕人的仗。但武海希警告他們，他的戰士是不會妥協的。**你們不站在他們這一邊，就是站在對立面。**

五月二十二日，這樣的爭辯演變成血腥事件。那天早上七點半，卡辛的弟弟法利斯・萊米（Faris al-Raymi）告訴他母親，他今天要出門了。只有二十三歲的法利斯已在伊拉克和阿富汗打過仗，而他已經累了。當那位年長女性探出窗外看著他兒子離開時，她稍稍瞥到有個她不認識的人在街上等著。她兒子和那人打招呼，親了他臉頰並抓住他的手。接著，這兩人就離開了她的視線。

街上的那個人，札卡萊亞・亞法伊（Zakariya al-Yafai），是當初第一批投降的逃犯之一，並且賺到了薩雷赫給予的減刑。但他仍與其他依舊在逃的逃犯維持聯繫，而他也承諾會把法利斯帶到他哥哥躲藏的藏身處。至少亞法伊表面上是這樣說的。蓋達已對法利斯施壓了好幾個月，求他在葉門發動一場攻擊。他每次都拒絕他們。他告訴他們，他自己的聖戰已經打完了。他只是想見他哥哥而已。

上午十點半左右，就在法利斯跟他母親道別的三小時後，在一條狹窄的沙那次要街道上，有一名路人注意到一堆不太尋常的東西，從堆在街上的泥土和垃圾裡露了出來。當那人接近時，他先是看到了血，然後看到了身體。法利斯的胸口和頭部共有七處槍傷。一臺救護車立刻將他送到醫院，但他再也沒有恢復意識，並在一週後死去。

卡辛打給了父母，跟他們解釋一名「幫派分子」殺了他弟弟。「我跟這件事無關。」他向他父親發誓。然而一個月後，卡辛・萊米會公開支持導致他弟弟死去的聖戰，不容妥協。

六月二十一日，萊米發表了一段二十一分鐘的錄影，衝著蓋達在葉門的老衛兵而來，也就是他和武海希過去一年招募失敗的那一群人。他聲稱，現在是他們選邊的時候了。

在這段蓋達回歸葉門的首度公開宣言中，萊米表示該團體選出納瑟・武海希擔任他們的領袖。但他這段錄影訊息大部分都是為了這件事以外的一個延伸訴求。萊米以他低沉的聲音警告與薩雷赫政府談判的危險性。他說，總統提給你們的約定，不過就是一個「與暴君進行謀反的結盟」。聖戰不能因為任何理由停下來，不能有談判與交易——甚至連交換條件讓薩雷赫監獄裡的蓋達囚犯獲釋都不行。「如果他們被殺了，那他們就是殉教烈士。」萊米解釋。「所以聖戰怎麼可能為了囚犯而停下來？回歸你們的理智思考吧。」

六天後，蓋達放出了第二段聲明。這一次，蓋達透過在當地報紙刊出呼籲，直接對政府講話。該團體有四項要求：薩雷赫應該釋放監獄裡的所有蓋達成員、廢除前往伊拉克的限制、停止和伊斯蘭的敵人（尤其是美國）合作，並回歸伊斯蘭教法。這份聲明警告，如果薩雷赫無法滿足他們的任何一條要求，蓋達就會準備行動。

同一個月裡，就好像是在幫忙強調越獄犯提出的「威脅日漸增加」說法一樣，美國巡航於亞丁灣的一百五十五公尺飛彈驅逐艦查菲號（*Chafee*），對著索馬利亞北部一群正在會面的伊斯蘭主義者發射了幾枚飛彈。死者中有瑪努蘇・比哈尼（Mansur al-Bayhani），一名向官方自首換取減刑的越獄犯。當時比哈尼已經同意不在葉門進行任何攻擊，雖然他這邊有遵守承諾——不在葉門而在索馬利亞戰鬥——但很顯然地，跟薩雷赫私下有約定也不能解決問題。

在比哈尼死去的幾天後，蓋達履行了「在葉門行動」的威脅。七月二日，離宣言刊載出來還不到一週，多哈的馬里卜基層小組就再度出擊了。

在暗殺卡薩伊拉之後，這三名部族成員迫切需要另一個機會。沙那的特務把徵召來當自殺炸彈客的一名年輕葉門人阿卜杜・穆罕默德・盧哈伊卡（Abdu Muhammad al-Ruhayqah）送到他們那邊。這名二十一歲青年出生於沙那過於擁擠而骯髒貧困的穆沙伊克（Musayk）一帶，離美國大使館不過幾個街區而已。這一次，他們的計畫是要攻擊時常造訪馬里卜的其中一支觀光車隊。

幾個世紀前，穆罕默德在生命快到盡頭時，曾指示他的追隨者「把異教徒從阿拉伯半島驅逐出去」。十五年前蓋達第一次攻擊亞丁的酒店時，賓・拉登曾援引先知這段命令，而武海希與萊米仍持續認真看待此事。這兩人使用這道命令來打造一套聖戰理論，為他們下令進行的每一場攻擊賦予正當性。對蓋達來說，觀光客並非無辜平民；他們是先知半島上的非穆斯林，也因此就是正當的目標。

葉門能吸引的觀光客不多。但那些還是來了的人，通常會花一天到馬里卜參觀兩間示巴女王神殿；在《聖經》中提到的這名傳說人物，和所羅門王屬於同一個時代。這兩個嚴重失修的考古地點，其實就只是一對圍起來的沙堆，中間有一些石柱。然而這對蓋達來說實在太完美，就是個圍起來只有單一出口的空間。

多哈的計畫要求盧哈伊卡駕駛汽車炸彈，在觀光車隊駛離神殿範圍時開進車隊。當他們要回到主要道路時，車速會慢下來，這時的車子就易受攻擊且毫無防備。此外，車隊離開遺址時會靠攏在一起，這就讓蓋達有最佳機會能讓死傷最大化。問題只有一個：盧哈伊卡不會開車。幾週以來，他們幾個帶著他進到沙漠裡，教他在當地結實的乾谷上操縱方向與加速。最後，多哈把話交代下去：這個年輕人準備好了。

在攻擊發起的前幾天裡，一名蓋達攝影師緊跟著盧哈伊卡，錄下他的遺囑，並拍攝了好幾個鏡頭的影片作為日後招募之用。在攻擊的前夕，他捕捉到即將成為自殺炸彈客的這個人在一片果樹林裡打盹。躺在一條薄毯子上面、頭髮捲曲在他耳邊，盧哈伊卡看起來就像是個孩子。鏡頭對著他的臉孔拉近，特寫他臉上處在睡眠中的柔和與輕鬆，停了幾秒後又橫移開來，拍著其外的樹木和沙漠。「殉教烈士在行動前休息。」影片字幕後來這麼寫道。

第二天剛來到下午，當全國其他國民都坐定了在嚼每天固定要嚼的巧茶時，盧哈伊卡將他那臺一九八二年豐田 Land Cruiser 開到定位。擺在他身後後座並散落到車地板上到處都是的，是蓋達技術人員替這次任務所打造的爆裂物。幾百公尺外，越過幾座矮山脊而避開眾人視線的某處，攝影師打開了他的設備並等著。盧哈伊卡可以看見觀光客們還在拍最後幾張照片，並擠回他們沾滿沙塵的豐田Land Cruiser裡去。當第一臺車駛離遺跡、轉頭開上回城裡的主要道路時，他便發動引擎，朝著車隊的中央而去。

爆炸幾乎徹底毀掉其中一臺載觀光客的Land Cruiser，把一片片金屬和人肉噴飛過柏油路並濺在沙地上。另一臺車底盤扭曲朝天停在路上，接著還會再燃燒好幾個鐘頭。

幾百公尺外，蓋達的攝影師在看到動靜前就聽到了爆炸聲，一陣含混爆音壓過了在他麥克風裡呼嘯的風聲。手持攝影機的他將鏡頭橫掃過不毛的地景，對準了從沙丘上冒起的一片黑煙，貪婪地拉近特寫。他維持這鏡頭好幾分鐘，靜悄悄地看著黑煙繼續向上滾動，有如向上舉起的拳頭，然後逐漸揮散消失。蓋達後來發布的影像中並無評論，就只有靜默的沙漠和黑煙而已。

調查員花了好幾天搜遍整片沙地，艱苦地蒐集盧哈伊卡殺害的七名西班牙觀光客和兩名葉門駕駛的殘骸。第八名觀光客不久後死在醫院中。

幾乎就在同一時間，政府便按照慣例自動運作起來。擔心後續效應的薩雷赫總統召開記者會，並把死傷歸咎於非葉門的阿拉伯人。就像幾年前面對科爾號和林堡號時的做法一樣，薩雷赫把自己國家展現為受害者而非問題一環。他對記者說，這是傷害國家的外在病毒。

第二天，也就是七月五日晚上，薩雷赫又做了另一項嘗試，以把攻擊歸罪於外來者。晚上十點左右，政府反恐部隊包圍了沙那西邊一間公寓，那裡面住著一名粗壯禿頭的五十歲埃及人阿哈馬德．杜瓦伊達（Ahmad Duwaydar），還有他的葉門籍妻子與小孩。曾經在阿富汗當過聖戰士的杜瓦伊達，於一九九〇年代中期埃及流亡潮期間搬到沙那。當一九九九年進行大規模恐怖主義審判時，不在場就被定罪的杜瓦伊達，因為害怕被捕而無法離開葉門。薩雷赫的安全單位盯了這名退休聖戰士整整超過十年，注意到他如何艱困地以臨時電工撐起家庭，而現在，他們發現他有可用之處。

經過一輪警告射擊後，士兵們允許杜瓦伊達的妻小離開公寓。但他得要留在裡面。第二天早上，官方報紙報導他因拒捕而被殺。

薩雷赫相信，對於馬里卜炸彈事件做出快速反應，可以替他在國際社群這邊爭取時間。但他知道，眼前的問題比他在記者會所承認的還要嚴重。八月五日，自殺攻擊過了一個多月後，薩雷赫離開沙那，與馬里卜的部族領袖進行一連串的會面。薩雷赫警告，他們給蓋達的援助必須停止。庇護逃亡者和罪犯者的日子已經結束了。總統解釋，阿比達部族必須思考其未來。雖然沒有明白威脅，但薩雷赫想講的事情很清楚。幾乎就在同一時間，謝赫們便產出了一些情報，跟安全官員們講起一個蓋達藏身處。三天後，有坦克和直升機支援的士兵們就逐漸靠近了那間一層樓的土造建築。那場清晨的突擊幾乎在開始時就結束。屋裡驚訝不已但已被包圍的四名蓋達戰士根本一點機會都沒有，包括阿里・多哈在內的其中三個人在幾分鐘內就死了。其中一個部族成員還能從門裡出來，穿著及踝的長袍一邊跑著找掩護，一邊瘋狂開槍。一名在沙丘後面瞄準的狙擊手，以謹慎的一槍撂倒了這個跑跳閃躲的人。

泥巴屋裡一整片由衣服和斷肢組成的血腥狼藉，花了不少時間才清理分類並拼組完成。多哈的鼻子被炸飛，而他的嘴巴只剩一團稀巴爛的牙齒和牙髓。一開始，士兵們認為他們殺掉的是卡辛・萊米，因為謝赫們主張他可能躲在這個藏身處，但那位蓋達指揮官不在這裡。他們摧毀的是阿里・多哈的馬里卜基層小組，三名部族成員全被殺死，另外還有一名十八歲的青年，被政府認為是替補盧哈伊卡的人，是正在訓練中的自殺炸彈客。

這種挫敗恰巧就在武海希的計畫中。他早知道會有損失。這也就是為何他堅持每個基層小組都得要自給自足，並與網絡的其他部分分隔開來。武海希持續招募和計畫，而萊米則是持續運行他在沙漠中的流動訓練營，把他在阿富汗學會的技巧傳授給新一代戰士們。

在沙那，薩雷赫推動著他的私下交易戰略。十月十六日葉門宣布，曾經協助組織科爾號攻擊事件的賈邁勒・巴達威向當地政府投降，並同意放棄聖戰以換取自由。

對於葉門居然放走了殺害美國水手且在聯邦調查局頭號追緝名單上的人，小布希感到十分震驚，因而派遣他的頭號反恐顧問法蘭西絲・湯森（Frances Townsend）前往葉門。這名四十五歲的前檢察官跟她的老闆一樣失望。科爾號攻擊事件的領頭調查員約翰・歐尼爾是她的好朋友。九月十一日那天，這位前聯邦調查局探員傳給她一則打氣安慰的簡訊，幾分鐘後，他就被崩塌的世貿一號大樓壓死了。湯森想把歐尼爾起頭的事情做個了結。

在薩雷赫位於亞丁的冬季行館所進行的會議中，他試圖解除湯森的疑慮。他跟她說，別擔心巴達威。「我對他一舉一動掌握得很清楚。」午餐期間，薩雷赫解釋他幾個月以來都在與巴達威聯絡——這是他之前沒和美國盟友分享的情報。薩雷赫繼續說道，兩週前他自己與這名逃犯見面進行坦率的討論。「巴達威答應放棄恐怖主義，而我告訴他，他的行動損害了葉門和其形象。」薩雷赫如此說道。「他開始了解了。」

湯森緊閉著嘴，聆聽薩雷赫把這場交易描述得好像是某種軟禁一樣。是的，巴達威就在亞丁市外自己的農場裡居住與工作，但政府正緊密地監視他。他不會再犯任何罪了，薩雷赫保證著。

湯森沒什麼好說的；總統已經做出了決定。依舊想盡力從這趟行程中弄出點什麼有用效果的她，換了個角度來嘗試，詢問美國官方能不能引渡巴達威。當然，總統說，跟政治安全組織協調一下就好。

感覺薩雷赫越來越沒耐性的湯森試著推進話題，詢問葉門在對抗武器走私的工作。但在她能講完前，總統就打斷了她。他想要她見一見他其他的賓客。法利斯・瑪那（Faris al-Manaa），胡西派曾經試圖暗殺的那位北方部族成員，也是葉門最大的軍火交易者，此時走進了房間。

「嘿，FBI」，薩雷赫叫著大使的助理法務專員，「如果他素行不良，你可以用湯森的飛機帶他回華盛頓或者去關塔那摩。」當侍者替瑪那拿椅子過來時，薩雷赫又補充，政府最近把他一艘裝軍火的船隻充公，拿來做軍事用途。

「那現在就可以把他當成愛國者了。」湯森開玩笑地說。

「不。」薩雷赫笑了。「他是雙面諜。他也把武器給胡西的叛軍。」

在一封於午餐後一週寫下的大使電報中，美國的新任大使史帝芬・賽徹（Stephen Seche）試圖搞清楚薩雷赫怪異的行為是什麼意思。大使以外交式的輕淡詞令寫道，總統的評語和瑪那出現在總統府一事，讓「總統阻止武器走私的承諾」變得「嚴重地有疑問」。

但賽徹也提到，還是有樂觀的理由。十一月一日，經過了兩年的停權後，葉門將會重返小布希政府成立來協助政治經濟重建的「千年挑戰機構」。「整體來說」，賽徹做出結論，認為這場會議「比某些觀察家原本預料的還要有建設性。」

大使的樂觀非常短暫。回到美國這邊的競選活動，共和黨這邊可望選上總統的前紐約市長魯道夫・朱利安尼（Rudolph Giuliani）緊抓住巴達威被釋放一事，並開始要求葉門停止和恐怖分子站在同一邊。「作為第一步，我要敦促美國政府取消原本預定給葉門的超過兩千萬美元援助。」幾天後美國就真的這麼做了，二度停止葉門在千年挑戰機構的權利。

第十六章《戰鬥回聲》

二〇〇八年

二〇〇七年底，蓋達成員裡一名年輕沙烏地阿拉伯人納伊夫・卡赫塔尼（Nayif al-Qahtani）帶了一個點子來找武海希。他想要發行一份雜誌。幾年前，蓋達的沙烏地阿拉伯分支有做過類似的事，發行了一本線上刊物，內容包括社評以及他們在王國內發動攻擊的宗教正當性，而卡赫塔尼認為類似的刊物或許有助於葉門的人手招募。

卡赫塔尼的背景和他有限的教育程度，使他不太可能來領導這個計畫。只有十九歲的他，逃離了一場困難重重的婚姻和他懷孕的妻子，於一年前來到了葉門。身為一群兄弟中的么弟，自從十多年前父親死去後，他就幾乎都由長兄帶大。「他沒有一丁點領袖特質。」他的哥哥日後如此告訴記者，並形容卡赫塔尼是個安靜而害羞的人。但武海希喜歡這青少年真摯的態度，便吩咐他就這麼辦下去。

接下來的幾週裡，這名年輕沙烏地阿拉伯人都坐在他的筆電前，下載素材並撰寫文章。他寫葉門戰士被阿里・阿卜杜拉・薩雷赫的部隊逮捕的事情，寫巴勒斯坦的狀況，當然也寫伊拉克的戰爭。他甚至在雜誌裡一則描述為編輯和「沙烏地阿拉伯頭號通緝戰鬥分子」對談的上下兩篇訪問中，描寫了他自己。他直覺地領會，成功會孕育更多成功。

完成他稱作《戰鬥回聲》（*Sada al-Malahim*）的雜誌不久，卡赫塔尼在北葉門的一個流動訓練營裡遇見了幾名戰士。某天晚上當他們操練完在放鬆時，開始談起他們的聖戰夢想。阿卜杜拉・阿希里，這名和哥哥一起從沙烏地阿拉伯逃來葉門的瘦乾年輕逃犯，說自己最大的願望就是在沙烏地阿拉伯執行他所謂的「殉教行動」。一群人有些點頭、有些微笑。

「我想要成立一個媒體基金會。」輪到卡赫塔尼說話時，他悄悄地坦言。這名青少年概述了他的出版帝國夢想，這個帝國會奠基於那份新雜誌，並會發送一切類型的訊息，從錄音到影像到詩集和聖戰的讚歌。他甚至還提到了創立部落格的可能。武海希鼓勵他這番遠大志向，而到了二〇〇八年一月初，他已將卡赫塔尼的刊物草稿潤飾完畢。蓋達的領導人員還加了一段話，威脅葉門政府如果不釋放關押的蓋達成員，就會有更多攻擊行動。二〇〇八年一月十三日，《戰鬥回聲》第一期就張貼到了好幾個聖戰網路論壇。五天後，蓋達便發動了攻擊。

沙那東邊五百公里處，在哈德拉毛省廣大的沙漠乾谷裡，哈姆扎・庫艾提，這位曾經在監獄中協助平定爭辯、如今頭頂已漸禿的較年長政治家，正將他的人馬準備好。哈德拉毛，在阿拉伯語中意指「死亡來到」，是一片砂石組成的發白大地，上頭幾乎什麼都沒長。差不多像南達科他州那麼大的哈德拉毛，從亞丁灣一路伸展至沙烏地阿拉伯邊界，將近二十萬平方公里的大小是葉門最大的一個省。從空中俯瞰，這地方就跟名字意指的一樣荒蕪，綿延數公里的尖銳山峰被一條兩百公里長、最寬處有十四公里、有如峽谷一樣的乾谷一分為二。缺乏植被加上極端高溫，讓一則神話在幾個世紀前誕生：在此處眾多洞窟其中之一，可以找到地獄之門。

三個被城牆圍住的古老城市在全省中央切過了乾谷中間，為這個區域帶來一條狹長帶狀的綠意。其他地方全都由棕色所支配，而庫艾提就是在這裡，在一條小路上，設下了埋伏。他把貨卡車停到路肩後，便和另外三個人蹲進了車身陰影裡，等著他們知道會前來的觀光客車隊。葉門的貝都因人常把卡車停在路邊就急忙去祈禱或方便，而庫艾提則希望這些顯然沒人在上頭的卡車，不要太吸引一整列正在通過的 Land Cruiser 車隊注意。他是對的。一直到槍手貼著地移動到貨卡車前端，並從突擊步槍裡噴出短而穩定的火光之前，那些觀光客都還沒察覺自己身陷危機。蒙面的人們隨著第一陣槍響跟著催起四臺車猛烈加速，一邊大喊「真主至大」，一邊對著他們開最後一陣槍。

庫艾提的槍手脫逃時就跟來時一樣簡單，在身後留下一整列滿是彈孔的 Land Cruiser 癱在那邊。隨著車內驚慌的尖叫聲隱沒在受創的啜泣聲中，十五名生還者抹了抹血和玻璃，想要弄清楚狀況。兩名比利時觀光客和兩名葉門駕駛死了。整個二〇〇八年，蓋達將會把這種閃電突擊發揚光大；這種攻擊穩定累積下去後，最終癱瘓了葉門的觀光業，並加劇了國內經濟的衰退。

美國政府在葉門旅遊警報中強調了攻擊事件的增加，但它最為關注的依舊是賈邁勒・巴達威和賈比爾・巴尼那，聯邦調查局頭號追緝名單上的兩名越獄者。

二〇〇七年十月朱利安尼突然爆發導致援助金暫停發放後，葉門便聲稱該國已將巴達威送回監獄。薩雷赫甚至安排美國官員參訪亞丁那間關押著他的監獄。但美國代表團一離開，守衛就將巴達威送回去。這整件事就是個精巧騙局，是薩雷赫一邊取得美國金援又一邊對巴達威守信用的手段。

但至少大使館知道巴達威人在哪裡。至於巴尼那，人們就一無所知。他在逃跑後就真的消失了。兩年來什麼也沒有，沒人看過他也沒有謠言，甚至連國務院恐怖主義者熱線也是一聲不響。接著，在二月二十三日那天，他再度現身了。

那天剛來到下午，一名矮壯、留著鬍子、穿著白袍和夾克、肩上掛了條裝飾披肩的人，走進了沙那鬧區某間擠滿人的法庭，一路推擠到了前頭，並宣稱他是賈比爾・巴尼那。法官和檢察官驚訝地瞪著這個人。賈比爾・巴尼那是一顆頭就值五百萬美元的懸賞恐怖分子。巴尼那拿出他的身分證明並開始說話。

「我因為這個案子被判十年，然後另一個案子又判三年。」他說。「但這些都錯了。我沒有在這個國家或者美國犯過任何罪。」巴尼那站在他所打斷的法庭中央，補充說，薩雷赫總統和他所做的私下交易，有一部分使他自由。接著，當攝影機繞著他快門聲猛響時，他轉身走出了房間。沒有一名守衛企圖阻止他的動作。

小布希總統怒不可遏。巴尼那是一名美國公民，也是通緝中的恐怖分子，因為在「拉克瓦納六人案」中的角色而被美國控訴。（表面上是美國盟友的）薩雷赫跟他談交易是在搞什麼？法蘭西絲・湯森已經嘗試對付過這位神祕的葉門總統，而那之後她也退休了。這一次，小布希要羅伯特・穆勒來對薩雷赫施壓。

這名髮色泛灰、下顎方正的聯邦調查局局長於四月初飛抵沙那和薩雷赫會面。他要拿下巴達威和巴尼那，但還有很多其他事要討論。三月十三日那天，蓋達又發行了第二期的《戰鬥回聲》。五天後，有如時鐘般規律地，該組織又再度發動攻擊，對美國大使館區發射了五枚改裝過的飛彈。

這些飛彈都沒有命中目標，根本射不到大使館，反而打中了一間女校，殺死了一名警衛，並造成一群學生受傷。蓋達發出公開聲明，祈求女學生早日康復，同時重申自己先前對穆斯林的警告，要他們避免跟政府和外國官員走太近。「我們已經告訴過你們，我們會針對這些地方，所以請不要靠近它們。」聲明如此結論道。

在那場失敗的攻擊後，美國已經下令大使館非必要人員離開該國，而穆勒則是要確保那些留下來的人能平安無恙。薩雷赫向他保證，他的安全部隊會擔綱這個重任。但面對巴達威和巴尼那，總統就開始推拖閃躲。當穆勒針對引渡的可能性向薩雷赫施壓時，他反而要求歸還穆罕默德・穆威雅德，也就是二〇〇三年被美國引誘到德國、如今得服七十五年徒刑的那名葉門教士。

這位一向謹慎保留的局長無法相信他親耳聽到的話。葉門總統正和恐怖分子談交易，美國外交官卻被矇騙過去，而他現在又要再放一個出去。勉強把火氣吞下去的穆勒結束了這場會面。

在二〇〇八年七月的第一週，英國政府於倫敦舉辦了一個會議，討論葉門蓋達持續增長的威脅。一名法國分析師告訴集結在此的白廳（Whitehall）官員，這些攻擊就只是「大聲的鞭炮」。整個春天和夏初，武海希的手下攻擊了軍事檢查哨、安全巡邏隊、石油設施、沙那的總統府、義大利大使館，還有一些住有數名美國外交官的建物群。這場攻擊造成了很大的聲響並弄破了幾片窗，但也就這樣而已，分析師輕蔑地揮了揮手做出結論。

兩週後，這場鞭炮戰爭的死傷變得更為慘重。七月二十三日，哈姆扎・庫艾提發出一段短片威脅葉門，如果政府不停止刑求監獄裡關著的蓋達成員，他們將會發動更多攻擊。穿著灰色長袍戴著面罩的庫艾提，直接對著攝影機說話。他大部分的訊息都是衝著政治安全組織的領頭迦利布・卡米許而來，而他就是曾把庫艾提送去單獨監禁的人。「喔，你這個葉門的夏隆。」他在此指的是前以色列首相艾里爾・夏隆（Ariel Sharon）。「你這個掠奪者，你這個垃圾，你等著瞧，一旦天從人願，就等著看我們的兄弟怎麼從你的監獄裡出來。」

在這段錄影之後，副官們便帶著自殺炸彈夾克和機槍，拖著腳走進房間，並把這些東西像是道具一樣圍著湊合起來的拍攝布景擺好。接著，他們讓一名年輕葉門人坐到庫艾提旁邊拍一輪照片。

兩天後，這名叫做阿哈馬德・馬希甲里（Ahmad al-Mashjari）的年輕人履行了庫艾提的威脅，他開著一臺裝著爆裂物的車子衝進了哈德拉毛的一處軍用建物群，殺死了三個人，並讓將近二十幾人受傷。馬希甲里是一名來自鄰近城鎮的二十三歲醫學生，本來想去伊拉克，但其他戰士鼓勵他留下來在葉門等待機會。庫艾提的手下在網路上貼出了兩人的照片，以及為此事負責的聲明。「穆斯林的血不會白流。」他們高喊，說出自殺攻擊企圖為之報仇的五位戰士姓名。

蓋達的辯解在多數葉門人聽來只是虛情假意。全國各地清真寺裡，因穆斯林同胞死去而憤怒的布道者一同譴責起這次攻擊。馬希甲里甚至連士兵都沒殺到；多數死傷者都是平民、清潔婦和小孩。就跟二〇〇三年十一月利雅德那棟阿拉伯工人的複合住宅遭攻擊後沙烏地阿拉伯人所出現的反應一樣，葉門全國各地的人們詛咒著恐怖分子，並納悶為何這組織如此熱心於毀壞和暴力。面對這種高漲的情感與公眾憤怒，葉門政府發布了一篇不冷不熱的平淡聲明來譴責攻擊。多年來，該國政府都試圖在對抗蓋達的鬥爭中取得優勢，而現在，當這個團體總算做過頭而遠離了社會時，政府卻沒能做出什麼行動。有別於二〇〇三年十一月攻擊事件後沙國政府在頭版側寫和電視廣告上都進行了大規模宣傳戰，葉門政府卻是令人震驚地保持沉默。

跟**受損的**軍區在同一條路上的三棟藏身處內，庫艾提的基層小組正等著這一波躁動結束。他就跟賓・拉登一樣祖籍哈德拉毛，在越獄之後，他便回到老家來打造他的基層小組。他最終落腳於塔利姆（Tarim）這個滿是沙塵而正在衰敗的城市，就位在沙那東邊超過五百公里處。即便這個城市自豪有三百六十五間清真寺，一間代表一年裡的一天，但庫艾提很清楚，這裡仍然只是個小鎮。每個人都知道彼此在做什麼，如果有幾個未婚的大鬍子男人在那三棟出租屋之間晃來晃去，當地的八卦是不會錯過這件事的。為了避免這種情況，庫艾提要求所有手下到外頭就把自己打扮成女性。罩住整張臉孔的面紗藏住了鬍子，而蓋住身體的黑斗篷也讓他們的體格不那麼明顯。但庫艾提沒料到，一間全是女人的房子，看起來就跟一間全是單身男人的房子一樣有問題。

他們有個鄰居已經注意這棟房子好幾個月了。她問她的朋友們，什麼樣的房子裡會連一個男人都沒有。她擔心會有什麼壞事要生根，因此決定自己去探一探。結果來開門的不是她預料中的女人，而是個大鬍子。「女人現在不在。」他粗暴地回答。這位年長而好管閒事的女性，心裡的念頭立刻從原本的賣春變成了毒品。她一回到家，就報了警。

當巡警在幾個小時後抵達那棟房子時，他們立刻就察覺，他們碰巧發現的遠比販毒集團還要嚴重許多。打開外院大門的年輕人一看到警察的制服，就在他們面前把門用力關上，並立刻奔過圍牆圍起的內院去警告其他人。因為害怕被發現，屋內的七個人便開了槍。警方沒準備好面對嫌犯受過訓而會使用的火箭推進榴彈和機槍，只能建立一道安全防線然後呼叫支援。整個八月十日的晚上，雙方都持續對峙，並準備接下來已知的那場戰鬥。

早上，反恐部隊帶著兩臺坦克過來跟不敵嫌犯的警方換班，並試圖對這棟低矮的煤渣磚屋衝過去。但面對狹窄如迷宮的建物群，坦克無法靠得夠近，而部隊在正面突擊損失兩人後也只得撤退。發覺擁有片刻優勢的庫艾提，便下令手下想辦法前往安全防線外的任何一棟藏身處。這六人讓阿卜杜拉・巴提斯（Abdullah Batis）這名來自哈德拉毛省卡吞村（al-Qatn）的年輕戰鬥者留下，掩護他們撤退。

身旁擺著一批手榴彈和幾臺機槍的巴提斯，在夏天的熱氣中奮戰了幾個鐘頭，一邊在素面的混凝土隔間來回移動，替換著槍枝並大喊「真主至大」來鼓舞自己。屋外，其他成員身在單行道和泥土小巷所造成的炙熱混亂間，則是遇上了麻煩。他們一旦跑出隱蔽處，葉門的神槍手就把他們一個一個擊倒。這場與其說是戰鬥還不如說是消滅的行動，花了一整個下午才結束。等到大功告成時，其中一名士兵拍了張庫艾提的照片，他的屍體在沙中伸展成皺起的Z字形。這個七人基層小組有五人死亡，倖存的阿里・阿克巴里（Ali al-Akbari）和穆罕默德・巴瓦伊德汗（Muhammad Bawaydhan）則是被政府監禁。

在交火結束後，葉門政府聲稱庫艾提策畫了從二〇〇六年二月越獄以來所有危害國家的蓋達暴力事件。難以置信的是，美國和英國都接受了這種單一超能基層小組的說法，而且兩國都以這場突擊作為放寬葉門旅遊警報的正當理由。那些恭賀的電話和訊息忽視了一個特質，就是庫艾提的這個基層小組已經當地化了。組織中有五個人來自同一個城市，而且只有一個人來自哈德拉毛以外的省分。就跟馬里卜的基層小組一樣，庫艾提的小組只是眾多小組中的一個罷了。

戰鬥發生的九天後，蓋達在網路聲明中讚揚了死去的戰士，並警告將發動復仇攻擊。「證據」，這則訊息結尾處寫道，「會出現在你們看得到的地方，而非你們聽說的地方。」當美國大使提出要求，希望准許春季離開的員工回來時，大使館裡沒有幾個人留意到這句話。

根據月亮運行來計算的伊斯蘭年有三百五十四天，比西方曆法少了十一天。對穆斯林來說，這代表著齋戒月，也就是禁食禁慾的神聖之月，會坐落在每年[13]的不同時候，有時是夏天，有時是冬天。二〇〇八年時，齋戒月起於九月一日，美國官方因此擔心，蓋達特務可能會試著利用這個傳統上全世界十多億穆斯林都在內省自身的時分，對美國發動攻擊來紀念九一一週年。

九月頭幾天網路閒聊的飆升（多數集中於聖戰論壇「忠誠」〔al-Ikhlas〕），使他們更為擔心。該網站的其中一個橫幅廣告預告賓・拉登即將傳來訊息。多年來，這名蓋達領袖一直都故意洩漏自己的意圖，藉著在自己的公開發言中暗藏有關下一場攻擊的吊人胃口線索，以玩弄他在全世界情報部門裡的對手。多數的線索都巧妙而難以解讀，但它們就是擺在那裡。二〇〇〇年，在科爾號攻擊之前，賓・拉登在一段呼籲發動更多攻擊的影像中現身時，就把彎曲的葉門短刀*jambiya*塞在自己的皮帶上。探員們也不知道，賓・拉登有沒有可能是在用這些訊息中的某些潛在語言來和他的關鍵副手聯絡，好比下達最後命令，或者開始將某個計畫運作起來。

九月十日深夜，在賓・拉登的影片預定要發出的幾個鐘頭前，「忠誠」遭攻擊而斷線。這場網路攻擊，震撼了在九一一之後有好幾年都將網路視為不可侵犯避難所的聖戰社群。網站管理者急忙想排除障礙，而使用者們則是一點一滴地流到其他更小的論壇，企圖尋找賓・拉登的錄影帶。然而錄影帶沒有出現，而幾年

13 譯註：在此指陽曆。

來一直是蓋達主要推廣中心的「忠誠」，則是永久地停機了。

接下來幾天裡，情報圈裡的許多人慢慢開始稍喘口氣。隨著論壇關閉且九一一過去，他們相信美國已經逃過了威脅。

幾個世紀前，在西元六二四年，也就是相當於伊斯蘭曆第二年時，穆罕默德曾率領一小群支持者攻打規模大上許多的多神教阿拉伯軍，地點就在巴德爾（Badr）井，是麥加與麥地那相連道路上的給水站。當時，這名五十四歲的指揮官還只是個追隨者不多的政治新貴。人數跟武力都遠不及對手的這一小群穆斯林——但據《古蘭經》所言，有著從天而降來支援信者的天使大軍在背後挺著——在齋戒月的第十七天痛擊了對手。穆罕默德的第一場重大軍事勝利，這場巴德爾之役，替接下來橫掃四方的征戰做好了準備。蓋達便是選在這場戰役的週年時刻，發動了他們至今在葉門所做過最大膽的突擊。

位於沙那市東側，喜來登酒店下坡處的美國大使館區，在一條住宅區道路的西側末端占據了好幾塊街區。若要抵達大門，就得要穿過兩個檢查哨，外側的是在整個館區的南端，而第二個則是在大門進來不遠處，沿路再走一百四十公尺左右的地方。九月十七日上午九點十五分，七名攻擊者分乘兩臺配有自製裝甲的改裝鈴木吉普車，加速衝向第一個檢查哨。五名打扮成士兵的槍手跳出了第一臺車並開槍，迫使葉門守衛匆忙找起掩護，而替第二臺裝著爆裂物的車清空了車道。一邊呼喊著「真主至大」一邊開槍的五人沿街狂奔，跟隨著第二臺車。這群人右手邊對著房屋左手邊對著大使館的牆壁奔跑著，他們的計畫是讓兩名自殺炸彈客開著鈴木吉普車衝破大門，接著就是五名槍手跟著穿過缺口，進入綜合樓區。

當吉普車靠近大使館大門時，一名當地約聘警衛按下一個按鈕啟動第二道金屬遮斷桿，也就是這臺加速車輛和大使館黑色金屬門之間的唯一屏障。當厚重的金屬桿在鈴木吉普車和兩名自殺炸彈客前面落下時，這名葉門約聘警衛被一名沿街奔跑的攻擊者開槍擊中了胸口。但他死前的這個臨機應變，使得吉普車撞在遮斷桿上，並在大門的幾公尺前爆炸，而門邊就有一排葉門人正等著進入大使館。兩名自殺炸彈客在爆炸中死去，還困住了大使館前面街上的剩下五名槍手，而他們離他們自己開的鈴木吉普車卻有一百四十公尺。這些人從沒預期自己會活過這場攻擊行動，而他們也沒一個人打算一路殺回吉普車那邊。相反地，他們在一連串與大使館外牆平行、有著黑黃條紋的水泥障礙物後方採取守勢——只是現在他們是和葉門士兵戰鬥，而非和那些已經進入封鎖的建物、正安全躲在大使館厚牆裡的美國外交官。接下來的一個半小時裡，在滿目瘡痍的街頭所瀰漫的濃煙和警笛聲中，這五個人一直堅守到中央安全部隊的士兵前來殺了他們。

這場自從一九九八年蓋達同步攻擊肯亞和坦尚尼亞以來對美國大使館造成最慘重傷亡的爆炸攻擊，造成了十多人死亡，其中多數是排隊要進大使館的平民。唯一死於攻擊的美國人是蘇珊・巴尼那（Susan al-Banna），一名十八歲的葉門裔美國人，當時她正排著隊，準備替剛與她結婚的先生辦理文件。這位新婚女性是賈比爾・巴尼那的堂姊妹。

大使館的攻擊者中，有三人是透過希塔爾的改造方案獲釋，而所有人都曾固定去紅海港城荷臺達的同一間清真寺。美國過去擔心著東邊的馬里卜以及那條弧狀路線連起的部族領域；但如今蓋達彷彿已是從四面八方而來。在美國這邊，民主黨總統候選人巴拉克・歐巴馬帶著警覺心留意這場攻擊事件。「我們必須有更多行動。」他這樣對記者說。如果民調無誤而他也勝選，那麼葉門很快就會變成他的難題。大使館在要求正式職員返回的幾週後，又再度封閉起來。

約在同一時間，一個上訴法院推翻了穆罕默德・穆威雅德，也就是美國在德國逮捕的那名葉門教士原本的定罪；接著，法院便採取了不尋常的步驟，指派一名新法官來重審本案。幾個月後，穆威雅德和他的助理就獲釋並回到葉門。

那年秋天，沙烏地阿拉伯釋放了被美國列為「負面領袖」並曾拘留在關塔那摩灣的賽義德・希赫里。二〇〇七年底美國把他送回家之後，沙烏地阿拉伯就讓他接受好幾個月的宗教改造。自從沙烏地阿拉伯人有了一個比希塔爾的方案資金更多、組織更完善的新版本方案後，他們便自認能在葉門失敗的地方獲得成功。良好的食物和溫和的氣氛，幫助希赫里增回了之前在關塔那摩損失的體重，而當他完成整套課程後，國家還替他找了個三十五歲的妻子和一份工作。他拒絕了。

同年秋天又過了不久，他邀請了幾名在改造單位裡認識的人，前往氣候溫和的山區城市塔伊夫（Taif）舉辦的一場盛宴。位於沿沙烏地阿拉伯西側海岸伸展的山脈中、就在麥加南方不遠處的塔伊夫，是該國的非正式夏季首都。在享用完食物後，希赫里就開始言歸正傳。他解釋，他請大家來這邊是因為他們有還沒了結的事情。其中許多人從關塔那摩那時就認識了希赫里，也都很尊敬他，但他們還是對他提議的事情感到驚訝。希赫里要他們重新加入蓋達。

賈比爾・費非，這名曾經在托拉博拉打過仗的藥癮康復者，聆聽著希赫里事前演練妥當的主張，發覺自己的思緒飄回了托拉博拉那一刻的人生。經歷了關塔那摩以及沙烏地阿拉伯改造方案的日子後，他已經接受了國家給予他的妻子，而他現在還有了女兒。他真的想為了亡命生涯而放棄那些？他付出的還不夠嗎？

希赫里以號召武裝行動結束了他的說教。現在該來完成真主命令他們去做的事情了。

在接下來的討論中，費非沒說多少話，但他心意已決。他要在沙烏地阿拉伯與家人一起過活。他跟蓋達已經了結了。這場會議在當晚不久後破局。希赫里企圖說服的那些人留下來等著進一步的討論和指示。那些人最終會和新領袖一起向南進入葉門。費非則是回到利雅德的家。

大使館攻擊事件的五週後，葉門蓋達嘗試了一次更有目標的攻擊。自從魯貝什謝赫和艾德蒙・赫爾六年前會過面、發誓讓自己的村落「無恐怖分子」以交換美國興建新醫院之後，蓋達就一直盯著這個家族。二〇〇七年八月，魯貝什謝赫的一個兒子、一名硬脾氣的中年保安官穆罕默德參與了一場攻擊行動，摧毀了當初發起馬里卜西班牙觀光客自殺攻擊的基層小組。「出賣你的宗教」就只有一種懲罰——當他們確認了魯貝什在那場突擊中的角色後，武海希便如此解釋——「那就是失去你的生命。」

身為保安官，穆罕默德・魯貝什通常會帶著一支保安小隊行動，蓋達的策畫者因此擔心無法靠近到足以射殺他的距離。軍事委員會因此提議使用炸彈。武海希喜歡這個點子。當他在阿富汗跟隨賓・拉登時，這位蓋達指揮官就曾授權發動過這樣的行動，而在九一一前夕刺殺了另一個相當困難的目標，也就是北方聯盟的指揮官阿哈馬德・沙阿・馬蘇德。

一名蓋達的爆裂物專家弄出了一個簡單的包裹炸彈，上頭裝了一個壓力計，用來在蓋子開啟時引爆。在這個書本大小包裹的外面，他貼上了一張美國攻擊直升機的照片象徵著魯貝什的背叛，然後把這整個東西用薩雷赫總統在報紙上的照片包起來。一名當地蓋達成員在馬里卜的一間加油站把包裹丟下，在一個郵務有限且沒有官方地址的地帶，這是很典型的送信方式。

三天後，十月二十日的早晨，蓋達發起了行動。一名成員打電話給魯貝什，告訴他加油站那邊有一個包裹在等他。那天下午，當保安總長把包裹拿起來時，那股爆炸力強到把他臉孔的一大半都撕開來，還傷到站在幾公尺外的士兵。魯貝什幾分鐘後就死在前往醫院的救護車上。

幾週後，在《戰鬥回聲》的第六期裡，蓋達把刺殺行動歸功於自己。「任何手上沾了聖戰者鮮血的人，或者與世俗異教徒合作的人，都會慘遇相同下場。」

第十七章　暗殺王子

二〇〇九年

二〇〇九年一月初，納瑟・武海希要求數名特務安排一名當地記者來採訪他。幾週前，曾被拘留在關塔那摩灣的賽義德・希赫里跨越了邊境，帶著他在塔伊夫盛宴上招募的沙烏地阿拉伯人來到葉門。這批來者把武海希正在尋找的機會給了他。葉門蓋達組織一直有許多沙烏地阿拉伯人——像是易卜拉欣和阿卜杜拉・阿希里兄弟這樣的人——但他們沒一個人有希赫里的風度或經驗。這位前關塔那摩灣拘留者很快就和武海希達成了協議。就如幾年前賓・拉登和艾曼・札瓦希里在阿富汗把各自組織合併起來那樣，武海希和希赫里將會宣布合併葉門與沙烏地阿拉伯的蓋達分支。這個新團體會稱作「阿拉伯半島蓋達」，或者是情報單位後來所稱呼的ＡＱＡＰ。

沙那的蓋達探子接觸了好幾名當地記者，追著他們求得專訪的機會，最後選定了阿卜達里拉・沙亞（Abdalilah Shaya）這名戴著設計師設計的眼鏡、留著飛機頭的年輕都會葉門人。在新組織裡被任命為軍事指揮官的卡辛・萊米，於沙那的一間藏身處裡審核了探子提出的選擇。當萊米做完背景調查，他便通知沙亞，蓋達會先需要他的問題清單。

沙亞提交問題後不久，蓋達那邊就傳話回來說準備好了。他們不允許這名記者攜帶筆電、手機，或者任何情報單位可以用來鎖定位置的電子儀器。蓋達會把事情都料理好。武裝護衛對沙亞進行了搜身檢查並給他蒙上眼罩後，便把他放進蓋達派來的車上。當人們把沙亞的眼罩拿掉，他發現自己站在一間四面徒壁的房間裡，被好幾個年輕人包圍著。在他面前的小桌上，有一臺打開了的筆電，是蓋達準備好給他用的。一名戴著黑格子頭巾，臉上鬍子有著灰斑的修長男子，示意沙亞坐在他旁邊。這名男子帶著沙烏地阿拉伯口音問候他，並給沙亞看他穿著的綠色背心。「你知道這是什麼嗎？」他問。

沙亞望著這名陌生人的臉，察覺對方正在捉弄他。「我不知道。」他結結巴巴地說。「某種包帶吧。」

「這是自殺背心。」那人說，同時把皮帶從肩膀上卸下來，掛在沙亞身上。「不要害怕。」他悄聲說。

沙亞從未親眼看過自殺背心，此時他僵直著讓那名沙烏地阿拉伯人把沉重的包帶整個慢慢放到他胸口上。「這裡面的爆裂物足夠把兩層樓掀開囉。」那人誇口說道。慢慢地，當沙亞努力嘗試控制呼吸時，那名沙烏地阿拉伯人開始示範炸彈要如何運作，把那些裝爆裂物的深口袋和啟動整組裝備的小型引爆器都秀給他看。「這些東西我從不離身。」那人吸了口氣，緩緩地來回觸摸粗糙的綠色布料。看到沙亞臉上不舒服的表情，這名沙烏地阿拉伯人戳了戳他。「來嘛，自己感受一下。」他指示道。「把你的手在上頭摸一下嘛。」

沙亞臉色發白並試著做出動作，但他的手不聽使喚。「停。」那人大喊。「不要碰。你會引爆炸彈。」

房間裡沒有人敢動。慢慢地，那人的臉上又擠出微笑。這是在開玩笑沒錯。這個沙烏地阿拉伯人一邊輕輕笑著，一邊把背心從沙亞的胸口卸下來並自我介紹；他是賽義德・希赫里，關塔那摩灣的前拘留者。

沙亞試圖冷靜下來，並在接下來的一輪介紹中試著記住他要問的問題。幾分鐘後，一群蒙面持槍者進入房間，示意武海希已經到場。這名年輕的蓋達指揮官又從賓・拉登的劇本裡偷了一頁下來；他想學他的那位英雄在阿富汗所精通的那招，在這邊創造出某種戲劇性登場效果。沙亞看著其他人問候起這名身穿淡藍色袍子、頭戴白色纏頭巾的小個子。他看過武海希的面部特寫照，但這名蓋達指揮官本人似乎更嬌小，他臉上穿出的叢生毛髮遮蓋了他尖挺的鼻子和凹陷的臉頰。很快就該沙亞出招了。這位謝赫就站在他面前。武海希握了握這名記者的手並帶著溫和的微笑擁抱他。「歡迎。」他說。「坐我旁邊這兒。」

沙亞想要開始採訪，但武海希搖了搖頭。「我們有一些該做的事情。」當他這麼說時，副官們送上了茶和冷飲。幾分鐘後，出現了幾盤食物。沙亞的臉上露出驚訝的表情。他並未預料到恐怖主義者會有殷勤的一面。武海希察覺他的反應，但這名蓋達領袖並未對此做出評論，就只是禮貌地顯露一點懷疑神色。當沙亞吃完了他們要他接受的飲食款待後，他才察覺自己根本不了解這些人是何方神聖。這些人並不是他過去所讀過的蓋達。

接下來九十分鐘裡，武海希試著教育他，詳細地跟這名年輕記者說明蓋達過去行動的宗教正當性，並展示他們「淨化阿拉伯半島」的計畫。這位話語輕柔的蓋達指揮官禮貌地避開關於無辜穆斯林死去的事情，好比幾個月前攻擊美國大使館時遇害的蘇珊・巴尼那；對於沙亞企圖把阿里・阿卜杜拉・薩雷赫描述成合法統治者，他也一笑置之。「什麼選舉？」武海希抗議道。

到了採訪尾聲時，武海希起身送沙亞到門邊。他警告，記得，直到我們通知以前，這次採訪都是不得外流的。這位蓋達領袖還有一個驚喜沒給。

在武海希受訪的同時，那位頭髮稀疏的托拉博拉參戰者賈比爾・費非，正在利雅德看著電視上播出以色列人與巴勒斯坦人的最新戰爭。

二〇〇九年一月三日日落不久，以色列部隊就穿過了邊界進入加薩。他們獲得的命令是，讓哈瑪斯再也無法從他們統治下不斷增長的貧民區中發動火箭攻擊。接下來的三星期裡，以色列噴射機痛擊了地中海沿岸那塊三百五十平方公里的狹長擁擠土地。等到以色列地面部隊於一月二十一日撤出時，留下的是超過一千一百名死去的巴勒斯坦人。

費非在半島電視臺看了這場持續數週的戰爭。他的眼睛接收著螢幕上晃過的濃煙和恐怖閃光，並想著自己的女兒。身在加薩的巴勒斯坦孩子們要怎麼辦呢，他心想著。他們難道不該擁有他女兒習以為常的一切嗎？

在他內心深處，希赫里在塔伊夫盛宴上說過的話又迴蕩到耳邊。費非依舊能聽見那名瘦削的沙烏地阿拉伯人在談及他們未盡的責任時，話語中的那種熱情與決心。他錯了。他的女兒不是他放棄聖戰的理由；她是他必須戰鬥的理由。他要去葉門。

在將近一萬公里外，巴拉克・歐巴馬要做出自己的抉擇。二〇〇九年一月二十二日，也就是上任的第二天，這位新當選總統便簽署了競選時期承諾的總統命令。坐在白宮西廂辦公室桌前面對著一隊退休軍官的歐巴馬，承諾要關閉關塔那摩灣並「恢復讓這個國家得以偉大的正當程序標準與核心固有價值，即便仍處在戰爭中。」

第二天武海希就放出了他的驚喜。這位蓋達領袖把一段有他自己、希赫里、萊米以及另一名前關塔那摩灣拘留者穆罕默德・奧非的短片，和沙亞做的訪談一起發出。這四個人代表了阿拉伯半島蓋達的新領導：兩名葉門人和兩名沙烏地阿拉伯人。

武海希的十九分鐘影片，使美國政府裡某些人最擔憂的事情化為現實了：美國一度監禁的人們現在逍遙在外，並威脅要殺害美國人。「真主為證，我們即將出動。」阿拉伯半島蓋達的新領袖們對著攝影機發誓。「我們會讓我們在巴勒斯坦和加薩的母親眼中充滿歡喜。」他們承諾道。「我們若不是騎在戰馬上揮著聖戰旗幟、帶著我們祖先的決心衝向他們，就是會為了這番事業而死。」就跟幾年前的賓・拉登一樣，阿拉伯半島蓋達已無懸念。這組織正以美國為目標。

在沙烏地阿拉伯，希赫里和奧非的現身引發人們拚了老命地蒐起一波情報。沙烏地阿拉伯的情報單位連這兩人離開該國都沒察覺；他們以為這兩人還在家跟家人在一起。掌管內政部的穆罕默德・賓・納伊夫，下令立刻重新檢視該國的改造方案。二月初，沙烏地阿拉伯公布了結果：包括十一名前關塔那摩灣拘留者在內的八十三人故態復萌，重新加入了蓋達。沙烏地阿拉伯情報單位聲稱，這之中有許多人逃到了葉門。

在沙烏地阿拉伯的通緝名單上，賈比爾・費非幾乎就在最上頭。幾天前，三十四歲、頭髮逐漸稀疏的他才履行了沉默誓言，並回到了葉門家裡。幾年來，（武器和藥物走私者都能溜過的）沙葉國界漏洞百出，而蓋達便是採取同樣的走私網絡，讓接受徵召者來到南方。一月中，就在武海希公開這段影像的不久後，費非和一小群沙烏地阿拉伯人就在邊境北方的山麓荒地上，和他們的葉門嚮導見到面。這些走私者率領費非一行人穿過南沙烏地阿拉伯滿是岩石的灌木叢，然後把他們丟在邊界剛過去的一個葉門小村落裡。這群人經過了好幾手的帶路後，最後終於有一名蓋達成員前來接他們。這個人給每位沙烏地阿拉伯人一把武器，並警告他們，要有會遇上麻煩的準備。

這些人得要穿過胡西派的地盤才能抵達下一個藏身處。接下來的四個小時裡，這支小車隊小心謹慎地駛過狹窄的山路，避開部族的檢查哨和可能存在的埋伏。到了某一刻，蓋達嚮導叫費非和其他沙烏地阿拉伯人換車，然後又繼續上路。這些葉門人都不肯解釋發生什麼事，沙烏地阿拉伯人便開始擔心起來。「這簡直一團亂。」費非盯著窗外暗自嘀咕，他的槍緊緊地抓在手中。最後，在薩達北邊的某處，車隊開出了泥土路，並在一間小屋前面停下。

在屋內的是納瑟・武海希以及其他阿拉伯半島蓋達領導人。這位蓋達指揮官對著疲憊的沙烏地阿拉伯人輕聲解釋，這個，就是他們的宣誓入會儀式。在屋內一角，武海希的一名副官架好了一臺攝影機來拍攝這事件。另一個人大聲唸出誓詞，沙烏地阿拉伯人便跟著他唸一次，唸出了「效忠之誓」，並發誓服從武海希。當他們的聲音消散於靜止的空氣中，屋裡的人們便帶著微笑和歡迎之詞，衝上來祝福費非和其他人。他們現在是阿拉伯半島蓋達的一員了。

宣誓入會後不到一個月，穆罕默德・奧非，這名出現在武海希影片中的前關塔那摩拘留者就失蹤了。一開始武海希跟他的手下說，有一個部族背叛了這名沙烏地阿拉伯指揮官。但很快地，消息就流傳開來，說沙烏地阿拉伯宣布全面特赦任何想要投降的蓋達戰士。沙烏地阿拉伯人聲稱，奧非利用了這個施捨，已經回去跟家人團聚了。

為了確保這些沙烏地阿拉伯──並非總是了解葉門的外國人──遠離麻煩事，武海希讓他們和當地家庭一起住，並限制他們在國內的行動。在奧非叛逃之後，限制變得更為嚴苛。「這一點都不像阿富汗。」費非向他的戰士同袍抱怨。「在那邊，我要去哪裡都可以。但在這邊，就好像你自己選擇待在監獄一樣。」

跟費非一起南下來此的沙烏地阿拉伯新兵們，大部分日子都耗在葉門北方山區那些小木屋般的藏身處裡避人耳目，離他們當初發誓效忠的地點不遠。他們和接待家庭共用的房子通常沒有自來水和電力。費非不准打電話給他的妻子或女兒。每次他要求調到其他地區好參加任務時，武海希都叫他要有耐心。

三月初，武海希從他的自殺炸彈預備軍團中，派遣了一名青少年前往東邊哈德拉毛沙漠地帶的希巴姆（Shibam）。希巴姆有五百座從谷底平面算起超過三十公尺高的泥磚塔屋，這座令人屏息的城市因此被列入聯合國教科文組織世界遺產，又名「沙漠中的曼哈頓」。這座城市的歷史可以追溯至基督時代，也是葉門少數合法的旅遊景點之一。武海希的手下指示這名十八歲炸彈客祕密監視著那座可以鳥瞰全城的山丘，觀光客常在那裡停下來拍照。

蓋達把終極目標交給那名青少年決定，但他們告訴他，他們要一大批死傷。他們決定不給炸彈客自殺背心，因為阿拉伯半島蓋達的領袖擔心這樣會洩漏身分，或在夏初的天氣中過於炎熱。一名蓋達的炸彈製造者設計了一種長方形、十公分厚的金屬盒子，讓他們可以在裡面放爆裂物。這位技師為了偽裝他的手工藝品，還在盒子上頭用螺栓固定了一大張裱了框的複製畫。

三月十五日午餐時間過不久，這名蓋達特務爬上了山丘並等著觀光客上門。

整個下午，只有幾個獨行的旅客爬了上來。這名青少年炸彈客還用破爛英語和這些外國人開玩笑，甚至還擺姿勢拍照。當太陽開始落入西邊山麓時，有一群滿身大汗的韓國觀光客爬上了山丘頂——就是他所等待的大團。此時太陽已經開始沒入那些泥磚摩天大樓後頭，他便匆忙準備就定位。當觀光客笨手笨腳地操作著相機時，這名自殺炸彈客走向他們，胸前緊抓著沉重的金屬盒。爆炸炸穿了這群人，殺死四名南韓觀光客，以及當時正要走過來和他同鄉打招呼的葉門嚮導。

四天後，蓋達又試了一次。一個南韓安全代表團飛抵葉門調查希巴姆爆炸案，而武海希不知怎地得知他們的航班何時離開。這次，他選了一名叫做卡利德・德哈亞尼（Khalid al-Dhayani）的二十歲葉門人。

攻擊發動的前一晚，德哈亞尼錄下了他的遺囑。他在胸前舉起一臺銀色的戶外手提喇叭，並在攝影機前搖了搖。「這是我的自殺背心」，他尖聲喊著，破音中還帶點稚嫩之氣，「我們會一起用這臺卡帶播放器來聽爆裂物的曲調。」畫面此時帶開，展示炸彈如何準備。在喇叭裡面，蓋達把幾百根釘子包在塑膠蓋子後面。接下來的二十分鐘裡，德哈亞尼把他的最後聲明整個怒吼了一遍，然後總算對雙親說了些話，最後只和母親講話。「和關在他們的監獄裡相比，這對我來說比較好。」他這麼告訴她，並再一次地破音。「那些說我們壞話的人，妳一個也不要聽。」

第二天早上德哈亞尼帶著他裝滿爆裂物的大喇叭出發，在機場路上偵察著一個位置。他的訓練者已經跟他報告得夠清楚，他現在完全知道韓國車隊的車長什麼樣子。他沒等太久。德哈亞尼一看到車隊，就把他的大喇叭扛到肩上，並走進頭兩臺車的車距間。釘子打碎了兩臺車的窗戶，但奇蹟似地只有德哈亞尼身亡；他碎裂的身體炸出一整片噴濺的痕跡，過了好幾個月都還沒消失。

整個夏天，蓋達都在向葉門大眾提出這兩起自殺炸彈攻擊的正當理由。阿拉伯半島蓋達刻意忽視了炸彈攻擊殺害的葉門嚮導，轉而把焦點放在韓國觀光客。該組織內部的一名教士阿卜・阿姆勒・法魯克（Abu Amr al-Faruq），發行了一本十九頁的小冊子。他寫道，「我們警告過他們。」意指著先前幾個月以來的公開聲明；他接著再繼續解釋攻擊行動背後的神學，再度援引先知穆罕默德「把異教徒從阿拉伯半島驅逐出去」的命令。

同時，還在讓自己的新角色——阿拉伯半島蓋達軍事指揮官一職——上軌道的卡辛・萊米，在馬里卜與賽義德・希赫里會面。自從二月奧非叛逃以來，萊米就在尋找回擊沙烏地阿拉伯人和穆罕默德・賓・納伊夫的辦法。這名沙烏地阿拉伯王室成員成了蓋達的頭號目標。蓋達在沙烏地阿拉伯的網絡於二〇〇三年和二〇〇六年各遭毀滅一次，而兩次他都得要負責；此外，也有證據顯示納伊夫正在葉門境內栽培自己的情報間諜網。之前他提出的無限期特赦，只是他企圖削弱蓋達的最新一步罷了。

萊米解釋，他想要派一個葉門人穿過邊界，假裝配合投降沙烏地阿拉伯人。藉此，他繼續說道，蓋達便能反過來利用賓・納伊夫在奧非身上獲得的成功來對付他。隨著萊米和希赫里持續討論，情勢就越來越明瞭；炸彈客得要是沙烏地阿拉伯人。葉門國籍的人就沒辦法太靠近他。這名炸彈客得要是個熟悉沙烏地阿拉伯人及其風俗的人。希赫里提議阿卜杜拉・阿希里，也就是那名曾說過最大夢想是在沙烏地阿拉伯執行自殺攻擊的年輕沙國人。易卜拉欣・阿希里基於他的化學背景已躋身為蓋達最頂尖的炸彈製造者，而他主動願意打造炸彈給他兄弟用。兩兄弟把易卜拉欣的入獄和兩人的逃離故鄉都歸咎於此人，並希望能對他報仇。

七月二十六日，掌管美軍在中東、北非和中亞所有行動的美國中央司令部司令大衛・裴卓斯將軍（General David Petraeus），抵達沙那與薩雷赫總統會面。八個月前裴卓斯首度訪問葉門時，氣氛非常緊張。機場警衛企圖沒收他的行李，而這位將軍便告知薩雷赫，未來這樣的待遇就代表葉門不是想獲得美國協助的友邦。到了這次，薩雷赫可說是竭盡其力地表現良好。與裴卓斯會面時，他戴了一副深色的太陽眼鏡來遮住他左眼下因為山區騎車意外造成的醜陋擦傷，並保證全力支援反恐行動。「**無限制也無條件地支持**。」他主動提出。阿拉伯半島蓋達是「危險的毒藥。」

那場會議的五天後，薩雷赫藉著出動部隊作戰，展現了他對反恐的全新決心。幾乎就在同一時間，事情就開始出錯了。有一臺卡車裝著武器及一箱箱用來收買馬里卜各部族謝赫的資金，在沙漠乾谷中行駛時轉錯了彎而失蹤。其他坦克和士兵確實抵達了馬里卜的目標村落，卻炸錯了房子。沉重的坦克炮彈打穿了村落住家的泥牆，部族成員便開火還擊。就在隔壁，這場攻擊原本的目標，蓋達嫌犯埃德・夏布瓦尼（Aidh al-Shabwani），則是加入了他的部族鄰居來對抗軍方攻擊。這場後來在蓋達的宣傳活動中為人所知，才被稱作「馬里卜戰役」的戰鬥，持續了超過六個小時。那天稍晚，一小群由卡辛・萊米領頭的蓋達戰士包抄了現在幾乎在和全村戰鬥的軍隊。蓋達的增援部隊從附近的柳丁園發射火箭推進榴彈，在軍方撤退前摧毀了五臺坦克。目標蓋達成員一個都沒死。

當村裡的戰鬥快要結束時，正在加速穿過沙漠前往村落的第二支蓋達戰士分隊，居然遇到了失蹤的軍方貨車。他們立刻抓住了守衛卡車的七名士兵，並搶走了武器和錢。他們讓戰利品載回村落後，便把一切都交給了現場的高階蓋達軍官萊米。萊米讓這群士兵沿一面煤渣磚牆排好後，快速做了個決定。他並未處決他們，而是要他們在眾人面前痛悔自己居然以真主的戰士為目標。萊米解釋，蓋達與入伍當兵的人無冤無仇，有仇的只是薩雷赫和美國人而已。一名蓋達技術人員立刻架起了攝影機，讓七名士兵一個接一個經過鏡頭前，坦承自己錯信阿里・阿卜杜拉・薩雷赫的謊言。在他讓他們離開前，萊米要每個人就著《古蘭經》發誓：再也不對蓋達舉起武器。

在沙那，當人們還在猜測政府這次在馬里卜省出糗是怎麼回事時，一名三十八歲的葉門裔美國人、掛著茂密黑鬍子和金絲邊框眼鏡的教士，在網路上用自己的部落格剖析了這整場行動。身為葉門某部長兒子的安瓦爾·奧拉基（Anwar al-Awlaki）一九七一年出生於美國，當時他父親是領取傅爾布萊特計畫獎學金的學生，在美國新墨西哥州立大學研讀農業。他們家於一九七八年搬回葉門，其後奧拉基在葉門度過了大半的年少歲月，直到一九九一年回美國就讀科羅拉多州立大學。

九一一那時，奧拉基是維吉尼亞州某間香火鼎盛的清真寺伊瑪目，而在攻擊發生後充滿恐懼的日子裡，他常被找去跟美國人解釋伊斯蘭。他在線上聊天中回答《華盛頓郵報》的問題，甚至參與五角大廈的祈禱早餐。但到了二〇〇二年末，察覺恐懼和威嚇的周遭氣氛，奧拉基離開了美國前往英國。他在倫敦的演說很快就在西方穆斯林中贏得廣泛的追隨者，他們尊崇他是一位能以當代方式呈現傳統穆斯林價值的人。兩年後，也就是二〇〇四年，當他離開倫敦時，人們又再度詢問起他的過去。他曾經在聖地牙哥見過九一一劫機者中的兩人，而九一一委員會始終都無法認定他們這段來往關係的本質究竟是什麼。「他是九一一事件的一個末端人物。」委員會主席後來如此承認。

在葉門，奧拉基因為一件始終沒有完全公開的含糊案件被逮捕。美國方面最後一次聽說他的消息，是二〇〇七年十二月葉門出於缺乏證據釋放了他。現在奧拉基跳出來支持馬里卜的蓋達戰士，並要求他的追隨者祈禱他們對抗薩雷赫及美國的戰爭得以成功。

約莫在奧拉基於個人網頁上寫著馬里卜戰役的事情時，蜜雪兒・謝菲德（Michelle Shephard），這名金髮時髦的《多倫多星報》（*Toronto Star*）國家安全記者，正在葉門試圖追蹤他。在她於多倫多採訪的一件恐怖主義案件中，奧拉基的線上演說突然從中冒了出來，而她想要聽聽看，當那位教士知道自己的話語被用來讓暴力正當化時，他自己會有什麼感想。一名當地聯絡人把奧拉基沙那老家的電話號碼給了她，但接起電話的這位說英語的女性，發誓奧拉基不在國內。不相信這說法的謝菲德，請這位女性代為傳話給奧拉基。這位教士從未回電過。

謝菲德並不是那年夏天唯一一個在尋找奧拉基的人。二〇〇九年八月，一名二十二歲、有著短黑髮和迷人笑容的奈及利亞研究生烏馬爾・法魯克・阿卜杜・姆塔拉布（Umar Farouk Abdu Mutallab），利用在杜拜念書的空檔抵達葉門。先前姆塔拉布曾在葉門學習過阿拉伯語，而現在他很快就在沙那鬧區的某間學院重新成為語言學生。但他並未專注於阿拉伯語班，反而把時間花在參訪沙那清真寺，希望能遇上某個能讓他聯繫上奧拉基的人。這名年輕奈及利亞人相信，這位教士是他未來的關鍵。他最近下定決心要加入聖戰，而且，他已經迷上奧拉基日漸極端的網路布道，正需要這位教士指引。在某間清真寺，一名聲稱知道如何聯繫奧拉基的人，記下了姆塔拉布的聯絡資料。幾天內，姆塔拉布便從奧拉基那邊收到簡訊，給了他一個可以打去的號碼。在他們簡短的會談中，奧拉基指示這名年輕研究生寫篇文章來解釋他想要加入聖戰的欲望。

姆塔拉布花了幾天寫完文章，然後便交給躲在南葉門部族盟友那邊的奧拉基。那位教士在讀了姆塔拉布的回文之後回應他，不用擔心。他會找到辦法讓這名奈及利亞人加入聖戰。

在南葉門，卡辛・萊米正視察著阿拉伯半島蓋達的各個藏身處，並炫耀易卜拉欣・阿希里替他弟弟打造的自殺帶。「為將要戴上這條帶子的人祈禱，願他能完成他的行動。」萊米對阿比揚和夏布瓦的特務們說。人們可以感覺到有大事要發生了。萊米從未要他們為一條自殺帶祈禱過。但當這些人問起行動時，萊米只是微笑著說，若真主允許，他們很快就能得知了。

幾週後，阿卜杜拉・阿希里離開馬里卜，踏上漫長的旅途前往沙烏地阿拉伯邊界。他的哥哥易卜拉欣，也就是打造了炸彈給他穿著的人，同意開車載他跑完一大半的路程。少數知道這趟行程目標的人祝福兩兄弟一切順利。阿卜杜拉一直是組織中很受歡迎的一員，經常志願替別人洗衣服做飯。對這個休假就在齋戒並閱讀《古蘭經》的二十三歲瘦子來說，沒有什麼工作會令他覺得大材小用。抵達邊界後不久，易卜拉欣就在一串沙丘間停下了車，並對他弟弟點了點頭。時間到了。兩人最後一次相擁，同時易卜拉欣在弟弟耳邊悄悄說了幾句話。接著，這位蓋達炸彈師就目送自己的弟弟，那個曾經要他挖遍垃圾以確保真主名字有好好處理的小男孩，就這麼消失在前往沙烏地阿拉伯的沙漠中。

在邊界關卡處，阿希里走近沙烏地阿拉伯警衛，向他們解釋他有話要和穆罕默德・賓・納伊夫說。他有一封信，是來自與逃犯們一同南逃的賽義德・希赫里妻子與繼子，而他的話只能直接對賓・納伊夫說。

「願你獲得平和與祝福，阿卜杜拉兄弟。」當警衛替他們通上話之後，賓・納伊夫這麼說。「你好嗎？」

已有人向賓・納伊夫簡報，阿希里自稱是一群身在葉門且想自首的沙烏地阿拉伯人所派來的特使。

「你哥哥易卜拉欣好嗎？」賓・納伊夫問道。「我希望他平安。」

「他很好，感謝真主。」阿卜杜拉在電話裡小小聲說。

「我給你帶來好消息。」賓・納伊夫繼續說道。「你的母親和父親都挺不錯的。」這句巧妙的挖苦是故意要提醒阿卜杜拉，儘管他跟他哥哥逃出了沙烏地阿拉伯，但他們所愛的人可沒有。賓・納伊夫有在照顧他們，但他要把他們關起來也是易如反掌。

當玩笑話終於講不下去後，賓・納伊夫問這位年輕人他有何貴幹。

「我想要和你會面。」阿卜杜拉說，還說有些沙烏地阿拉伯人很害怕，因此想聽賓・納伊夫本人親口說他們回來後不會被關。「你可以派飛機來嗎？」阿卜杜拉問。「如果當你在場時我對他們說，那麼靠著真主的力量，他們就不會有疑慮了。」

賓・納伊夫同意了，並說他會派私人飛機到納季蘭（Najran）接蓋達特務前來會面。

八月二十七日星期四，上午七點過後不久，賓・納伊夫的飛機回到了沙烏地阿拉伯的海岸城市吉達，降落在城鎮北邊的阿卜杜拉・阿齊茲國王國際機場（King Abd al-Aziz International Airport）。賓・納伊夫的一名助理護送阿卜杜拉到城鎮另一頭的出租樓層，讓他能在夜晚結束齋戒並與賓・納伊夫會面前，先行小睡片刻並放鬆。賓・納伊夫不希望讓什麼事情嚇到阿希里，而他也告訴他的手下，給這名蓋達嫌犯一些自己的空間。

那天晚上，阿卜杜拉抵達了賓・納伊夫的宮殿，輕鬆地通過了寬鬆的保全進入主室，而賓・納伊夫正在那裡接待著訪客。賓・納伊夫以一個擁抱問候了這名瘦小的年輕人，親了他的臉頰並且再度問候他的身體狀況。阿卜杜拉拿起了他的手機，解釋他想要打通電話到葉門，好讓賓・納伊夫可以親自向叛逃者保證歡迎他們回來。

當然，賓・納伊夫同意了。

葉門這頭，許多蓋達戰士擠在電話前，等著聽他們知道快出現的爆炸聲。「說話呀。」他們對阿卜杜拉說。他們都想聽到。

「好。」阿卜杜拉說，並將手機遞給賓・納伊夫。「王子到。」

「願你們獲得平和與祝福。」賓・納伊夫對著手機說。「我是你們的兄弟，祝你們都平安。」在傳統的問候之後，賓・納伊夫又補上，「我很高興聽到你的聲音，以及你們全體兄弟的聲音。」正當他要開始說下一句時，一陣爆炸穿過了房間，也中斷了通話。

當納伊夫因為電話而分心時，阿卜杜拉將手偷偷伸進長袍裡，並引爆那枚塞在他直腸裡好通過保全的炸彈。阿卜杜拉的身體吸收了大部分的爆炸威力，使得爆破向上直衝，把他的頭跟身體分開，並在屋頂上炸出一個鮮血四濺的洞。站在離阿卜杜拉不到一公尺處的賓・納伊夫，不知怎地在爆炸中倖存下來。

第二天，沙烏地阿拉伯國家電視臺播出了阿卜杜拉國王和賓・納伊夫在醫院會面的畫面。「真是犯了大錯。」賓・納伊夫對國王這麼說，並坦承他並未搜炸彈客的身。唯一看起來像有受傷的跡象，就是包在賓・納伊夫左手中指上的一些白色醫療膠帶。

第十八章　欺騙國會的原因

二〇〇九年——二〇一〇年

二〇〇九年十二月十四日，在納瑟・武海希和卡辛・萊米越獄近四年後，美國國務卿希拉蕊・柯林頓（Hillary Clinton）將阿拉伯半島蓋達指定為恐怖組織。兩天後，軍方向一支由官員和律師組成的跨部門隊伍進行了四十五分鐘的快速簡報，展示了他們所謂的「銅色沙丘行動」（Operation Copper Dune）。軍方想要殺死他們在葉門南部鎖定的三個人——代號分別是阿克倫（Akron）、托雷多（Toledo）和克里夫蘭（Cleveland）。攻擊行動的主目標「阿克倫」本名是穆罕默德・卡札米（Muhammad al-Kazami），美國分析師認為他要替二〇〇七年馬里卜那場針對西班牙觀光客的自殺攻擊負責；他們認為他正計畫著一場攻擊美國駐沙那大使館的行動。

那天下午，在安全保密的電話會議中聆聽軍方簡潔報告的五角大廈首席律師傑伊・強生（Jeh Johnson），覺得自己沒有準備好要做他被找來做的決定。軍方想知道他們能不能合法擊殺這三個目標，而強生研讀相關證據至今還不到一小時。最終他授權擊殺阿克倫和托雷多，但勾消了克里夫蘭。他覺得，造成平民死傷的可能性就是**太高了**。如今文件就緒且有了強生的許可，軍方便開始進行銅色沙丘行動。

在世界的另一頭，十二月十七日黎明前的黑暗中，一艘位於葉門海岸水域中的美國海軍船艦開了火。目標是進入內陸幾公里處的一個小營地，美國情報部門認為那裡是卡札米所居住的蓋達訓練營。這個靠近馬加拉村（al-Majalla）的營地坐落於阿比揚省南部滿是岩石的低矮小丘間，幾乎沒有道路可達。美國的目標鎖定者從空中能看到的就只有幾個帳棚散布在發育不良的樹木間，而到了夜晚，就變成了應該是營火的細細光點。

裝著集束炸彈的艦載飛彈離開船艦的幾分鐘後，便劃過了漆黑在營地間爆炸。華盛頓這邊，強生則是在軍方某些人稱作「殺戮電視」的設備上觀看即時傳送過來的畫面。一分鐘前他看到還在動來動去的顆粒狀人物沒了，在一連串安靜的閃光中被抹去。營地裡，地表因爆炸的威力而翻滾顫動，樹木遭到橫掃，石頭被扔上天空。會從母彈射出更小型子彈藥的集束炸彈，在以榴霰彈片撕裂血肉和布料的同時，又把更多爆裂物噴進空中。沒有引爆的炸彈自己埋進了堅硬的地表裡，形成了布下未爆軍武的地雷區。幾分鐘前，這片砂礫陸棚上還有一個個家族散布在一片片破爛藍色防水布之下，如今卻只剩下一波接一波的火光爆炸和恐懼尖叫聲。一名後來抵達現場的部族成員詳述了這片殘局。「你看見山羊跟綿羊到處都是。」他說。「你看到被殺的人頭東一個西一個；你看到小孩們。而且你分不出來這塊肉究竟是牲畜還是人的。」

在其中一個脆弱的建築結構中，一枚美軍飛彈殺死了穆罕默德・卡札米以及他的妻兒，他們都睡在他身旁。然而，其他的受害者多半是當地的貝都因人，在葉門南部這片偏遠山谷裡以畜牧為生。美國並未打中蓋達訓練營，而是攻擊了一個貝都因人的營地。是他們邀卡札米來做客，而非他們被卡札米邀來。

在「殺戮電視」上看了毀滅過程的強生對一名朋友說，「如果我是天主教徒，我就得去告解了。」他的感覺就很像另一名政府律師，那人曾把自己阻止鎖定目標擊殺的嘗試比擬為「拉一根控制桿，來阻止軌道上一列全速衝刺的運貨火車」。

強生和其他政府律師本來應該是來拉那控制桿的，但面對軍方木已成舟的必然，他們時常會覺得無力阻擋。

蓋達後來會宣稱，共有五十八人在攻擊中喪生，其中包括一些婦女和小孩。[14]倖存者接下來一整天幾乎都在清洗那些還完整的屍體，並準備將他們下葬。有些人走過焚燒過的砂礫，把廢榴霰彈筒拉出荊棘叢，並從樹上拉下纏成一團的破衣服，納悶這些貝都因人究竟是做了什麼事才招來這種天罰。

在馬加拉村大屠殺的北方兩百四十公里處，葉門也盡了自己的一份心力支持協同作戰。當美國的艦載飛彈正飛向貝都因營地時，葉門反恐部隊則是包圍了沙那北方不遠處的一間兩層樓石屋，他們相信卡辛・萊米就躲在裡面。在清晨的交火中，葉門部隊殺死了幾個月前就失蹤的前關塔那摩灣拘留者哈尼・沙蘭（Hani Shalan）並逮捕了一些人，但卻沒有萊米的蹤跡。

三天後，也就是十二月二十日的晚上，薩雷赫・賓・法利德（Salih bin Farid）這名留著灰色山羊鬍、眼底下有著皺褶眼袋的阿瓦利克部族富有謝赫，在離馬加拉村只有一百來公里的家中召開了跨部族會議。同一天稍早他參訪了轟炸現址，眼前所見令他震驚不已。他並未看到新聞報導中的蓋達訓練營，反而只看到一個貝都因營區碎屍滿地。這名有權有勢的部族領袖，過去家族還有人擔任替英國統治當地的蘇丹，可以說流利的英語；而他看見了許多彈片上頭還印著「美國製造」。他很快就發覺，這些彈片戳破了葉門政府聲稱自己執行了這趟攻擊的說法。

因為多人喪命與政府說謊而憤怒的法利德，組織了一個由數千部族成員發動的大規模抗議，並定於十二月二十一日舉行。在預定發動抗議的前一晚，將近一百五十位部族領袖在法利德有如大廈般的家，針對一些基本規則達成一致共識。有些部族因為長年以來的不合，因此得退出這種大規模集會。那天晚上九點半左右，當法利德和賓客在用餐談話時，他的一名護衛悄聲進來說，外頭有五、六個年輕人有話跟他說。

14 國際特赦組織最終認定死亡人數為五十五人，包括十四名阿拉伯半島蓋達特務和四十一名當地居民，其中三十五人是婦孺。這個不一致最有可能是因為有三個人後來踩到未爆彈而死。

「叫他們來這邊。」法利德命令道。

「但他們身上都帶了機槍，有手榴彈，還有火箭發射器。」

「不打緊。」法利德回答。「我們也一樣。」

這些以貧困地區來說乾淨體面到驚人的年輕人，拒絕了法利德招待的食物。年長的謝赫認識這裡面多數人的家族和部族，但當這些年輕人開口時，法利德發覺事情有點不太對勁。這些人顯然很有錢，但沒有工作。他們笑著說，有些人都說「我們是蓋達。」

「那你們是嗎？」法利德問道。

這些人承認自己就是，並問他們能不能出席明早的抗議。法利德對此十分謹慎。他的遊行是要向全世界說，美國攻擊了一個貝都因村落而非一間蓋達訓練營，但他面前的這些人卻也是部族成員，因而有權出席。「如果明天你們是以尋常部族成員的身分前來，那就歡迎你們。」法利德說道，但他不會允許這些人以蓋達身分出席。

「好」，這些人聽法利德講完便說，「那我們不會來。」然而，這些人還是有什麼讓法利德心煩，因此他再度警告他們不能以蓋達身分前來抗議。「如果你們真的以那個身分來了」，他用低而粗的聲音重複說道，「要是接著活得過三天，就來刮我的鬍子。」葉門習俗中有一個部族間的誓言，公然刮掉某人的鬍子是不可原諒的侮辱，而法利德對他們說這話的意思就是，如果他們破壞協定，他三天內就會殺了他們。蓋達特務們向法利德保證，他們不會出席抗議。

第二天早上他們還是來了。當年輕蓋達特務開車到了會面點時，他們可以看見數千名部族成員亂哄哄地在討論著抗議。穆罕默德．基勒維（Muhammad al-Kilwi），一名鬍鬚染成指甲花色，但黑色鬍鬚根已經冒出來的高個子，帶著望遠鏡走出了車子。身穿綠色軍用夾克以及葉門南部人常穿的圖案裙子*futa*的他，爬上了車頂並開始說話。

「蓋達在葉門的戰爭是對抗美國」，他說，「不是對抗葉門軍。」

隨著基勒維的聲音響徹廣場，數十名部族成員晃過來聽他要說什麼，並以攝影機和手機錄下他的話。「士兵們，你們要知道你我之間毫無冤仇。」他說話的同時還有兩人站崗，緊握著步槍巡視著群眾中的威脅。「我們要找的是跟美國人和他們的走狗。」停下來吸口氣後，他繼續說道，「我要你們從美國人的隊伍中退出來，並知道這之中的勝利是為了真主的共同體。」

法利德的一名手下認出基勒維等人就是昨晚的蓋達戰士，便立刻跑去找正在幾個替部族大人物搭的大帳篷篷蓋下休息的謝赫。「我警告過他們了。」法利德咆哮著，從身邊地上抓起一挺機槍。「不是他們死就是我亡。」他氣喘吁吁地站了起來。幾名護衛按住他們的長老，並保證他們會搞定麻煩。但當他們回到遊行隊伍那一側時，滿載蓋達戰士的車子已經開走了。

一如法利德所擔憂的，基勒維的短短一席話支離了他遊行的目的。在那天深夜，半島電視臺播出了手持攝影所拍下的基勒維，並且被確切地指認出是一名蓋達特務。

兩天後的耶誕夜當天，美國又進行了第二次艦載飛彈攻擊。這枚造價六十萬美元的飛彈飆過海面和海岸山脈，最後射穿了拉夫德赫（Rafdh）這個小村落附近一間小石屋的屋頂。爆炸殺死裡面的四個人，並把整個村落都搖醒了。位於夏布瓦省、距離最近的鋪柏油路面有兩個多小時路程的拉夫德赫村，是一個遺世獨立的小世界，村民在沒有自來水或電力的條件下勉強生存，只有一間校舍能提供政府還存在的象徵。多年來這棟建築都空著。但在二〇〇九年初，法赫德・庫薩，也就是九年前睡過頭沒拍到科爾號攻擊的砸鍋蓋達小兵，在出獄不久就抵達了此處，並表達他願意提供師資給這個村子。幾週內，庫薩就帶了幾個年輕人回來，開始教孩子們如何讀《古蘭經》以及其他他們稱作「宗教科學」的科目。葉門政府幾年來都無法提供的東西，蓋達在幾天內就送來了。

十二月二十四日清早，庫薩隨著村民一起聚集在打爛了的石屋殘骸邊，檢查損害情況。每一名受害者他都認識。其中一具殘破的遺體是穆罕默德・基勒維。一如法利德預料的，這些人活不過三天。

到了美國發動耶誕夜攻擊那時，阿拉伯半島蓋達的最新計畫已經在進行了。幾個月前，烏馬爾・法魯克・阿卜杜・姆塔拉布，那名把文章交給安瓦爾・奧拉基來解釋為什麼想加入聖戰的奈及利亞學生，離開了沙那前往南邊的夏布瓦省。十月，姆塔拉布給他父親傳了一串短訊，通知自己不會再與他聯絡了。

「如果我做了什麼壞事，請原諒我」，姆塔拉布寫道，「我不是你的孩子了。」這個二十二歲的學生送出最後的簡訊後，就拆了自己的手機，並弄壞ＳＩＭ卡。

在心急如焚又無法聯絡上兒子的情況下，這名傑出的銀行總經理烏馬魯・姆塔拉布（Umaru Mutallab）前往了奈及利亞首都阿卜賈的美國大使館與官員會面，並就他兒子極端化的事來警告他們。官員們馬上記下了姆塔拉布的可疑之處，在他們的報告中寫下，烏馬爾・法魯克在葉門，而且有可能與阿拉伯半島蓋達有所聯繫。中央情報局的官員把這名奈及利亞人的名字加進了國家反恐中心裡一個有五十萬筆人名的資料庫。然而，這篇文字含糊的通知並未觸動任何警戒，烏馬爾・法魯克這個名字也從未傳到聯邦調查局，而聯邦調查局又保留著自己的一份觀察名單，用於美國國土安全部的禁止乘機名單。在九一一發生後八年內成立的各種疊床架屋的官僚體系中，也沒有任何人想到要撤銷姆塔拉布一年多前拿到的美國簽證。後來國土安全部部長珍妮特・納波利塔諾（Janet Napolitano）承認，這個系統失靈到悲慘的地步。

當烏馬爾・法魯克的父親在奈及利亞拉響警報的同時，他自己則是發下了「效忠之誓」，並同意執行一次殉教行動。又一次地，阿拉伯半島蓋達要求易卜拉欣・阿希里打造炸彈。賓・納伊夫的攻擊失敗是因為炸彈客把炸彈藏在直腸內，而他的身體吸收了大部分的爆炸威力。這也說明了為什麼賓・納伊夫即便站得離攻擊者那麼近，卻只受了一些皮肉傷。為了避免新炸彈遇上這種問題，阿希里得要想辦法把一枚強到能讓飛機墜毀、但又小到能躲過安全檢查的爆裂物藏在姆塔拉布的身體內。阿希里使用了賓・納伊夫攻擊事件中用過的塑膠炸彈PETN，但這次他不再打造體內炸彈，而是把爆裂物縫在特製的內衣上。

烏馬爾・法魯克買了一張十二月七日前往衣索比亞的票。在他離開葉門之前，一名蓋達攝影師錄下了他在阿拉伯半島蓋達某間流動訓練營裡持武器開火的影像。接著，這名微笑的年輕人便坐了下來，錄下他最後的遺囑。

短暫停留衣索比亞後，姆塔拉布飛往迦納。十二月二十二日，姆塔拉布的二十三歲生日那天，他人在迦納的首都阿克拉。同一天，歐巴馬總統正在白宮與中央情報局、聯邦調查局以及國土安全部的官員會面，檢閱可能會對美國發動的攻擊計畫。就在歐巴馬開會處的同條走廊另一頭，約翰・布倫南（John Brennan）正主持著有關阿拉伯半島蓋達威脅以及葉門事務的會議。然而，政府內沒有人把這兩個會議的事情整合在一起。

兩天後，當美國發動耶誕夜攻擊，殺死了基勒維及三名蓋達特務的同時，烏馬爾・法魯克飛抵奈及利亞的拉哥斯，然後又轉往阿姆斯特丹，並於耶誕節清晨搭上西北航空二五三號班機。這名年輕奈及利亞人坐在空中巴士A330的19A座位，就在油箱的正上方以及飛機內艙壁的旁邊；他等到飛機接近底特律附近，便退到了洗手間內。二十分鐘後，他回到了座位上。他一邊抱怨肚子不舒服，一邊把毛毯拉過膝蓋。在毛毯底下，他緊握著會引發化學反應進而引爆炸彈的注射器，但當他用力一插之後，卻只發出砰的一聲巨響和火花，他的褲子隨即著火。明顯因為沒有爆炸而震驚不已的姆塔拉布仍坐在位子上，盯著這團小小的火焰，以及他抓在手上還在冒煙且融掉一部分的注射器。

隔了幾個座位，有一名荷蘭電影人亞斯帕・舒林加（Jasper Schuringa）看到了火花並衝過去解決燒起來的那人。舒林加和空服員及其他乘客一起滅掉了火，並把烏馬爾・法魯克拖到經濟艙，將他銬在那邊。幾分鐘後，飛機便在底特律的都會機場降落。

當約翰・布倫南接到白宮戰情室電話時，他還在煮耶誕節晚餐。電話那頭的聲音通知他，降落在底特律的一班飛機有個人「有點問題」。在近八千公里外的夏威夷，正在度假的歐巴馬總統也收到類似的訊息。

幾天之後，在經過情報系統快速審視後召開的記者會上，布倫南解釋，阿拉伯半島蓋達出其不意地對美國出手。布倫南告訴記者，美國知道阿拉伯半島蓋達渴望攻擊美國，「但我們不知道他們已經進展到了實際派出人員的情況。」在九一一過了快十年的此時，美國再一次低估了蓋達。

事實上，美國似乎搞不清楚阿拉伯半島蓋達的真正本質。布倫南形容那是「來自巴基斯坦蓋達核心的延伸」，但國務院就比較精準，把它視為一個本身就有層級制度和決策機構的獨立恐怖主義團體。私底下，歐巴馬對於國家安全的失敗感到憤怒。「我們躲過了一顆子彈，但就只是千鈞一髮而已。」一月初結束假期返回時，他對官員們這麼說。在與副手們於白宮進行的一場緊繃的會議中，歐巴馬要他們想像一下，如果炸彈客成功了會如何。「他也有可能不出錯，那麼我們就得坐在這邊，面對一架飛機爆炸並殺害了一百多人的情況。」

還不確定歐巴馬在這次有驚無險後會下什麼令的裴卓斯將軍，已先回到了葉門，準備和薩雷赫再度會面。這位美國中央司令部的指揮官要盡可能地給歐巴馬展示最多種選擇。裴卓斯要薩雷赫允許美國特種部隊在葉門國內領頭攻擊。「你不能進入行動進行的區域。」薩雷赫說，聲稱美國士兵只會讓情況火上加油。薩雷赫繼續說道，美國在十二月十七日的馬加拉村襲擊中，已殺害太多太多的平民。

裴卓斯打斷了總統的話，主張唯一死於馬加拉村轟炸的平民就只有穆罕默德·卡札米的妻子和兩個小孩。薩雷赫轉頭向他的助理做確認，但沒有一個葉門人被裴卓斯主張的平民三人死亡說法所說服。他們都看過殘破屍體的照片：女人們和孩子們堆在路邊等著埋葬。裴卓斯的計算和葉門電視畫面之間的差異，有一部分是因為白宮有了認定死傷的新方法。除非有明確情報能替特定某人開脫，否則攻擊地點上所有處於從軍年齡的男性，都會被美國算作戰鬥人員。

不過，薩雷赫還是給了裴卓斯一些東西。往後美國不用只靠巡航近海的戰艦發射飛彈攻擊；現在美國可以把軍機送進葉門領空，攻擊國內的蓋達目標。「我們會繼續說炸彈是我們的，而不是你們的。」薩雷赫保證。在他身後，副首相拉夏德·阿利米（Rashad al-Alimi）開玩笑說，他剛剛「騙」了國會，跟他們說馬加拉村攻擊的炸彈是美國製，但是由葉門人所部署。

在薩雷赫允許裴卓斯擴張葉門戰事的兩週後，美國噴射機便在沙烏地阿拉伯邊界附近擊中了一臺車；美方認為車上載著一群包括卡辛·萊米在內的蓋達戰士。飛彈摧毀了車輛但沒打中戰士，因為炸彈落下時，他們正縮在一塊岩石的突起處下頭休息。有一片榴霰彈片擦過了萊米，割傷了他的肚子。其他人則是毫髮無傷地逃過一劫。

一月底，當美國戰機穿梭葉門鄉間尋找目標的同時，阿卜達里拉・沙亞，那名捲髮記者，則是向南前往夏布瓦，準備二度訪問安瓦爾・奧拉基。上次沙亞見到這名被自己部族藏匿的逃亡教士已是幾星期前的事，如今他的鬍子已經長長了不少。他頭上金屬絲般的頭髮現在已經留到長袍的領子下頭了。在十一月底的第一次訪談中，沙亞曾想知道奧拉基與尼達爾・哈桑（Nidal Hasan）少校的關係；二〇〇九年十一月五日，此人在美國德州的胡德堡（Fort Hood）槍殺了十三人，是有史以來在美軍基地內最嚴重的槍擊事件。

那次的訪問中，奧拉基承認他在槍擊發生的將近一年前有和哈桑通過電郵，並且稱讚他是一名英雄，但就在快說到他下令攻擊時，他停了下來。「我並未要尼達爾・哈桑開始行動。」他當時對沙亞說。「反而是美國的犯罪和壓力迫使他行動。」

這一次，沙亞問起烏馬爾・法魯克以及他企圖在耶誕節發動的爆炸攻擊。奧拉基有涉及這一起最新的攻擊嗎？他認識烏馬爾・法魯克嗎？

「我和他有聯絡。」奧拉基謹慎選擇言詞回答。「他是我其中一個學生。」

當沙亞進一步追問時，奧拉基徹底否認自己有參與該計畫的籌劃或執行。但這位謹慎的教士不肯說自己事前是否知道有這場攻擊。「我沒有叫他進行這場行動，但我支持。」奧拉基耐人尋味地補上這句。

美國的調查員懷疑奧拉基的這番公開聲明。在密西根進行的審問中，烏馬爾・法魯克承認有一個人招募他並指示他進行任務，後來美國政府指認出此人就是奧拉基。那些結論充分符合約翰・布倫南和其團隊在審視美國情報系統後發現的資訊。調查員發現，直到二〇〇九年底，阿拉伯半島蓋達都還一直專注於葉門境內的攻擊。這就使一個關鍵問題冒了出來：為什麼突然轉而鎖定美國？許多人相信，答案就在於安瓦爾・奧拉基。他們的理論是，奧拉基在阿拉伯半島蓋達的階層中爬了上去，而將一個有技術能力的特務小集團所提供的能量都轉移到了針對美國的計畫。

這個理論過度簡化了一個複雜的組織。葉門蓋達自從二〇〇六年以來就持續成長演變，從葉門境內的小規模攻擊變成了沙烏地阿拉伯與美國境內的較大規模攻擊。耶誕節未能成功的攻擊不只是單一人士的心血成果，而是一個陣容中有數名前關塔那摩灣拘留者且越來越有野心的團體所自然派生的產物。

儘管如此，布倫南以奧拉基為中心的觀點還是占了上風，而白宮的法律諮詢室也開始撰寫一份備忘錄，以給歐巴馬政府一個法律框架，讓他們可以在連法院起訴都不需要的條件下就殺害一名美國公民。白宮的律師們，以情報部門針對「奧拉基在阿拉伯半島蓋達中的角色」所做出的結論為基礎，完成了一份備忘錄；他們最終主張，如果這名逃亡教士不願意束手就擒，那麼美國本著自身權利，就能合法地殺死他。這份備忘錄主張，這樣就能避開長久以來總統所受限的刺殺禁令以及美國《權利法案》；《權利法案》的第五修正案中，確保了政府不能「不經正當法律程序」剝奪公民的生命。美國司法部長埃里克・霍爾德（Eric Holder）日後會主張「正當程序」和「司法程序」並非同一件事。「《憲法》保證的是正當程序，而非司法程序。」他表示。在他以及其他政府律師的看法中，白宮的內部跨部門審查合乎《憲法》要求。霍爾德拒絕解釋審查程序如何運作或相關單位如何決定要鎖定殺害誰，但他說美國人應該要「獲得保證，確保為了捍衛美國人而進行的行動能與美國人的價值及法律相符一致。」

甚至早在備忘錄完成之前，法律諮詢室就已口頭許可將奧拉基放在中央情報局的目標名單上。烏馬爾・法魯克炸毀西北航空班機未遂一事還沒過幾個星期，殺死安瓦爾・奧拉基的決定就已成為美國官方政策。

二〇一〇年開頭的每一週裡，布倫南和總統國家安全事務助理湯姆・多尼隆（Tom Donilon）分別針對葉門的情況主持了幾場會議。在耶誕節攻擊未遂後，歐巴馬的首席資政大衛・阿克塞爾羅（David Axelrod）開始出席白宮內所謂的「恐怖星期二」會議，會議中國防官員會選擇要攻擊哪個目標。然而，歐巴馬不允許軍方和中央情報局在葉門執行「簽名攻擊」，也就是讓美國即便不知可疑人物的名稱，也能以該員為目標。「我們沒有要跟葉門開戰。」歐巴馬警告。相反地，美國仰賴布倫南所稱的「解剖刀」途徑：以一次接一次的飛彈與無人攻擊機行動，攻擊歐巴馬得要一個一個簽字同意的目標。這其中的一次攻擊殺死了納伊夫・卡赫塔尼，也就是《戰鬥回聲》背後的年輕沙烏地阿拉伯人；而在三月，另一場攻擊解決了賈米勒・安巴里（Jamil al-Anbari），一名在伊拉克打過仗的蓋達關鍵人物。但這些都是容易取代的中階指揮官，而非授命攻擊美國的高階領袖。

儘管有這些攻擊，蓋達流動訓練營內的生活還是跟過往一樣持續下去。穿著T恤和牛仔褲，或者穿著長袍戴著頭巾的一小群一小群人，在沙漠中預先安排的地方會面，進行訓練流程後往四面八方散去，就只為了在日後重新集結。這些課程通常就只是對著幾棵群聚的樹發射火箭推進榴彈，或者用五花八門的機槍做幾輪瞄準練習。阿拉伯半島蓋達的軍事指揮官卡辛・萊米巡迴全國各地，監督訓練過程並招募更多戰士。美國的攻擊行動，好比在馬加拉村殺死那麼多平民的那種行動，通常會激怒那些在轟炸中失去親朋好友的當地部族成員。這些憤怒的年輕人中，有不少人找上了承諾給他們一次報仇機會的蓋達。在二〇〇九年底的馬加拉村攻擊之後，葉門的外交部長阿卜・巴克爾・奇比估計阿拉伯半島蓋達在葉門有三百名成員。三年內，這個估計數字就乘了三倍，變成超過一千人。**「美國把蓋達視為恐怖主義」**，一名部族領袖解釋，**「我們則是把無人攻擊機視為恐怖主義。」**

五月二十五日，經過了好幾週的無人攻擊機來回後，美方認為自己鎖定了埃德・夏布瓦尼，也就是一年前馬里卜戰役中原本被當成目標的那名蓋達戰士。這個小道消息，就跟美國執行攻擊所仰賴的消息一樣，是來自葉門情報單位裡的盟友。然而，美國飛彈擊殺的並非埃德・夏布瓦尼，而是賈比爾・夏布瓦尼（Jabir al-Shabwani），馬里卜省的副省長，以及他的四名貼身護衛。身為前述蓋達戰士的遠房親戚，夏布瓦尼奉命去與蓋達成員安排會面，以使他們投降。

「怎麼會這樣？」當結果看來已明顯是美國殺錯人時，歐巴馬如此問道。而回覆給他的答案，對一名被要求根據旗下軍隊給予的情報來授權發動攻擊的總統來說，是無法不去疑慮的。「我覺得我們被耍了。」一名政府官員這麼承認，並解釋，有些分析師認為薩雷赫利用了美國來除去他的政敵。

這次殺人事件，凸顯了美國對抗阿拉伯半島蓋達的途徑有著嚴重瑕疵；它完全仰賴薩雷赫。沒有自己的情報資源，美國就只能追擊薩雷赫提供的目標。一名參與行動的美國情報官員日後表示，在美軍內監督特種部隊的聯合特種作戰司令部（Joint Special Operations Command）「並未像應該要的那樣，即時跟上新狀況。」美國對於葉門現場發生了什麼事，可說是知之甚少。

二〇一〇年七月，阿卜達里拉・沙亞，那位採訪過阿拉伯半島蓋達大部分的高階領袖的記者，和他的朋友，那位常拿薩雷赫總統開玩笑的政治漫畫家卡梅勒・沙拉夫（Kamal Sharaf）一起去買雜貨。在一間當地超市外頭，沙亞在車裡等著在店裡逛的沙拉夫。幾分鐘後，當沙拉夫走出店門時，他看到「武裝分子抓了他（沙亞）把他塞進車裡。」幾個月前，在馬加拉村攻擊事件的幾天後，沙亞前往阿比揚，替半島電視臺以及其他一些新聞單位記錄那場攻擊的結果。他那些關於平民死傷的熱血故事，以及印有「美國製造」的炸彈破片照片，很快就流入了美國媒體，進而促使官方所謂「葉門單方進行攻擊」的說法破功失信。

七月那天綁走沙亞的葉門安全人員想給那記者一個警訊。「如果你繼續講這件事，我們就會要你的命。」趁著半夜把他丟到街上前，他們之中的一個人這麼警告他。

一個月後，在八月六日那天，安全人員又回來了。那是齋戒月的開頭，會進行一整個月的日間禁食禁慾，而沙亞拒絕從家中走出。在接下來的扭打中，他的一顆牙齒碎了而且遍體鱗傷。安全人員把他丟在一間地下牢房裡一個月，然後把他轉送政治安全組織監獄，也就是幾年前蓋達展開神奇越獄的地方。獄中，沙亞重新和也被關起來的朋友沙拉夫聯絡上。政治安全組織給沙拉夫開了個交易條件：停止取笑總統就能獲得自由。沙拉夫同意了，但沙亞拒絕停止報導。

二〇一〇年夏天期間，阿拉伯半島蓋達加快了攻擊速度，利用飛車槍擊的方式在整個葉門南部刺殺了幾十名葉門安全官員。但它並未忽視美國。幾乎每一次的公開聲明中，該組織都會威脅要替馬加拉村的攻擊事件復仇。

在夏布瓦，蓋達的高階領袖會面討論取得蓖麻毒蛋白（ricin）這種劇毒的可能性。即使只吸入一點點這種白色粉末便能致命。一年前，萊米曾提議把這種毒物包在當初暗殺穆罕默德・賓・納伊夫未遂的炸彈外，而現在，該組織開始尋找生產這種毒物的方法。最終他們因難度問題捨棄了毒炸彈計畫，但他們很快就發展了第二個計畫以在美國反擊。

隨著蓋達的最新計畫開發出來，賈比爾・費非也面臨做重大抉擇的時刻。多年來，這是這名頭髮稀疏的沙烏地阿拉伯人第二次對蓋達改觀。自從奧非一年多前叛逃以來，費非就為武海希的領導風格憤怒不已；他認為武海希太專橫，只允許他和妻子女兒有最低限度的聯繫。深信自己需要拿點什麼來交換平安返回沙烏地阿拉伯（尤其在阿拉伯半島蓋達打算奪走納伊夫的性命之後）的費非，盡其可能地蒐集了大量關於未來計畫的資訊，然後朝邊界動身。快速聽取了他的報告後，沙烏地阿拉伯將幾個迫切的線索轉傳給西方的盟友。法國情報單位收到了最早的其中一通報告。

在沙烏地阿拉伯人警告法國的兩週後，一名穿著abaya（也就是包住全身的黑色罩袍）以及全臉面紗的女人，走進一間位於沙那上流居住區內的優比速（UPS）包裹公司，送出一個寄往芝加哥的包裹。幾分鐘後，另一個寄往美國的包裹被留在同條路上的聯邦快遞公司。

幾個鐘頭內，穆罕默德・賓・納伊夫就在電話上和曾在利雅德中央情報局站臺當臺長的老友約翰・布倫南講到了話。納伊夫警告他，有兩顆炸彈在飛往美國的貨機上。除了費非的情報外，沙烏地阿拉伯還利用其他幾個消息來源，一同拼湊出目前賓・納伊夫要跟美國分享的情報。幾週前，蓋達執行了一個空包彈演習，把幾個包裹寄往美國的不同地址。美國那邊的官員當時攔下了這些包裹，但這次炸彈是真的。美國發布了國際警報並要求中東和歐洲盟國協助。杜拜的官員發現了第一個包裹，是藏在電腦印表機裡的PETN炸彈——和阿拉伯半島蓋達攻擊賓・納伊夫以及耶誕節攻擊時所用的塑膠炸彈是同一種，而英格蘭中部的探員最終也揪出了第二個包裹。

就在同一個月，阿卜達里拉・沙亞，也就是葉門情報探員八月綁走的那名記

者，在一個國家安全法庭現身，被關在留給被告人的白色金屬牢籠裡。他的大波浪頭髮已被剪成平頭，而當法官讀出起訴他的罪名時，他就只是緩緩地繞著牢籠踱步，「帶著不可置信的模樣微笑並搖著他的頭。」除了被列為阿拉伯半島蓋達的「媒體人員」之外，沙亞還被控替蓋達進行招募，並煽動組織刺殺薩雷赫總統和他的長子阿哈馬德。

在法官讀完他的起訴罪名後，沙亞對著法庭和前來察看的記者同業們發言。「當他們在阿比揚隱藏婦孺謀殺者時，當我在阿比揚、夏布瓦和阿爾哈布（Arhab）那邊的牧者與平民將被艦載飛彈攻擊前就洩漏了他們的地點和營地時，就是他們決定要逮捕我的那一天。」他以怒吼提及他有關馬加拉村轟炸事件的報導。在警衛把沙亞從牢籠裡拖出來送回監獄前，他喊出了最後一句話：「葉門，在這地方，當一名年輕記者變得成功時，就會被人充滿疑心地看待。」

第十九章　薩雷赫遭到背叛

二〇一一年—二〇一二年

二〇一一年一月，葉門國家安全法庭判處沙亞五年徒刑，罪名是從屬蓋達。幾乎在同一時間，顯赫的部族謝赫們就向薩雷赫請願推翻判決；到了那個月底，總統便宣布他準備赦免這名記者。幾天後，在二月二日那天，歐巴馬總統打了電話給薩雷赫。有鑑於突尼西亞的政權倒臺以及抗議活動擴散到全埃及，薩雷赫剛剛宣布了一系列的改革措施。「葉門不是突尼西亞或埃及。」政府部長對記者們說。又一次地，就跟在二〇〇五年時一樣，薩雷赫承諾不會再競選連任。他當前預定在二〇一三年結束的任期，就會是他的最後一任。但抗議者們受到了北非的情況所鼓舞，此刻已經上了街頭，呼籲終結薩雷赫的三十三年統治。

歐巴馬告訴薩雷赫，雖然他歡迎改革，但葉門安全部隊「面對正在實行其自由結社、集會與言論權利的葉門示威者時」必須「克制並抑制使用暴力」。到了通話尾聲時，歐巴馬拿出了阿卜達里拉・沙亞的案子。根據一份白宮的發言，歐巴馬「表達了對釋放的關注」。第二天薩雷赫收回赦免記者的承諾，而沙亞便持續留在監獄中。

二月十一日，在歐巴馬通話僅僅過了一週後，胡斯尼・穆巴拉克就辭去埃及總統職位，結束了三十年的獨裁統治，並使他成為不到一個月內第二位倒臺的阿拉伯世界領袖。在葉門，抗議者在沙那大學前紮營，並把那骯髒的圓環取名叫「改變廣場」。「人民要政權倒臺。」他們齊聲呼喊，聲音穿透了沙那的大街小巷。薩雷赫從他位在城另一頭的總統府裡，看著那帳篷聚落越來越龐大。整個一到二月，副手們穿梭於鄉間，把一袋袋現金和新車分送給承諾效忠的部族謝赫。面對這麼龐大的群眾怒火，那些付出現在看起來一點也不夠。

兩邊都知道算總帳的時刻遲早會到，而那一刻就在抗議進入第二個月的三月十八日星期五那天到來。在水泥廣場上，數百名彎下腰進行會眾禮拜的示威者起了身，並再一次開始了反對薩雷赫的呼喊。在他們上方，於周邊建物屋頂上就位的狙擊手便在這時開火。陷入廣場火網中、任憑子彈呼嘯而過的人們爭相找起掩護，飛奔過他們幾分鐘前還用來當祈禱地墊用的紙板和報紙。有人倒下時，其他人便脫下夾克和襯衫來把受傷的人順著街道運送到一間清真寺。那天下來有五十二人死亡，還有超過三百人受傷。

薩雷赫的盟友有不少人持續觀看半島電視臺的現場直播，震驚於這場大屠殺之餘也開始棄他而去。那天晚上他就開除了他的內閣，三天後，在他六十九歲生日那天，薩雷赫當初於一九九四年內戰中找來打敗社會黨人，又在二〇〇四年找來對抗胡西派的那位將軍——阿里・默赫森・阿赫馬爾也棄他而去。阿里・默赫森在電視上宣布了脫黨，說他麾下第一裝甲師的士兵現在開始會保護抗議者。幾分鐘內，其他幾名軍中高階指揮官也加入了這場剛發生的叛變。到那天結束時，葉門的軍方已分裂。有一半追隨阿里・默赫森叛變，而其他人——多半是由薩雷赫的兒子和姪兒們指揮的人——則是重申自己效忠總統。

南方幾百公里處，在阿比揚的砂礫小丘間，已經好幾週沒領到薪餉而困惑不已的軍人，拋下了自己在賈爾（Jaar）村附近某彈藥工廠的職守。在他們身後，一些後來被村民描述為蓋達戰士的蒙面人，湧入了這間一層樓的水泥機庫尋找彈藥。在這些蒙面人消失後不久，一場爆炸炸穿了建築物，轟開了屋頂並殺死一百二十名撿拾廢五金的趁火打劫者。

在阿比揚和夏布瓦的藏身處裡，武海希和阿拉伯半島蓋達的其他領袖，重新開始評估在南方建立伊斯蘭國家的可能性。幾個月前，武海希寫信給人在巴基斯坦的奧薩瑪・賓・拉登，並請求他許可在葉門奪取且占據一塊地盤。現在「不是時機」，賓・拉登在一連串裝在USB隨身碟裡、由信差傳遞的信件中回答。賓・拉登說，沒有「足夠的鋼鐵」，意指阿拉伯半島蓋達缺乏在地的人民支持。

四月，阿迪勒・阿巴布（Adil al-Abab）替一個線上聖戰論壇錄了一段錄音。身為蓋達首席教士的阿巴布聲稱，自從沙那大屠殺發生的那幾天開始，該組織已經有了重大進展。他說，「今天我們控制了賈爾。」意指那個位於省會津吉巴爾（Zanjubar）北方幾公里的赤貧小城。「我們面對的最大問題是缺乏下水道和供水等公共服務，而我們正試著尋找解決方法。」

阿巴布向聽眾解釋，蓋達並不是媒體上經常描繪的那種虛無主義組織。「在賈爾這裡，針對我們想為人民達到的目標，我們有著完整的計畫。」他繼續說道。「我們想要和投資者簽訂合約好安排這些事務。」他承認，蓋達在其他地方犯的錯傷害了組織的招募工作，但他們正在葉門修補這點，方法是使用一個不同的名字，來擺脫那些可能會牽扯到蓋達的死傷損害包袱。他說，「伊斯蘭教法支持者」（Ansar al-Shariah）會是「我們用來自我介紹」的名字。

自從近二十年前奧薩瑪・賓・拉登成立蓋達以來，這還是該組織第一次談論攻擊西方以外的事情。它想要提供社會服務，並進行治理。阿拉伯半島蓋達進入了一個新的階段且正在展開行動，正在盡可能地獲取它能夠掌控的地盤。「先是津吉巴爾然後是亞丁。」阿巴布大膽地預測。

約在阿巴布於葉門錄下這段言論的同時，美國海軍海豹部隊正在內華達州的高原沙漠中，針對前往巴基斯坦的任務進行訓練。幾週前，歐巴馬總統授權攻擊巴基斯坦境內阿伯塔巴德（Abbottabad）一間三層樓的豪宅；中央情報局的分析師認為奧薩瑪・賓・拉登躲在該建築中。到了四月二十八日星期四，海豹部隊訓練完畢且抵達賈拉拉巴德，也就是在二十多年前的一九八九年時，賓・拉登和旗下阿拉伯戰士所圍攻的那一座阿富汗東部城市。海豹部隊比較想在漆黑夜晚行動，他們的紅外線夜視鏡與優越技術在那時能帶來最大優勢。接下來的幾個晚上——從四月底到五月初——就是出現最適狀況的最佳時機。歐巴馬在同一天晚上與國家安全團隊會面，進行最後討論。中央情報局局長里昂・潘內達（Leon Panetta）認為目前的情報應該已經是美國所能獲得的最佳情報，但掌管國家反恐中心的麥可・萊特（Michael Leiter）想要更多確認。歐巴馬聽了雙方來回爭論，但沒說什麼。晚上七點過後他結束了會議，說他暫時先不做決定。

第二天，也就是四月二十九日的早上，他回應：**任務放行**。週六下午，計畫這整場攻擊行動的聯合特種作戰司令部司令——威廉・麥克雷文海軍中將（Vice Admiral Willian McRaven），和歐巴馬進行最後一次談話，並告訴他會在明天晚上，也就是五月一日星期日開始行動。「祝你與你的部隊一路順風。」歐巴馬結束通話，並更衣準備參與白宮記者年度餐會。

僅僅二十四小時後，海豹部隊就已經動了起來，搭乘兩架改裝過的MH－60黑鷹直升機向東飛往阿伯塔巴德。黑鷹輕鬆避開了巴基斯坦的防空系統，讓這趟九十分鐘的航程毫無紕漏。但海豹部隊一靠近阿伯塔巴德，就遇上了麻煩。其中一架黑鷹直升機在下降時捲進了自己的旋翼氣流，而無法依計畫盤旋，只能迫降在豪宅的角落。大門外，第二架黑鷹落地並等待著。兩架直升機上各有一整支隊伍；第一架上有十二名海豹隊員，第二架上有十一人和一名翻譯。在白宮這頭，歐巴馬總統、副總統喬・拜登（Joe Biden）以及一大群高層官員擠進了白宮戰情室的一間小辦公室。這些官員們盯著與現地人員之間的唯一連結——一臺小電腦，焦急地等待這臺沉默的機器更新消息。後來國務卿希拉蕊・柯林頓說，這一小群官員只能「希望並祈禱執行這個任務的人可以成功安全地按計畫完成任務。」經過了一段對屋內官員來說彷彿永恆的時間後，一個聲音打破了沉默並宣布，現場的海豹部隊平安無恙，且準備好繼續執行任務。

海豹隊員快速地一路移動到豪宅中央，一邊奔跑一邊分成三支隊伍。第一支前往客房，而另外兩支使用C－4炸彈炸出一條路，進入裡面的庭院。在主棟裡，三名海豹隊員猛衝上樓，在路上殺掉了賓・拉登的一個兒子。到了三樓時，他們看到他們的目標從一扇門後探出頭，便開了槍。一路推擠進房間後，一名海豹隊員雙臂一抱，抓住了賓・拉登的其中兩名妻子，而另外兩人則壓低槍管，對即將死去的人再度開槍。

在海豹部隊迫降於豪宅內的十八分鐘後，奧薩瑪・賓・拉登就死了。又過了二十分鐘後，當地時間五月二日凌晨一點十分時，海豹部隊已經帶著賓・拉登的遺體和數袋情資，回頭準備跨越邊界。

在葉門，武海希為這名他稱作謝赫的人哀悼，並寫下，「真主決定帶走你，留我一個人悲傷。」這名蓋達最危險分支的領袖也決定要還擊。「不要騙你愚蠢的人民，殺了賓・拉登戰爭就結束了。」他警告歐巴馬。「**接下來的事情只會更糟**。」但儘管武海希做了這些威脅，接著先下手的還是美國。

在歐巴馬總統以一場戲劇性的深夜聲明宣布海豹部隊殺死奧薩瑪・賓・拉登的三天後，美國又逮到了一個機會。有人在葉門看到了安瓦爾・奧拉基。賓・拉登死後，歐巴馬認為奧拉基對美國的威脅最大。他甚至對一些官員說，奧拉基是比即將取代賓・拉登成為蓋達領導的艾曼・札瓦希里更為優先的目標。面對他這支國家安全團隊，歐巴馬的意思非常清楚明白。「我要奧拉基。」這位總統說。「不要對他手下留情。」

有別於其他攻擊中總統選擇不計代價避免平民傷亡，輪到奧拉基時，歐巴馬並不打算避免任何情況。「把計畫拿過來，讓我在當下的現實中而非在抽象中做決定。」他對布倫南等人說。

那天早上，那名美國出生的教士正搭著一臺貨卡車行駛在夏布瓦南邊。那時在葉門正是黎明前夕，但美國很快就把數架飛機送到了這個多山省分的上空。一架有獵鷹式戰鬥機和掠奪者無人攻擊機支援的特種行動飛機，很快就發現了卡車，但它們都無法讓飛彈鎖定。等待時機發動精準一擊的這一小支美軍中隊，持續跟蹤著幾千公尺之下，在滿是岩土的漆黑地表上彎曲前進的貨卡車。幾分鐘後，一切——裝備、氣候、地勢——全部就緒，而特種行動部隊鎖定到了目標。射出一發短程的獅鷲飛彈後，中隊便等著爆炸。底下有短短一陣閃光，但貨卡始終沒停下來。他們失手了。

在卡車內，爆炸的威力打破了車窗。奧拉基以為他們遭到地面上的誰攻擊，因而對駕駛大喊，「加速！」他想要盡可能快速地穿過危險地帶。卡車上的人都沒受傷，但奧拉基擔心他們後面帶著的汽油桶。當卡車加速時，美國部隊發射了第二枚飛彈。這次貨卡車在一團火球中消失了。幾秒後它又再度出現，加速衝出了爆炸外。

有了第二枚飛彈，奧拉基和其他蓋達戰士很快就搞清楚狀況了。他們都知道將近十年前阿卜・阿里・哈里希在美國首場無人機攻擊中發生了什麼事。那次美國一度沒打中目標，但第二枚飛彈就把他打死了。他們不可能永遠都那麼好運。這名四十歲的教士拿起手機求援。幾分鐘內，當美國軍機還在他們頭頂追蹤時，兩名當地的蓋達特務阿卜杜拉與穆薩德・哈拉德（Musad al-Harad），便開著另一臺卡車，在一片滿是岩石的低地追上了奧拉基。

同時，美國有了新的麻煩。獵鷹式戰鬥機幾乎快沒油了。上下擺動機翼後，它們便掉頭離開。無人攻擊機持續追擊，一邊與清晨的雲層掩蔽搏鬥，一邊追擊著貨卡車。不知怎地，美國操作者錯過了蓋達雙方在地面上的短暫集合處。奧拉基和其他人跳出了第一臺卡車，和哈拉德兄弟交換位置。等到雲層散開而裝備重新對準時，奧拉基已經朝另一頭駛去，而哈拉德則是開原來那臺貨卡車往反方向離去。美國戰機繼續追著第一臺貨卡車。鎖定了卡車之後，它們再度開火。又一個火球在碎石子地表上燃燒起來。這次卡車未再度出現。

奧拉基從一個藏身的洞窟裡，看到了那陣殺死哈拉德兄弟的爆炸。接著他便蜷曲在地上入睡。他後來對朋友說，他這千鈞一髮的逃生，「讓我更確信，不會有人在完滿其一生並來到注定的時刻之前就先死去。」

在美國錯失奧拉基的那片山麓東邊，蓋達做出了行動。五月二十七日，數百名戰士離開了他們在賈爾的根據地，向南穿過十三公里半的山路抵達津吉巴爾，阿比揚省的海岸首府。蓋達首席教士阿迪勒・阿巴布於一個月前預測的攻勢已在進行。蓋達很快就占領該城東側的一個中央安全部隊基地。面對幾次失敗的政變後，薩雷赫於一九八〇年成立了這支部隊用來保護政權。但多年來，這部隊的任務逐漸演變，九一一之後還從美國獲得了數百萬的援助以及訓練。在軍人們逃跑的那天，大部分由美國購買的裝備，包括重型炮、坦克，還有裝甲運輸車，都落入了蓋達手中，此外還有大量的化學物質，很快就會被該團體拿來替製造炸彈的實驗室重新補充原料。多數的士兵——除了五十個脫隊者被蓋達虜獲之外——都成功逃脫，並拚命向南衝過一片質地較軟的開闊沙漠，抵達第二十五機械化旅的基地。

短暫休息重整並分配搶來的裝備後，蓋達戰士攻擊了第二十五機械化旅的基地。該旅的總指揮官穆罕默德・蘇馬里（Muhammad al-Sumali）就跟中央安全部隊之前一樣，對蓋達的進攻毫無防備。矮而健壯、下巴懸垂，八字鬍正要開始轉灰的蘇馬里後來告訴記者，當戰鬥者湧入城市時，省長和大部分地方官員都逃到了亞丁。當蘇馬里的部隊打退攻擊時，頭髮粗硬的戰士們很快就奪下了城另一頭的省長廳，在那棟白石打造的建築上升起蓋達黑旗。在省長的個人辦公室內，一名蓋達戰士把薩雷赫的裱框玉照從牆上拔下並用涼鞋踩著，同時另一名蓋達戰士則幫他錄下這一幕。

當津吉巴爾第三個、也是最後一個軍事設施——一個共和國衛隊小型前哨基地——的士兵無法回應蘇馬里的求援時，這位將軍便以無線電聯絡人在沙那的阿里・默赫森。這兩名軍人認識彼此已多年，之前蘇馬里還曾效命於阿里・默赫森麾下。但首都裡的勢力狀態已經改變。葉門的軍隊依舊分裂，如果蘇馬里想要阿里・默赫森支援，他就得公開支持這位叛變將軍。他告訴蘇馬里，若不想，他可以打給薩雷赫請他幫忙。但已經沒什麼部隊還效忠總統，而且這件事他們倆都知道。阿里・默赫森之外第二近的部隊，位於津吉巴爾西邊十三公里的第一一九旅，則是聽命於阿里・默赫森。蘇馬里抗議，他是一名士兵而非政客，因此拒絕選邊站。

在薩雷赫和阿里・默赫森於沙那進行的意氣之爭中，蘇馬里維持中立的抉擇很快就產生了影響。在城外卻已近到能聽見戰鬥聲的地方，一一九旅留在原處不動了。蘇馬里和他的人馬得要自力更生。如果他們輸了，蓋達就可以兵不血刃地沿公路向西推進五十公里抵達亞丁，並將阿巴布所預測之攻勢的最後一塊拼圖給拼上。

在接下來幾天中，隨著蘇馬里的人馬被圍困在基地裡，蓋達的戰士得以拿下整片區域，並在該城的三條連外公路上設立了檢查哨。這些配置了年輕戰士搜索來車有無逃兵的嚴苛檢查站，通常就只有一張爛辦公椅放在五十五加侖的桶子旁邊，上頭固定著一個手繪的標誌寫著「伊斯蘭教法支持者」，也就是幾個月前，阿拉伯半島蓋達在重塑名號的過程中所採用的那個名字。那些裝備齊全的人打扮就像當地人，穿著袍子和圖案裙子，而且都帶著綠色帆布袋，用來裝子彈、手榴彈和絕不離身的口袋大小《古蘭經》。接下來幾週裡，該城兩萬居民中的大部分人都逃離了他們的家園。阿比揚的首府現在落入了蓋達手中。

在沙那，薩雷赫聽取了從阿比揚傳出的報告，但他幾乎是無能為力。五月二十二日，在蓋達接管津吉巴爾的幾天前，他第三度違背了自己的承諾——承諾簽下確保下臺的約定，以交換他的豁免權。有美國和聯合國在背後支持，並由海灣合作委員會（Gulf Cooperation Council）的六個葉門鄰國所發起的這份約定，保證了薩雷赫在總統任職期間就算有犯下任何罪行也不會被起訴。薩雷赫在最後一分鐘拒絕簽字，於沙那引發了為期兩週的街頭戰鬥，最後只能在一顆炸彈炸穿總統府內私人清真寺後收場。在這次攻擊中嚴重燒傷的薩雷赫只得搭機飛往沙烏地阿拉伯做緊急手術。

薩雷赫離開國內後，葉門持續往分裂而去。在北方靠近沙烏地邊界的地方，胡西派鞏固了對薩達的控制，而其他地方的部族謝赫和來路不明的民兵則是盡可能索求能掌控的地盤。在阿比揚和夏布瓦的一部分地帶，武海希的蓋達戰士成立了法庭，並開始執行他們自家版本的伊斯蘭教法。就像阿富汗塔利班的初期階段，會有黑頭巾的戰士嚴厲處罰周遭犯罪與混亂那樣，蓋達採取了不妥協的方式來恢復安全與秩序。

有一天，賈爾（現在被蓋達重新命名為Waqar，阿拉伯語的「尊嚴」）的居民被召集到滿是沙子、邊緣堆著垃圾的空地上。蓋達在鎮上成立的新警察部隊抓到兩名青少年偷電線。一名法官判了固定刑（*hudud*），在伊斯蘭教法下這是專門應對特定幾類犯罪的固定類別懲罰；而偷竊的懲罰是截肢。其中一個男孩抗議道，「我不是賊，是生活條件逼我這麼做的。」在群眾的注視下，一名蓋達成員用一把劍砍下了這名青少年的右手。後來有一名法官說，蓋達最終給了這名少年十二萬里亞爾（折合約六百美元）來「展開新生活」。

然而，蓋達的其他公共行動，則顯示武海希和其他領袖仍意識到賓・拉登有關「未獲大眾充足支持」的警告。整個夏天，當阿比揚南部氣溫固定超過攝氏三十七度時，有兩臺小貨卡車在賈爾和津吉巴爾的部分地帶來回穿梭，將用水分送給家庭。其他小組的戰士則是巧妙地回應各種抱怨問題，然後追查被偷走的財物。在葉門境內這個先被社會黨忽視其後又被薩雷赫忽視了總共幾十年的地區，他們的留意和努力都堪稱空前。在津吉巴爾凶惡戰場北方的賈爾，阿拉伯半島蓋達挖掘水道、架設電線，並將其連到從沒擁有這兩者的家戶。「這就像一場夢。」當戰士們把他家接上電網時，一名居民對著一名蓋達攝影師說。

在華盛頓，美國軍事指揮官緊張地看著蓋達逐漸接管地盤。六月十日，接替裴卓斯成為美國中央司令部司令的詹姆士・馬提斯（James Mattis）提議空襲津吉巴爾市郊的足球場，蓋達戰士已聚集在那裡，準備襲擊蘇馬里的基地。曾經在伊拉克和阿富汗打過仗的馬提斯，擔心葉門會成為下一個阿富汗。這名將軍推論，最好**現在**就痛擊這些戰鬥分子，否則美國未來幾年都得要對付這些威脅。

房間的另一頭，約翰・布倫南聆聽馬提斯陳述他的計畫，憂慮卻越來越深。將軍現在正在提議的事情，會標記著美國政策的重大轉變。從此之後美國不再針對葉門境內關鍵領袖進行鎖定攻擊；此後美國將放寬規則，攻擊任何能找到的蓋達目標，而這就有可能造成更多平民死傷並衍生戰事。當會議要收尾時，布倫南以微妙的官樣技巧抗拒了將軍的計畫，他說，除非有更高階的官員先簽字，否則他就無法把這提案交給總統。第二天是星期六，布倫南主持了緊急晨間會議審視馬提斯的攻擊計畫。助理們削減了目標名單，而在沒過多久的那天晚上，歐巴馬便同意了一個大幅刪減版的攻擊行動。傳達給軍方的訊息很清楚：歐巴馬不會讓他們在葉門缺乏約束。

同一個月過沒幾天後，歐巴馬的態度甚至更為明白。在白宮其中一場「恐怖星期二」的會議中，一名官員說到了在葉門的「作戰」（campaign）。葉門那邊沒有「作戰」，總統憤怒地打斷他。「我們在葉門不是為了涉入什麼國內紛爭。我們要持續專注在**對我國的威脅**——真正的優先是在這地方。」在葉門不會有「簽名攻擊」。相反地，美國再次選擇限制較多的外科手術攻擊，目標對準阿拉伯半島蓋達的高階領袖，那些積極密謀反抗美國的人。

然而，葉門現場情況持續惡化，蓋達又獲得了更多地盤。六月二十二日，在賈爾東方近五百公里的港市穆卡拉那邊，有六十二名蓋達嫌犯進行了一場大規模越獄。逃脫者中有阿里・阿克巴里和穆罕默德・巴瓦伊德汗，也就是哈姆扎・庫艾提那支塔利姆基層小組的最後兩名成員，於二〇〇八年的交火中被逮捕。幾天內，大部分的逃犯都重新加入了武海希陣營，然後很快地，全阿比揚的書報攤都開始賣起慶祝蓋達最新越獄的聖戰讚歌和韻詩。

在亞丁，葉門的南方司令部派出載有人和補給物資的車隊，向東沿沙漠公路前往津吉巴爾，來解救蘇馬里被圍困的部隊。每一次，蓋達戰士都在比鄰公路的沙漠狹道上展開血戰，擊退了增援部隊。被四周蓋達戰士圍困在基地內的第二十五機械化旅只能盡可能地撐下去。當蘇馬里坐在他那臺裝甲豐田 Land Cruiser 的乘客席上指揮部隊時，蓋達的狙擊手有兩度幾乎要直接擊殺他了。一次子彈命中前擋風玻璃，就在蘇馬里面前打出一條條裂痕。另一次，狙擊手擊中了側面車窗上直直對著將軍腦袋的地方。

七月二十五日，攻城期間都一直留著鬍子的蘇馬里，在接受泛阿拉伯日報《中東時報》（*al-Sharq al-Awsat*）的一名記者電話採訪時提出懇求。「我們士兵的士氣高昂。我們不會對蓋達投降。」這位將軍說道，同時電話裡迴蕩著戰鬥的聲響。「我們的問題」，他繼續說道，「是水和食物。」

歐巴馬仍然慎防捲入葉門內戰。然而他看來似乎沒什麼選擇。如果美國不做點什麼，蘇馬里的基地可能就要淪陷，而阿拉伯半島蓋達就會往亞丁前進。這個組織已經控制了太多城鎮，歐巴馬擔心它將利用這空間來對美國發動攻擊。

在蘇馬里那場絕望的採訪後不久，美國便替他的部隊空投了補給。幾天後，沙烏地阿拉伯和另一趟美國補給空投進行了合作，接著沙國的噴射機很快就開始對津吉巴爾轟炸攻擊，企圖舒緩蘇馬里軍的壓力。在蓋達與蘇馬里軍連兩個月的互相炮擊下，城市的絕大部分已遭毀滅。醫院和學校都化為瓦礫，而一度支配城市天際線的清真寺尖塔，也在轟擊中坍塌。沙烏地阿拉伯軍又把少數還站著的建築打下。城外，焚燒殆盡的坦克零亂遺棄在海岸線和沙漠公路之間的沙土荒地中。士兵的屍體就散落在城中他們倒下的原地，於夏天的太陽底下膨脹腐敗。

整個八月，美國和沙烏地阿拉伯的空襲持續進行，大部分的地面戰鬥則發生在氣溫下降後的晚上。白天，雙方都掩蔽起來用擴音器向對方喊話。蓋達跟士兵無冤無仇，他們大喊。他們只是想履行伊斯蘭教法。

終於，九月十日那天，在美國和沙烏地阿拉伯的強烈施壓下，包括阿里・默赫森將軍這一派人馬在內的葉門軍，集結起來向津吉巴爾猛攻。那天稍晚湧入鎮中的增援部隊只遇到了象徵性的反抗。在卡辛・萊米的命令下，蓋達消散到賈爾附近的山中。為期四個月的圍攻結束了。

但才過一個多星期，沙那的抗議又再度濺血；依舊效忠薩雷赫與其家族的狙擊手對示威群眾開槍，於兩天的戰鬥中打死了超過五十人。在沙烏地阿拉伯國營媒體的報導中，康復的薩雷赫正與阿卜杜拉國王會面。四天後，也就是九月二十三日，薩雷赫假裝要去和某架飛機上來訪的副手們見面而前往機場，但這位總統後來並未返回鎮上，而是搭上了那架飛機飛回葉門。「他耍了我們也耍了沙烏地阿拉伯人。」一名美國官員說。「我們整個**很不爽**。」

有天清早，當津吉巴爾的戰鬥已要收尾時，安瓦爾・奧拉基的十五歲兒子阿卜杜・拉赫曼（Abd al-Rahman）留了張短短的字條，然後，趁屋裡所有人都還在睡覺時，從沙那那間家族豪宅的二樓窗戶跳了出去。這名有著捲髮、像父親一樣戴著金絲邊框眼鏡的九年級學生，因為實在太害羞，讓他的祖父有時會擔心起他。「我很抱歉得這樣離開。」阿卜杜・拉赫曼在寫給母親的話中這麼說。「原諒我。我想念我父親，想看看我能不能去和他說說話。」家族的守衛看到這名青少年於那天早上六點半走出了前門。整棟豪宅裡的人從此再也沒能看到他。

三週後，九月三十日那天，他的父親和另外三名包括年輕美國人薩米爾・汗（Samir Khan）在內的蓋達特務，走進了他們停在北方焦夫省某間小屋外的幾臺車裡。安瓦爾・奧拉基應該是認為在這片靠近沙烏地阿拉伯邊界的荒涼沙漠裡很安全，所以才遠離了他在夏布瓦的部族避難處。但幾個月前，美國就從一名曾和奧拉基共事的索馬利亞囚犯那邊接獲了有關他的情報。這名囚犯把奧拉基圈子的粗略模樣提供給了美國，而當葉門情報單位的某消息來源給了一個關鍵線索後，美國就準備好了。來自吉布地的美國無人攻擊機，以及來自阿拉伯半島上無人機祕密基地、才剛投入工作的幾架無人攻擊機，便起飛並追蹤他。

在上頭嗡嗡作響的武裝無人機隊等著人們走出房間、遠離屋裡的孩子之後，便發射了兩枚飛彈。地面報告後來確認了空中攝影機捕捉到的畫面：安瓦爾・奧拉基、薩米爾・汗和另兩人死亡。

同一天稍晚在維吉尼亞州邁爾堡（Fort Myer），歐巴馬於演說中，稱讚了無人機攻擊。「奧拉基的死對蓋達最活躍的行動分支來說是一大打擊。」總統說。「奧拉基是蓋達在阿拉伯半島的外部行動領袖。身在其位，他領頭策畫並指揮了殺害無辜美國人的工作。」

兩週後，歐巴馬簽字同意在葉門發動另一場攻擊。那天晚上的目標是易卜拉欣・巴尼那，阿拉伯半島蓋達的一名埃及人成員，美國認為他正在策畫新攻擊。飛彈閃電般劃過夜空，朝葉門南方夏布瓦省某鎮外圍一群縮在營火邊的人而去。第一發飛彈戳進了火中，幾秒後第二枚猛力撞進幾公尺外的地上。然而美國並未殺死巴尼那，反而打中一群正在吃晚餐的青少年。那晚死去的九人中，有一名就是安瓦爾・奧拉基在美國出生的兒子阿卜杜・拉赫曼，當時他才剛要十六歲。

攻擊過了幾週後，由於抗議仍在全葉門延燒，且阿拉伯半島蓋達又在阿比揚和夏布瓦獲得更多地盤，薩雷赫又和少數副手搭機返回了利雅德。當時是十一月二十三日，感恩節的前一天，而薩雷赫在此時宣布，他終於準備好簽署國際社群和海灣合作委員會的葉門鄰國所共同發起的豁免同意書。當這名六十九歲總統開始發表漫無邊際的演說，控訴葉門反對運動「對憲政體制發動政變」時，他看起來相當健康，精神意外地良好。接著，在稍露微笑並發出一點輕笑聲後，他在他面前的那張紙上簽了字。根據協定條款，薩雷赫接下來會再當三個月的總統，直到長期效力於他的副總統阿卜杜・拉布・曼蘇爾・哈迪接掌職位。

當薩雷赫三十三年的統治開始移交權力，阿拉伯半島蓋達兩年前謀殺失敗的沙烏地阿拉伯反恐領頭穆罕默德・賓・納伊夫，也開始進行一個大膽的三國情報行動。納伊夫和英國對外情報武力ＭＩ６以及美國中央情報局一起策畫了一個計畫，以阿拉伯半島蓋達的頭號炸彈製造者易卜拉欣・阿希里為目標。阿希里打造過他弟弟用來攻擊納伊夫的設備，而他自己的指紋則是在二〇〇九年耶誕節烏馬爾・法魯克・阿卜杜・姆塔拉布所穿戴的炸彈上找到。中央情報局也懷疑他在二〇一〇年底設計了兩枚印表機墨水匣炸彈。現在，美國情報單位認為，他已經快要能夠透過外科手術把炸彈植入人體內。阿拉伯半島蓋達已經完成了動物測試，而情報分析師擔心該組織可能很快就會派出人肉行動炸彈。在安瓦爾・奧拉基死後的兩個月內，易卜拉欣・阿希里就躍居西方世界眼中的阿拉伯半島蓋達頭號目標。

賓・納伊夫設計了一個簡單的圈套行動來逮到阿希里。就如同蓋達曾利用他二〇〇九年初招降穆罕默德・奧非的成果當作藍圖，而於該年稍晚反過來暗殺他未遂一樣，這次賓・納伊夫則是反過來用蓋達自己的一次勝利來整他們自己。幾個月前，英國的對內情報部門MI5招募了一名有沙烏地阿拉伯血緣的英國公民，而賓・納伊夫就想要用他來當誘餌。

當蓋達於二〇一一年攻占津吉巴爾時，該組織從軍方實驗室獲得了好幾桶的化學物質。後來該組織利用這些物質加上其他材料，促使製造二〇〇九年內衣炸彈和二〇一〇年墨水匣炸彈的「普通實驗室」進行轉型，成為「現代」的實驗室。到了二〇一二年初，蓋達已經有了不少炸彈；他們缺的是有護照而能自由在西方世界移動的人。賓・納伊夫推論，這應該就是姆塔拉布得以這麼快就加入蓋達且投入行動的原因。賓・納伊夫遵照著類似的劇本，指示這名新招募來的英國人在清真寺耗時間，並讓人知道他想要加入組織，以讓他能被蓋達所用。他的劇本就跟姆塔拉布的差不多；他是一名阿拉伯語學生，希望能學習他家族的母語。幾週內，蓋達就咬下了誘餌，特務們開始檢查這名臥底探員能不能進行自殺任務。

那年冬天在蓋達臥底非常危險。二〇一二年二月，阿卜杜・拉布・曼蘇爾・

哈迪正式接任葉門總統。幾乎在同一時間，這位肥胖的六十六歲老人就准許美國免責攻擊葉門境內目標。經歷過薩雷赫多年來的兩面手法和多變性情之後，哈迪的開放可說是令人歡迎的改變。由於哈迪在依舊分裂的軍中沒什麼支持基礎，且薩雷赫的親戚仍占據著關鍵位置，他因此需要強大的美國和國際後盾來確保他能把持權力。作為交換，葉門的新總統承諾把對抗蓋達作為他的優先事項。

該月，蓋達宣布他們揪出了與沙烏地阿拉伯和美國情報單位合作的三名間諜——兩名葉門人和一名沙烏地阿拉伯人。這些人被控在蓋達戰士使用的車輛內安裝電子追蹤晶片，好讓車輛更容易被美國的飛機與無人攻擊機鎖定。蓋達在賈爾召開了伊斯蘭教法法庭，很快就判決三人有罪，並根據他們在二〇一二年殺死十名蓋達戰士的美軍空襲行動中所起的作用而判處死刑。被蓋達公布在網路上的死刑，還附上了三人的認罪影片。

蓋達選擇公開處刑的慘狀，以警告其他可能的間諜。他們把沙烏地阿拉伯人拉姆茲・阿里奇（Ramzi al-Ariqi）用船運回他當初被逮捕的夏布瓦，然後將（據蓋達所言）實際上把追蹤晶片放進車上的葉門人判處十字架釘刑。到了在夏布瓦行刑的那一天，一卡車一卡車的重裝蓋達戰士突然來到了這座滿是沙塵的阿贊城

（Azzan）觀看。四名蒙面人把蒙上眼罩的阿里奇從貨車後面拖出來，架著他穿越一整群你推我擠的旁觀者，並朝著一個用綠色安全膠帶標出來的沙塵空地前進，同時他的罪名也透過擴音器大聲唸出。這些人逼阿里奇跪在空地中央的一塊褪色藍油布上。當三名穿著實驗室白袍和外科手術面罩的人將阿里奇的眼罩拿下時，他因為明亮的陽光而眨個不停；同時他換了個位置，並把雙手放到面前，做最後一刻的祈禱。蓋達播放的處刑影片在這時轉暗，一秒後，一聲槍響冒出，接著是狂暴的群眾呼喊聲，喊著「真主至大」。

在阿比揚，處刑也是類似地人山人海。一名在美軍空襲中喪命的人留下了一個年幼的孩子叫沙利姆，而蓋達希望這個男孩見證十字架釘刑。穿著淡藍色袍子、頭髮上還有稚氣的捲曲、大部分的乳牙都還完好的沙利姆，看起來約莫六歲大。在一個明朗的早春日子裡，蓋達戰士把定罪的間諜釘在由鋼管強化的木桿所組成的粗陋十字架上，然後把那十字架掛在路邊的柱子上鞭打他。當群眾蜂擁向前想看得更清楚時，其中一個人把沙利姆舉起來放到肩膀上。「那就是殺害我父親的叛徒。」男孩指著死在十字架上的人說。

處刑過了幾週後，大約在四月中時，一名蓋達特務將一枚炸彈交給英國臥底探員。這枚炸彈比易卜拉欣·阿希里替二〇〇九年耶誕節攻擊設計的還要先進，有兩個啟動機制：一個化學和一個手動的，以免先啟動的那個開關像在底特律上空那樣失靈。就跟姆塔拉布當時用的一樣，這枚最新的炸彈不包含金屬，而且再一次縫進了兩件特製內衣之間。這名臥底探員還是沒見到行動目標阿希里，或者任何其他蓋達的高階領袖，但炸彈已經在手上，他也沒有藉口再留在葉門了。

蓋達把行動細節留給準炸彈客自行判斷，就只有指示他透過任一個波斯灣國家轉乘到歐洲，在那裡便能趕上他要炸毀的那架往美國的班機。蓋達的策畫者似乎相信，這樣子的路徑，會使一個來自葉門的人原本應受機場保安關注的程度得以降低。然而，這名臥底在葉門安排了一次會面，與他的沙烏地阿拉伯對口相見，並把炸彈交給了他。情報單位把這枚炸彈用私人飛機載出國，並交給了美國官方，而他們又把炸彈運回了維吉尼亞州匡堤科（Quantico）的聯邦調查局實驗室，進行進一步分析。同時，臥底探員繼續假裝遂行計畫，搭上一班前往阿拉伯聯合大公國的班機離開沙那。

在英國探員離開葉門並報告執行狀況的幾天後，美國出動了無人攻擊機，攻擊當年沒拍到科爾號攻擊的那名葉門特務——法赫德·庫薩。這場五月六日在夏布瓦南部進行的襲擊，殺死了庫薩和那天晚上跟他一起在車上的另一名蓋達特務。這次攻擊，是美國在哈迪就任總統後，於二〇一二年初開始增量飛彈攻擊的一部分。在葉門抵抗了將近三年的簽名攻擊之後，歐巴馬總算鬆手讓軍方有更大的自由。歐巴馬和布倫南偏好的外科手術方法似乎不再有效了。美國持續在葉門殺死蓋達特務，但阿拉伯半島蓋達持續成長。美國國防部不再把這種攻擊叫做「簽名攻擊」，而是稱為恐怖分子攻擊干擾襲擊（terrorist-attack-disruption strikes），又稱TADS。

同一週的幾天後，蓋達發出了庫薩的訃聞，並以冰冷的威脅作結。「接著致美國人，我們要提醒他們，我們的謝赫法赫德・庫薩——願真主憐憫他——對你們說過什麼：『我們之間的戰爭不會結束，而未來的日子總會帶來新的什麼。』」

尾聲 造反之後

多年來他們稱他為「人像」。矮禿而沉默的他，看起來像是有著彌勒佛肚的舞臺柱子。阿里・阿卜杜拉・薩雷赫在一九九四年任命他為副總統，就在上一任副總統聲稱南葉門將要脫離的幾個月後。當時阿卜杜・拉布・曼蘇爾・哈迪對他來說有很多好處。他來自南方——薩雷赫才剛於一場短暫但血腥的內戰中打敗的地方——他是個軍人，且他行止得體。接下來的十八年裡他把他的角色發揮到完美：一種體制內的脈搏，在官方活動上始終重複同一套說詞。

接著出現了阿拉伯之春，以及既有秩序的終結。最初是從突尼西亞開始。札因・阿比丁・本・阿里（Zayn al-Abidine Ben Ali）的二十四年總統生涯在幾週內終結。接著是胡斯尼・穆巴拉克在埃及的三十年統治。接著，穆安瑪爾・格達費（Muammar al-Qaddafi）在利比亞殘暴的四十二年統治，於內鬨和處決中結束。就如他們那樣，薩雷赫也跟著倒臺，儘管倒得比他那位北非同行要來得優雅些。葉門並未發生敘利亞式的內戰，而是先有了叛變，然後接連幾個月陷入戰爭邊緣，最後薩雷赫才同意下臺，並把權力交給哈迪以交換豁免權。對這名被許多人認為要替數百名抗議者喪命負責的人來說，這是一個不錯的交易，也遠比流放、下獄或者死刑來得好。用白宮前反恐顧問兼時任中央情報局局長約翰・布倫南的話來說，薩雷赫成為了「普通公民」。

從一名總統移交到另一名的過程，在二〇一二年二月，隨著葉門人進行選舉並確認哈迪是新任執政者而完成。他是選票上唯一的名字，選票也只有一個格子可以填：「是」。哈迪贏得了百分之九十九・六的選票，以及兩年的過渡期。

兩年後，二〇一四年二月，過渡期在沒什麼真正改變的情況下告一段落。這名人人皆知有心臟病的六十八歲老人拒絕提名副總統，擔心那可能促使他遭到暗殺。他反而增添了更多貼身護衛，並在自家外面增加保全，但真正讓他得以保命的，其實是他「造成混亂的保證」。沒人知道接下來會如何。哈迪是一個競相爭奪的系統的脆弱中心。當地派系——好比薩雷赫和他的前夥伴阿里・默赫森・阿赫馬爾——會接納他，是因為他們認為自己可以像過去十八年那樣操控他。外界勢力——以美國和聯合國為首——也因為同樣的理由而喜歡哈迪。沒有一個強大的當地力量基礎，他便需要他們的大聲聲援以抵銷他所缺乏的國內支持，而這就意味著他會比薩雷赫更加柔軟，特別是在蓋達的事情上——這便是外界勢力所希望的。

有一陣子，每件事都按照計畫在走。哈迪讓美國自由出動無人攻擊機，而薩雷赫則是遠離政事。到了二〇一二年底，美國與葉門地面部隊已把蓋達逼出了原本在夏布瓦和阿比揚占領的各城鎮，幾個月後，哈迪指派了薩雷赫的兒子打包前往阿拉伯聯合大公國擔任大使。哈迪的新政府從未跟上步伐；他們清空了地盤但從未控制住。蓋達回到了他們在南部的營地，而薩雷赫又再度開始沾染政治，帶著長蛇車列巡迴各處並接受《紐約時報》採訪。

二〇一三年十二月，幾名蓋達槍手攻占了一間國防部內的醫院，當醫生和病人跑過走廊時處決了他們。幾週後於葉門電視臺播出的一段畫面，顯示了一名蒙面人把一顆手榴彈丟進一群平民中。這段影像既震驚又荒誕，閉路電視畫面變成了虐殺電影。葉門的居民們嚇壞了。幾年來蓋達一直主張他們的戰鬥是衝著美國和葉門政府，而非平凡公民。這些影像揭穿了那些主張都是謊言。但這樣的衝擊很快就被取代。幾天後，一架美國無人攻擊機在襲擊沙那南部時，誤擊了一列正要把新娘帶回新郎老家的結婚車隊，造成其中數人死亡。

之前為了蓋達的無情行徑而沸騰的怒意，現在又轉向了美國以及美國殺害的平民。葉門人覺得自己被夾在其中，困在自己無法逃脫的戰爭中。

二〇一四年二月，在其實並無選擇的情況下，國際社群和葉門政府決定把哈迪的過渡期再延長兩年。他們的盤算是，再兩年或許可以達到前兩年無法完成的目標。但在四月和五月，美國又再度對南方的蓋達目標加強了無人攻擊機行動，而葉門地面部隊又得再度進場清理地盤。聯合國也弄出了一個「特定制裁委員會」來迫使薩雷赫和其他壞事者停止插手葉門轉型。這是個令人失望而重複的劇情；時間向前邁進，但什麼也沒變。

二〇一一年走上街頭的抗議者，看到他們一度因驅逐薩雷赫而不自然膨脹的期盼，面對到一個徹底失敗的國家時徹底破滅。葉門並未變好，而是變得更糟。物價在飆升，安全保障在消失，面對持續成長的蓋達，美國的攻擊只能跟在後頭。美國殺了越多人——賽義德・希赫里和阿迪勒・阿巴布都死在無人攻擊機的空襲中——蓋達似乎就越茁壯。**那麼多年前開啟的這場戰爭，離結束還十分遙遠。**

主要人物

穆罕默德・阿達爾（Muhammad al-Ahdal）：蓋達的副手兼掌櫃，直到二〇〇三年經祕密協定投降。他於二〇〇六年獲釋，並住在葉門。

阿卜杜拉・阿赫馬爾（Abdullah al-Ahmar）：勢力強大的哈希德部族同盟謝赫，此外在一九九三年至二〇〇七年他過世為止，擔任葉門的國會發言人。他也領導葉門的反對黨「葉門改革會」。

阿里・默赫森・阿赫馬爾（Ali Muhsin al-Ahmar）：薩雷赫總統的同輩兼同族人，統率第一裝甲師。他是薩雷赫總統的強力左右手，率兵於一九九四年對抗社會黨，也於二〇〇四年對抗胡西派。這名將軍在二〇一一年初叛變，並持續在葉門的新總統**哈迪**（Abdrabbuh Mansur Hadi）[1]底下保有職位。**二〇一六年，被哈迪任命為葉門副總統**。[2]

穆罕默德・安希（Muhammad al-Ansi）：說服美國聯邦調查局追查穆罕默德・穆威雅德的葉門線人。二〇〇四年，當聯邦調查局拒絕增付酬勞之後，他試圖在白宮外自殺。

阿卜杜拉・阿希里（Abdullah Asiri）：二〇〇六年前往葉門加入蓋達的沙烏地阿拉伯國民，**易卜拉欣・阿希里的弟弟**。他於二〇〇九年執行了一次自殺攻擊，企圖暗殺沙烏地阿拉伯的王儲穆罕默德・賓・納伊夫。**他當場身亡**，但王儲逃過一劫。[3]

易卜拉欣・阿希里（Ibrahim Asiri）：二〇〇六年前往葉門加入蓋達的沙烏地阿拉伯國民。自此他便成為阿拉伯半島蓋達的頭號炸彈專家，並製造了他弟弟**阿卜杜拉・阿希里**於二〇〇九年暗殺穆罕默德・賓・納伊夫未遂的炸彈，此外也包括二〇〇九年十二月「內衣炸彈」計畫和二〇一〇年包裹炸彈計畫中的炸彈。目前仍逍

---

1 編註：https://sabanews.net/en/news262781.htm。

2 編註：https://www.todayonline.com/world/yemeni-president-sacks-prime-minister-appoints-new-senior-team-al-arabiya。

3 編註：https://www.telegraph.co.uk/news/newstopics/howaboutthat/6212908/Terroristhidexp-losives-in-his-bottom.html。

遙法外的他據信人在葉門。二〇一一年[4]、二〇一三年[5]、二〇一四年[6]都有報導宣稱阿希里身亡或重傷，**但他於二〇一六年現身。**[7]二〇一七年，**美國再度宣稱他在一場無人機攻擊中身亡。**[8]

安瓦爾・奧拉基（Anwar al-Awlaki）：美籍葉門裔教士，在九一一攻擊後離開美國。他後來聲稱自己在某間葉門監獄內開始變得思想激進，並與胡德堡事件的槍擊者尼達爾・哈桑以及二〇〇九年耶誕節在底特律上空企圖使美國班機墜機的烏馬爾・法魯克・阿卜杜・姆塔拉布都有聯繫。二〇一一年九月在美國無人攻擊機的空襲中身亡。**報導指出，奧拉基十七歲的兒子也在空襲中身亡。**[9]

賈邁勒・巴達威（Jamal al-Badawi）：科爾號攻擊事件的後勤指揮。列名於聯邦調查局頭號通緝名單上的他，於二〇〇三年和二〇〇六年兩度越獄，因他和當時的總統薩雷赫有過協定，因此目前[10]是自由之身並住在葉門。**二〇一九年一月在美國無人機攻擊中身亡。**[11]

納瑟・巴赫里（Nasir al-Bahri）：奧薩瑪・賓・拉登的前貼身護衛，通常被人以綽號「阿卜・詹達爾」稱呼。他目前是自由之身並住在葉門。**二〇一五年在葉門病逝。**[12]

賈比爾・巴尼那（Jabir al-Banna）[13]**：**涉及「拉克瓦納六人案」的美國公民。列名於聯邦調查局頭號通緝名單上的他，於二〇〇六年從葉門監獄逃脫，因他和

---

4 編註：https://www.cbsnews.com/news/top-al-qaeda-bombmaker-dead-in-drone-strike/。

5 編註：http://investigations.nbcnews.com/news/2013/08/13/20009098-reports-al-qaedas-master-bombmaker-wounded-in-us-drone-strike?lite。

6 編註：https://edition.cnn.com/2014/04/22/world/meast/yemen-terror-operation-dna/index.html。

7 編註：https://www.foxnews.com/world/bomb-making-terrorist-threatens-us-saudi-arabia-over-executions。

8 編註：https://www.cbsnews.com/news/ibrahim-al-asiri-chief-al-qaeda-bomb-maker-killed-in-u-s-drone-strike/。

9 編註：https://www.nytimes.com/2011/10/16/world/middleeast/yemeni-security-forces-fire-on-protesters-in-sana.html。

10 編註：本書寫成的時間。

11 編註：https://edition.cnn.com/2019/01/04/politics/uss-cole-al-badawi-killed/index.html。

12 編註：https://www.bbc.com/news/world-middle-east-35187903。

13 編註：查詢作Jaber A. Elbaneh。https://en.wikipedia.org/wiki/Jaber_A._Elbaneh。

當時的總統薩雷赫有過協定，因此目前是自由之身並住在葉門。

塔利克・法德里（Tariq al-Fadhli）：奧薩瑪・賓・拉登的副手，一九八九年參與過賈拉拉巴德的圍城戰。他於一九九〇年率領一些阿富汗老兵回到葉門，在阿比揚省發動了對抗社會黨的游擊戰。一九九四年的內戰後，法德里為了錢以及當時總統薩雷赫給予的好處，而拋棄了聖戰。他目前住在葉門。二〇一**七年仍有其活動紀錄**。[14]

賈比爾・費非（Jabir al-Fayfi）：沙烏地阿拉伯前藥癮者，曾前往阿富汗尋求救贖與新生活。他在托拉博拉戰役中戰鬥，後來被關進了關塔那摩灣。獲釋後，他加入了阿拉伯半島蓋達但又拋棄了該團體，而向沙烏地阿拉伯投降。他目前是自由之身並住在沙烏地阿拉伯。[15]

阿卜・阿里・哈里希（Abu Ali al-Harithi）：葉門蓋達的「教父」，在一九九〇年代打造了該組織絕大部分的基礎架構。九一一之後成為葉門蓋達的領袖，二〇〇二年十一月在美國無人攻擊機的空襲中身亡。

阿卜杜・薩拉姆・希拉勒（Abd al-Salam al-Hilah）：政治安全組織特務，向奧薩瑪・賓・拉登和艾曼・札瓦希里通風報信，揪出他們之中的一名叛徒。二〇〇二年九月遭埃及部隊綁架，後來遭送往關塔那摩灣拘留至今。**直至二〇一九年九月，仍在關押中。**[16]

艾德蒙・赫爾（Edmund Hull）**：**二〇〇一年至二〇〇四年擔任美國駐葉門大使。在打敗蓋達於葉門的最初組織一事上，他起了關鍵作用。目前退休住在美國，**曾在其母校普林斯頓大學講課。**[17]

薩雷赫・卡那巴希（Salih al-Khanabashi）**：**索馬利亞血統的葉門人，參與了一九九二年蓋達在亞丁的首場恐怖攻擊。他後來掌管賓・拉登在蘇丹的農場。目前住在葉門。

穆罕默德・穆威雅德（Muhammad al-Muayyad）**：**葉門教士，二〇〇三年聯邦調查局在德國設局將他逮捕。他被判處七十五年徒刑，但他的有罪判決遭上訴

---

14 編註：https://twitter.com/demolinari/status/873580602657710080。

15 編註：其後沒有活動紀錄。

16 編註：https://www.nytimes.com/interactive/projects/guantanamo/detainees/1463-abdul-al-salam-al-hilal。

17 編註：https://en.wikipedia.org/wiki/Edmund_Hull。

推翻。他於二〇〇九年返回葉門，**受到數千民眾的熱烈迎接**。[18]目前他以自由之身住在葉門。

烏馬爾・法魯克・阿卜杜・姆塔拉布（Umar Farouk Abdu Mutallab）：奈及利亞學生，二〇〇九年十二月二十五日企圖使一架美國班機在底特律上空墜毀。**二〇一二年被判無期徒刑，不得假釋**[19]，目前關在美國某監獄。

穆罕默德・賓・納伊夫（Muhammad bin Nayif）：沙烏地阿拉伯王儲兼內政部副部長，是二〇〇三年至二〇〇六年擊敗沙烏地阿拉伯蓋達的功臣。二〇〇九年他躲過了一場暗殺，**二〇一〇年躲過了對他的第四次暗殺**。[20]**二〇一六年獲選為《時代雜誌》年度百大人物**。[21]

迦利布・卡米許（Ghalib al-Qamish）：葉門頭號情報部門「政治安全組織」的領頭。他與約翰・歐尼爾及阿里・蘇芬密切合作。[22]

法赫德・庫薩（Fahd al-Qusa）：沒能拍到科爾號攻擊事件的攝影師。出了葉門監獄之後重新加入蓋達。列名於聯邦調查局頭號通緝名單上的他，二〇一二年在美國無人攻擊機的空襲中身亡。

法瓦茲・拉貝義（Fawaz al-Rabi'i）：具有領袖魅力的葉門戰士，出生於沙烏地阿拉伯，後來在阿富汗加入蓋達。九一一事件前不久，賓・拉登派他回到葉門。他於二〇〇三年遭葉門部隊逮捕，並於二〇〇六年越獄，同年在二度投降後遭殺害。他的弟弟目前在關塔那摩灣。

卡辛・萊米（Qasim al-Raymi）：在阿富汗一處蓋達營地擔任訓練者的葉門戰士。二〇〇六年在葉門越獄。身為阿拉伯半島蓋達的軍事指揮官，他目前仍在逃，據信人在葉門。他的弟弟目前在關塔那摩灣。二〇一五年，由於納瑟・武海希（Nasir al-Wuhayshi）身亡，卡辛・萊米成為阿拉伯半島蓋達組織的最高領導

---

18 編註：https://www.memri.org/tv/sheik-muhammad-al-muayyad-convicted-terrorism-support-welcomed-thousands-and-yemenite-president。

19 編註：https://www.dailymail.co.uk/news/article-2102254/Underwear-bomber-Umar-Farouk-Abdulmutallab-sentenced-life-prison.html。

20 編註：https://web.archive.org/web/20100822152516/http://www.saudigazette.com.sa/index.cfm?method=home.regcon&contentID=2010081681128。

21 編註：https://www.arabnews.com/saudi-arabia/news/913986。

22 編註：其後無顯著的活動紀錄。

人[23]至今。[24]

阿里・阿卜杜拉・薩雷赫（Ali Abdullah Salih）：一九七八年至一九九〇年出任北葉門總統，一九九〇年至二〇一二年出任統一後葉門總統。之後他住在沙那，他在那裡仍有許多親戚在葉門的軍隊與情報單位中掌握關鍵職位。**二〇一七年遇刺身亡**。[25]

阿卜達里拉・沙亞（Abdalilah Shaya）：將美國於二〇〇九年十二月攻擊馬加拉一事報導出來的葉門記者，也採訪過數名阿拉伯半島蓋達高階領袖。他於二〇一〇年遭綁架，並於二〇一一年一月被判行恐怖主義。二〇一一年二月歐巴馬總統打了通電話給薩雷赫總統後，他的赦免要求遭到了拒絕。他目前仍在葉門的監獄中，**有消息指出，至少到二〇一四年依舊如此**。[26]

賽義德・希赫里（Said al-Shihri）：來自沙烏地阿拉伯的前關塔那摩灣拘留者，於二〇〇九年再度加入蓋達。阿拉伯半島蓋達的副指揮官，**二〇一三年在無人機攻擊中身亡**。

阿里・蘇芬（Ali Soufan）：二〇〇一年九月十一日那天在葉門的聯邦調查局探員。他提供了可證明賓・拉登與劫機者有所關聯的關鍵情報，並預測了二〇〇二年林堡號的攻擊行動。目前已從聯邦調查局退休的他住在紐約，於當地營運私家顧問公司「蘇芬集團」。**二〇一一年出版有關九一一事件與訊問蓋達組織成員的回憶錄**[27]，**二〇一七年出版書籍，評論賓・拉登死後的中東局勢**。[28]

納瑟・武海希（Nasir al-Wihayshi）：奧薩瑪・賓・拉登的個人祕書，他參與了托拉博拉戰役並逃至伊朗，在該地遭到監禁。二〇〇三年被引渡到葉門後，他於二〇〇六年越獄，並成為重建葉門蓋達的首要功臣。身為阿拉伯半島蓋達的領袖，**二〇一五年，他在美國的無人機攻擊中於哈德拉毛（Hadramaut）身亡**。

迦利布・札亞迪（Ghalib al-Zayadi）：葉門部族成員，二〇〇一年拒絕幫助

---

23 編註：https://www.bbc.com/news/world-middle-east-11483095。

24 編註：二〇一九年九月。

25 編註：https://www.aljazeera.com/news/2017/12/houthi-media-ali-abdullah-saleh-killed-sanaa-171204123328290.html。

26 編註：http://victoriacastro.com/2014/05/the-story-of-abdalilah-shaya/。

27 編註：https://www.npr.org/2011/09/13/140401483/an-interrogator-writes-the-inside-story-of-9-11。

28 編註：https://www.amazon.com/Anatomy-Terror-Death-Laden-Islamic/dp/1543636993。

薩雷赫總統追捕穆罕默德・阿達爾。他後來遭到拘留，並在獄中認識了許多未來成為阿拉伯半島蓋達領導者的人們。目前他以自由之身住在葉門。

阿卜杜・馬吉德・金達尼（Abd al-Majid al-Zindani）：一九八〇年代替阿富汗聖戰招募人手的葉門教士。他後來成為葉門總統委員會的一員，並在一九九四年內戰期間提供了允許殺死社會黨人的伊斯蘭教令。儘管不是蓋達組織一員，美國仍於二〇〇四年將他列名為「特別指定全球恐怖分子」。**目前仍被聯合國安全理事會通緝**。[29]

---

29 編註：https://www.un.org/securitycouncil/sanctions/1267/aq_sanctions_list/summaries/individual/abd-al-majid-aziz-al-zindani。

致謝

這本書花了相當長的一段時間完成。最初的念頭是在二〇〇二年，當我在約旦擔任和平工作團的志工時誕生，但要到二〇〇八年十一月，當我在華盛頓特區的克萊默書店與後記咖啡（Kramerbooks & Afterwords Café）四處瀏覽時，一切才終於湊在一起，我便開始寫作。

有許多人對於本書的成形有所貢獻，但有三個人特別突出。如果沒有布萊恩・歐尼爾（Brian O'Neill）、蜜雪兒・謝菲德和李維・強森（Levi Johnsen）的幫助，這本書根本無法完成。

自從二〇〇〇年春天我和布萊恩・歐尼爾在開羅當室友以來，他都是我的好友和我的第一手編輯。十多年來他幾乎讀遍了我寫的每個字，這本書也是如此。布萊恩以超乎尋常的耐心和善意讀了本書的好幾份草稿。這本書能完成實在是多虧了他的智慧、寬厚個性和友情相挺。

在本書的研究與寫作過程中，我很幸運能藉由一篇葉門的採訪記行而認識

《多倫多星報》的蜜雪兒・謝菲德。身為才華洋溢的記者和作家，蜜雪兒也成為了我親愛的朋友，她也閱讀了整篇手稿並給予評論，使這本書成形並將其淬鍊到憑我一人之力根本不可及的樣貌。她銳利的眼光和不妥協的作風，讓這本書避免了許多錯誤。

我的兄弟李維在我認識的人裡是最有智慧的一個，當我一再「修訂」第一章時，他冷靜的話語和沉著的影響力，在許多次跨海電話中都減輕了我的困難。如果沒有他的建議與愛，這本書根本不可能誕生。

在葉門，有好幾個人花時間幫助我了解他們的國家，他們共同帶來的知識讓我獲益良多。我最初也是最好的嚮導，是一群每天都要跟他們一起嚼巧茶的朋友。阿馬爾（Ammar）、阿卜杜・哈欽（Abd al-Hakim）、夏奇布（Shaqib）和阿米爾（Amir）都替我上了一堂書裡找不到的葉門歷史和政治課。能當他們的朋友是我的榮幸。克里斯多弗・埃登斯（Christopher Edens），美國葉門研究學院（American Institute for Yemeni Studies）當時的駐地主任，在我第一年待在葉門時，讓我就彷彿得到了一名恰如所願的導師。穆罕默德・阿赫邁迪（Muhammad al-Ahmadi）和哈立德・哈瑪迪這兩位葉門最優秀的記者都非常好心地，三不五時就與我分享他們對於蓋達的諸多想法。納瑟・阿拉比伊（Nasser Arrabyee）也是一名親切體貼的葉門東道主。穆拉德・札菲爾（Murad Zafir）是沙那許多場合中充滿樂趣的巧茶之友。他獨特的觀點時常逼我重新思考我的立場。從阿卜・巴克爾・奇比和阿卜杜・卡利姆・伊利亞尼到哈米德・阿赫馬爾（Hamid al-Ahmar）和罕穆德・希塔爾，多位顯赫的葉門政治家和部族領袖都花上時間和我對話，並幫助我從他們的觀點了解葉門。

除了葉門人（其中有許多人希望不要列名）之外，研究葉門的西方學者們所擁有的可觀才華，也使我獲得幫助。最為顯著的是我的審訂人，普林斯頓大學的伯納德・海克爾（Bernard Haykel），他是一個年輕研究生最會想要的一名顧問。他既要求嚴格又寬厚仁慈。另外幾位葉門相關學者也在對話中慷慨地給予時間和專門知識。保羅・德雷修（Paul Dresch）在沙那欣然和我相談，他的書也幫助我對葉門的理解得以成形。史帝芬・坎頓（Steven Caton）、羅伯特・伯羅斯（Robert Burrowes）和湯馬斯・史蒂文生（Thomas Stevenson）都在我以傅爾布萊特計畫學生的身分初次抵達葉門時教我事情該怎麼做。丹尼爾・瓦里斯科（Daniel Varisco）和查爾斯・舒密茲（Charles Schmitz）同樣也幫了忙，並挑戰了我對該國的一些假想。已故的克里斯多弗・布賽克（Christopher Boucek）是一位極度親切而謙遜的人，而他看待自身著作的精神對我有所啟發。在年輕世代的學者中，艾波・隆格利・艾利（April Longley Alley）、史帝芬・戴（Stephen Day）、莎拉・菲利浦斯（Sarah Phillips）和史黛希・費爾布利克・亞達夫（Stacey Philbrick Yadav）的著作令我印象特別深刻且敬佩，他們都是親切又大方的同行。同時是傑出年輕學者以及好友的山繆・利布哈伯（Samuel Liebhaber），在本書處於研究階段的第一年時，以好幾包巧茶協助減輕了困難。

在外交圈中，芭芭拉・博迪納、查爾斯・丹巴爾（Charles Dunbar）、艾德蒙・赫爾和詹姆斯・拉洛可（James Larocco）都帶領我進入大使們被迫要找出方向的龐大複雜世界。我若有幸能在書中把這一面的事情描繪出來，都要歸功於他們累積的智慧。

每一名作者都需要一名編輯，而我很幸運地有好幾位。西點軍校（West Point）打擊恐怖主義中心（Combating Terrorism Center）刊物《CTC哨兵》（*CTC Sentinel*）的艾力克・馬爾夸特（Eric Marquardt）是第一位採用我對葉門蓋達的想法並將其發表的編輯。我十分感激他仔細的詢問和充滿思考的觀點。曾經在《國家》（*National*）雜誌待過，目前在《篷車》（*Caravan*）雜誌的強納森・謝寧（Jonathan Shainin），是能讓他經手的每一塊都變得更好的奇才。《外交政策》（*Foreign Policy*）雜誌的布雷克・杭謝爾（Blake Hounshell）是一名寬大的編輯，對於發行中的著作有著準確無誤的眼光。他也非常好心地託付我寫作文章，並讓我自由撰寫未必有立即政策效用的文章。

《黑斯廷斯論壇報》（*Hastings Tribune*）的薩德・李文斯頓（Thad Livingston）和唐納・席頓（Donald Seaton）在我大學生時不問文憑就給了我第一份寫作工作，而達倫・法勒（Darren Fowler）則是教會了我如何講故事。黑斯廷斯學院（Hastings College）也是我第一次接觸到葉門和嚴肅學術的地方，而這要感謝羅伯特・巴伯考克（Robert Babcock），他放棄了寶貴的空閒時間來指導我。他的希臘羅馬世界課程改變了我人生的道路。當時在歷史系的布魯斯・克魯克香克（Bruce Cruikshank）主動閱讀我那一年內寫的每一份論文草稿。他的紅筆讓我想要成為更好的作者。接著丹尼・史特勒（Denny Storer）也本著他從我大學時期以來始終如一的誠心誠意，來監督引導我。

在普林斯頓，有一群親密的朋友始終在鼓舞支持著我，他們敦促我腳踏實地並在四年的寫作奮鬥中鼓勵我。麥克・麥考伊（Michael McKoy）、大衛・徐（David Hsu）、山繆・貝克（Samuel Baker）、內特・強生（Nate Johnson）、麥特・艾斯卡拉（Matt Escara）、山姆・馮（Sam Feng）和湯馬斯・狄克森（Thomas Dixon）——你們的友情和祈禱對我來說比你們所知的更有意義。麥特・里斯突西亞（Matt Ristuccia）提供了我大部分所需的指引和建議。我在開羅的長年寫作中，也獲得了克里斯多佛・阿赫特（Kristopher Achter）的友情所提供的同等支持。另一名親密友人傑夫・泰勒（Jeff Taylor），很好心地同意把他的才能借給了作者照片。當我逃離埃及革命時，在牛津的查爾斯・洛迪（Charles Roddie）和他的家人慷慨地收留了出現在他們家門口的我。

另一名來自開羅的朋友安德魯・奈許（Andrew Nash），在計畫來到中途時提供了關鍵的一項批評，幫助我重新展望了我想要說的故事。這本書如果沒有他的洞見，就會是另一種模樣。卡斯帕・奧斯華（Casper Oswald）是我十幾年的好朋友，我們關於葉門的對話有幾次我已經數不清了。謝謝你，卡斯帕。

在很多方面來說，威爾・麥康茲（Will McCants）都照亮了我現在依循的這條軌跡，先是在亞利桑那大學，然後是在普林斯頓大學。他小心而謹慎的學術工夫，是我曾經想試著複製的榜樣，而他也慷慨地同意閱讀其中一章並給予評論。管理 jihadology.net、如今在華盛頓近東政策研究所的阿倫・澤林（Aaron Zelin）總是能快速提供我在挪動時忘記在哪裡的蓋達文件。

在西方記者中，羅伯特・沃斯（Robert Worth）和傑瑞米・斯卡希爾，以及前述的蜜雪兒・謝菲德，是葉門報導的黃金準則。這三人都在葉門的田野花下了時間，而他們仔細且精心架構的報導，展現了他們知識的深度。羅伯特和傑瑞米都慷慨地閱讀並評論了一些章節，在成書過程中大幅強化了內容。我特別要謝謝傑瑞米讓我使用他在葉門進行的採訪內容。

此外，近年幾位把葉門當家的年輕自由記者們所寫下的勇敢報導，也讓我獲益良多。蘿拉・卡西諾夫（Laura Kasinof）、伊歐娜・克萊格（Iona Craig）、亞當・巴隆（Adam Baron）、傑布・布恩（Jeb Boone）以及湯姆・芬恩（Tom Finn）提供了一扇通往快速變遷葉門的窗戶。

穆罕默德・巴夏（Mohammed al-Basha）因為多年來的對話和辯論，而值得我在這裡特別感謝他。對於在葉門發生的事情我們並非始終一致，但我們的爭論過程會不斷加深我對他稱為故鄉的這個國家的理解。他對我原初手稿的評論讓我避免的錯誤，比我如今能記得的還要多上許多。

所有我在此感謝的人都不需要為了本書的內容負責，而有些人恐怕會不同意我所寫的一部分內容甚至全書。但我真的希望他們能在字裡行間發覺他們所認識的葉門。當然，任何還存在的事實錯誤，都仍是我自己的責任。

在我與這本書相處的這幾年裡，我收到了好幾份補助金和獎助金，大部分的研究和寫作才有完成的可能。首先是一份傅爾布萊特獎學金於二〇〇三年將我送往葉門，同時還有來自美國葉門研究學院的數份獎學金讓我得以回國。亞利桑那大學的外國語言與區域研究獎學金，還有普林斯頓大學也都提供了慷慨的資助。二〇一〇年至二〇一一年的一份傅爾布萊特—海斯獎學金，讓我得以在開羅待更長時間，並在那裡完成部分內容。

我很幸運擁有那種存在於傳說中但會擔心已不存在的出版經紀人。瑞克・布羅德海德（Rick Broadhead）比任何人都更早相信這個寫作計畫，而他也是一名孜孜不倦的支持者。你今天能把這本書捧在手中的理由，就是因為有瑞克的努力。

在W・W・諾頓出版公司（W. W. Norton）裡，布蘭丹・柯瑞（Brendan Curry）就正是這本書所需要的編輯。在幾星期的工作中，他收下了一份龍飛鳳舞的手稿並把它化為一本書。布蘭丹是位充滿深厚愛心的編輯，在漫長的出書過程中充滿耐心與理解力。他的用字編輯有著敏銳的理解力，而且，至少對我來說，是令人驚奇地有趣。他的助理，梅拉尼・托托羅利（Melanie Tortoroli）完成了許多直到一本書送印為止的必要苦工，而和她共事更是一件快樂的事。茱莉亞・德魯斯金（Julia Druskin）製作了一張搭配本書的精美地圖。阿蕾葛拉・休士頓（Allegra Huston）是一名孜孜不倦且認真負責的審稿編輯，而她對細節的專注讓這本書比原本更為有力。在英國，寰宇出版（Oneworld）的羅賓・丹尼斯（Robin Dennis）費盡心力讓這本書在壓縮的時程內得以出版。書記出版（Scribe）的亨利・羅森布魯恩（Henry Rosenbloom）則是在澳洲和紐西蘭的重要支持者。

最後，我想謝謝我的父親亞瑟・強森（Arthur Johnsen）的愛與支持。也要謝謝查克・庫提克（Chuck Kutik）的愛心與耐心。這本書則是要獻給我的母親，凱倫・庫提克（Karen Kutik）。

來源與音譯說明

多位勇敢的記者數十年來以阿拉伯文和英文寫成的著作，讓我在寫書過程中獲益良多。採訪蓋達往往是高風險工作，而他們為我們這些追隨者提供了無價的服務。過去八年中，我也因為在葉門多住了一段時間，而獲得了幫助。這段時間讓我得以接觸到本來不可及的葉門人觀點。在一切情況下，我都十分感激這些和我說話的人所擁有的溫暖情意及熱情天性。這之中有一些訪談有在注釋中提及，但還有很多不願具名或不與蓋達歷史直接相關的訪談，就未在此提及。然而，這些訪談和對話確實有助於告知這段歷史的背景。我十分感激這一群過去八年間當我在葉門工作時逐漸認識而信任的葉門人。

第三種主要資料來源是葉門蓋達和後來的阿拉伯半島蓋達所發出的文件、影像以及錄音。自從二〇〇七年以來，該組織就透過聖戰論壇在網路上發出了大量的素材，後來則是透過自己的媒體部隊，《戰鬥回聲》。當然，要判斷這些素材的正確性是困難的工作，但多虧了記者和叛逃者們，如今已經可以再三檢查蓋達釋出的大部分內容了。除非另外註記，否則所有的阿拉伯語文翻譯都是出自於我個人。

阿拉伯語文學生也會注意到我遵循的是《國際中東研究期刊》（*International Journal of Middle East Studies*）所概述的音譯指南之修改版。然而，在一些已經廣泛用於英文的詞彙上——好比蓋達（al-Qaeda）、賓・拉登（bin Laden）和奧拉基（al-Awlaki）——我都用了比較普遍的拼法而非更嚴格的音譯。為了方便閱讀，我通常把阿拉伯字母中的區分記號「ʿayn」（ع）和「hamza」（ء）省略。我相信那些注意到區分記號的人會諒解我讓它們缺席。對阿拉伯專家來說容易閱讀的東西經常會讓其他人分心。我也省略了許多阿拉伯名字中接在第二個提到的名字前頭的定冠詞「al」。不過，每當使用全名時，就會全部拼出來。舉例來說：Nasir al-Wihayshi 就會寫成 Wihayshi。同樣地，我希望這個為了方便閱讀而做的決定，不會讓語言純正派過度失望。

注釋

第一章：不毛之地

32 「西夏姆殉道了」：Abdullah Azzam, "The martyr Hisham bin Abd al-Wahhab al-Daylami"，見 http://alfarooq.itgo.com/mjahideen/hisham_aldeleemy.htm。

34 「我內心哀傷」：同上。

40 「那天的講道」：Mustafa Badi al-Lawjari, *Afghanistan: Occupation of Memory* (Arabic), NP: 2002, 16.

41 飛越國境：本段來自 Lawjari, *Afghanistan*。

44 「讓我想要找」：Abd al-Rahman al-Muhammadi, "Interview with the head of Osama bin Laden's farm in Sudan" (Arabic), *News Aden*, reprinted in *News Yemen*, January 11, 2011.

45 從巴基斯坦出境並向西推進到喀布爾：Steve Coll, *Ghost Wars: The Secret History of the CIA, Afghanistan, and bin Laden, from the Soviet Invasion to September 10, 2001* (New York: Penguin, 2004), 190–92.

46 城裡還躲著：Lawrence Wright, *The Looming Tower: Al-Qaeda and the Road to 9/11* (New York: Knopf, 2006), 138–39.

48 阿富汗戰爭之後要做什麼：Issam Abd al-Hakim, "Interview with Shaykh Abd al-Majid al-Zindani" (Arabic), *Jihad* 64 (February 1990), 24.

49 「就只有一點點血從他嘴巴流出來」：Aryn Baker, "Who Killed Abdullah Azzam," *Time*, June 18, 2009.

49 「我的命運已經注定了」：出處同上。

51 在戰場上受傷：Issam Diraz, *Osama bin Laden and the Battle of the Lion's Den* (Arabic) (Cairo: al-Manar al-Jadid, 1991), 50.

第二章：為了錢的統一

56 撐不過六個月：Jim Hoagland, "North Yemen seen shaky despite US aid," *Washington Post*, April 11, 1979. 我要感謝 Nicholas Schmidle 與我提及本篇。

61 解放父親家園：Peter Bergen, *The Longest War: The Enduring Conflict Between America and al-Qaeda* (New York: Free Press, 2011), 19.

61 自由揮霍：同上。

61 叫做「蓋達」：Wright, *The Looming Tower*, 131–34.

62 「沙漠中又沒有洞窟」：同上，157。

64 「就跟夏季風暴一樣」：James A. Baker III, *The Politics of Diplomacy: Revolution, War & Peace, 1989–1992* (New York: Putnam, 1995), 318.

64 「這會是您投過最昂貴的否定票」：同上，327。

67 「居然叫女人……來保護沙烏地的男人。」：出自 Bergen, *The Longest War*, 19。

67 直言反對國王：Wright, *The Looming Tower*, 162.

68 「盡快在索馬利亞建立一個安全環境，來進行人道救濟行動」：聯合國安全理事會七九四號決議，第十段，見 http://www.un.org/documents/sc/res/1992/scres92.htm。

70 「執行去中心化」：Khaled al-Hammadi, "Interview with Nasir al-Bahri," *al-Quds al-Arabi*, trans-

lated by Foreign Broadcast Information Service, August 3, 2004.

70 納迪在亞丁規劃了一個簡單的計畫：Muhammadi, "Interview with the head of Osama bin Laden's farm in Sudan."

70 停在柏油跑道上：Edward F. Mickolus with Susan L. Simmons, *Terrorism: 1992–1995* (London: Greenwood Press, 1997), 251.

70 「當然是。」：Muhammadi, "Interview with the head of Osama bin Laden's farm in Sudan."

71 當這兩人在第二天抵達機場：薩雷赫・卡那巴希後來聲稱自己執行了他那部分的攻擊行動，但從既有證據看來，亞丁的安全部隊逼迫他們逮捕的兩名聖戰士透露爆裂物位置。

71 爆裂物所在處只找到被翻動過的地面：Mickolus, *Terrorism*, 251.

71 幾乎切斷了他的手：John F. Burns, "Yemen links to bin Laden gnaw at FBI in Cole inquiry," *New York Times*, November 26, 2000.

72 追捕聖戰士：Brian Whitaker, *The Birth of Modern Yemen*, chapter 8，電子書見 http://www.al-bab.com/yemen/birthofmodernyemen/default.htm。

73 卡那巴希正躲在：Muhammadi, "Interview with the head of Osama bin Laden's farm in Sudan."

74 馬里卜、夏布瓦："Biography of Abu Ali al-Harithi" (Arabic)，張貼於多個聖戰網頁，見 http://www.muslm.net/vb/showthread.php?t=208626。

74 這種事難免會發生：Muhammadi, "Interview with the head of Osama bin Laden's farm in Sudan."

第三章：戰爭之犬

77 賓・拉登立刻傳話：Muhammadi, "Interview with the head of Osama bin Laden's farm in Sudan."

77 賓・拉登的一個農場：同上；若要更詳細了解賓・拉登在蘇丹的生活，見 Wright, *The Looming Tower*, 166–69。

78 「金錢和榮譽」：同上。

78 聲稱賓・拉登是異教徒：Khaled al-Hammadi, "Interview with Nasir al-Bahri," part 3, *al-Quds al-Arabi*, March 28, 2005, translated by FBIS.

79 還射傷了一些人：Wright, *The Looming Tower*, 193.

79 賓・拉登在喀土木的辦公室對面有一間房子：Hammadi, "Interview with Nasir al-Bahri."

80 哈里希則是大腿中彈："Biography of Abu Ali al-Harithi."

80 殺掉另外幾名攻擊者：Wright, *The Looming Tower*, 193; Hammadi, "Interview with Nasir al-Bahri."

80 到印度治療：Muhammadi, "Interview with the head of Osama bin Laden's farm in Sudan."

81 印度女孩：同上。

81 必德跳過：Whitaker, *The Birth of Modern Yemen*, chapter 10.

83 飛回沙那：Muhammadi, "Interview with the head of Osama bin Laden's farm in Sudan."

83 「那你就拿去吧」：出自 Wright, *The Looming Tower*, 195。

86 法國戰艦載了三百名外國人離開戰事：Christopher Walker, "North Yemenis accuse the south of Scud attack," *The Times* (London), May 7, 1994.

86 蘇聯製飛彈：同上。

86 一對原木枴杖：Muhammadi, "Interview with the head of Osama bin Laden's farm in Sudan."

88 放棄亞丁，前往港城穆卡拉：Whitaker, *The Birth of Modern Yemen*, chapter 13.

88 必德逃亡出境：同上。

90 大群蝗蟲過境：Khaled al-Hammadi, "International groups are requested to take decisions to protect the people of the south" (Arabic), *al-Quds al-Arabi*, April 17, 2009, reprinted in *Mareb Press*, April 17, 2009.

91 「白痴」：來自作者與亞丁某葉門人於二〇〇四年三月的討論。依要求不刊出姓名。

第四章：埃及人來討債了

94 在沙那下了飛機："Interview with Ibrahim al-Banna" (Arabic), part 1 of 2, *al-Jarida* (Kuwait), November 4, 2010.

95 影響了比較年輕的札瓦希里：Wright, *The Looming Tower*, 125.

95 在內戰這邊就有比較活躍的表現："Interview with Ibrahim al-Banna."

96 阿曼的山區：同上。

97 獨裁者俱樂部：Wright, *The Looming Tower*, 214.

97 火箭推進榴彈誤發：同上。

98 「我突然看到一臺藍色的大貨車擋住了路」：Craig Turner, "Egyptian president survives assassination attempt," *Los Angeles Times*, June 27, 1995.

98 第十二次失敗：Ayman al-Zawahiri, *Knights Under the Prophet's Banner* (Arabic), 2nd edition, 94.

98 札瓦希里就離開了沙那："Interview with Ibrahim al-Banna."

101 怠忽職責：Mohammed al-Shafey, "Al-Qaeda's secret emails," part 2, *al-Sharq al-Awsat English*, June 13, 2005.

101 札瓦希里的手下把他載到：Andrew Higgins and Alan Cullison, "Friend or foe: the story of a traitor to al-Qaeda—murky loyalties in Yemen undo the betrayer, who finds himself betrayed—omi-

nous words before 9/11," *Wall Street Journal*, December 20, 2002.

101 對辭職一事再做考慮：Wright, *The Looming Tower*, 260–61.

102 納斯魯拉供稱的故事：Higgins and Cullison, "Friend or foe."

103 政治安全組織面對聖戰士的核心人員：Human Rights Watch, *Black Hole: The Fate of Islamists Rendered to Egypt*, March 2005, 34–39.

104 特務則是抓住了納斯魯拉：Higgins and Cullison, "Friend or foe."

106 六十萬名畢業生：其他人計算的數字要再高一些。舉例來說，見 Paul Dresch, *A History of Modern Yemen* (New York: Cambridge University Press, 2000), 173。

106 武海希就能吟誦《古蘭經》：Nayif al-Qahtani, "The wanted: between yesterday and today" (Arabic), *Sada al-Malahim* 8 (March 2010), 36.

107 「總是形影不離」：Jabir al-Fayfi, "Interview on Homuna" (Arabic), Saudi Television, December 2010.

108 「我就處在最高層」：Robert Worth, "Ex-jihadist leader defies Yemeni president, easy labels," *New York Times*, February 26, 2010.

108 黑暗而愚昧：Khaled al-Hammadi, "Interview with Tariq al-Fadhli" (Arabic), *al-Quds al-Arabi* 1999.

108 「你是在阿里・阿卜杜拉・薩雷赫的旗下，而非先知的旗下戰鬥」：同上。

108 「這個人曾經拒絕在阿富汗前線作戰」：同上。

110 第七個美國軍官：Brian Whitaker, "Abu Hamza and the Islamic army," *al-Bab*，見 http://www.al-bab.com/yemen/hamza/day.htm。

111 「你愛做什麼就做什麼的天堂」：英國廣播公司第四臺紀錄片，"Sheikh Abu Hamza"，二〇〇三年四月二十六日播出。為了文法而調整標點符號。

112 像在英國老家那樣開過去：Brian Whitaker, " The Aden bomb plot,"*al-Bab*, December 14, 1999.

112 全數被捕：同上。

113 四臺車：Brian Whitaker, "The Abyan kidnapping: introduction," *al-Bab*, February 16, 1999.

113 用槍托痛擊他的頭：Brian Whitaker, "The Abyan kidnapping: witnesses," *al-Bab*, February 16, 1999.

113 「我們收到訂貨了」：Whitaker, "The Abyan kidnapping: introduction."

114 「更高層的聯繫」：同上。

114 開槍示警：Whitaker, "The Abyan kidnapping: witnesses."

115 「我是為了在葉門建立伊斯蘭教法而戰鬥」：Whitaker, "The Abyan kidnapping: the trial so far," *al-Bab*, March 6, 1999.

115 阿卜・阿里・哈里希：Brian Whitaker, "The Abyan kidnapping: statements attributed to the defendants," *al-Bab*, February 1999.

115 「是的，我要連說三次是的」：Whitaker, "The Abyan kidnapping: the trial so far."

第五章：在南方的工作

118 攻擊艇一出航就下沉：Federal Bureau of Investigation, *Terrorism 2000–2001*, 8，見 http://www.fbi.gov/stats-services/publications/terror/terrorism-2000-2001#Terrorist%20Incidents。

118 他還是希望能比這種結果好：Hammadi, "Interview with Nasir al-Bahri," 2004.

118 但點頭答應這件事讓他十分痛苦：Wright, *The Looming Tower*, 194.

118 葉門當地一個薩達家族：Khaled al-Hammadi, "Interview with Nasir al-Bahri," *al-Quds al-Arabi*, translated by Foreign Broadcast Information Service, March 20, 2005。

119 當地的上層人士：Ibrahim Ahmad al-Maqhafi, *The Yemeni Geographical and Tribal Dictionary* (Arabic), 2 vols. (Sanaa: Dar al-Kalimah, 2002), vol. 2, 759.

120 波士尼亞的新聖戰：Hammadi, "Interview with Nasir al-Bahri," March 20, 2005.

120 「狡詐」：同上。

122 「你們每個人都是獨立的個人」：同上。

122 「你就無權命令我」：同上。

124 對阿卜・薩雷赫講起一個瘋子：Higgins and Cullison, "Friend or foe."

125 「永遠不會被忘記」：Sebastian Rotella and Josh Meyer, "Wiretaps may have foretold terror at-

tacks," *Los Angeles Times*, May 29, 2002.

125 「就等著風」：同上。

127 綁架計畫：Brian Whitaker, "Attack on the USS *Cole*: the suspects," *al-Bab*, http://www.al-bab.com/yemen/cole1.htm。

128 指揮士官長詹姆斯・帕里爾：Jeff Schogol, "Memories Strong Five Years After Cole Blast," *Stars and Stripes*, October 12, 2005.

129 祕密代碼：美國國防部，那希里指控書，見 www.defense.gov/news/nashirichargesheet.pdf。

129 開始拍：Ali Soufan, *The Black Banners: The Inside Story of 9/11 and the War against al-Qaeda* (New York: Norton, 2011), 225–26.

129 呼叫器保持震動狀態：Wright, *The Looming Tower*, 320.

130 無助地在海上漂搖著：Soufan, *The Black Banners*, 168.

130 「這邊的政府和人民並無敵意」：Barbara Bodine, "9/11 miniseries is bunk," *Los Angeles Times*, September 8, 2006.

131 「這可是個有一千八百萬人口和五千萬把槍的國家」：出自 Wright, *The Looming Tower*, 323。

131 「我的工作就是確保我們的行動不會破壞我們的目標」：Bodine, "9/11 miniseries is bunk."

131 「我在能力可及的範圍內什麼都試過」：Clint Guenther 專訪，"The Man Who Knew," *Frontline*，美國公共廣播電視公司，二〇〇二年六月二十八日播出，見 http://www.pbs.org/wgbh/

pages/frontline/shows/knew/interviews/guenther.html。

132 「美國式調查風格的實際運作面」：Bodine, "9/11 miniseries is bunk."

132 打通其他門路：Mary Jo White 專訪，"The Man Who Knew," *Frontline*，美國公共廣播電視公司，二〇〇二年五月二日播出，見 http://www.pbs.org/wgbh/pages/frontline/shows/knew/interviews/white.html。

133 歐尼爾在感恩節前短暫返回美國：Wright, *The Looming Tower*, 329.

133 卡米許拒絕和聯邦調查局的代理人開會：貝瑞・毛恩專訪，"The Man Who Knew," *Frontline*，美國公共廣播電視公司，二〇〇二年五月十七日播出，見 http://www.pbs.org/wgbh/pages/frontline/shows/knew/interviews/mawn.html。

134 讓他回葉門：Clint Guenther 專訪，"The Man Who Knew"。

134 「他們決定不要繼續扛下去」：貝瑞・毛恩專訪，"The Man Who Knew"。

135 庫薩知道自己該怎麼做才能讓父親獲釋：Abdalilah Haydar Shaya, "Interview with Fahd al-Qusa" (Arabic), al-Jazeera, December 26, 2009.

135 向政治安全組織自首：同上。

135 「美國人脖子上掛著那些基督十字架，垂到他們的胸口」：同上。

136 還是國會議員：同上。

136 「我不是聽說你要去美國」：Higgins and Cullison, "Friend or foe."

138 沙烏地阿拉伯的道德警察：Rashad al-Sharʻabi, "From the house of Fawaz al-Rabiʻi" (Arabic), *News Yemen*, October 9, 2006.

139 最後成為九一一劫機者的人們：Nabil al-Sufi, "Yemen and al-Qaeda" (Arabic), *al-Hayat*, November 24, 2006.

139 「做個烈士而死」：al-Sharʻabi, "From the House of Fawaz al-Rabiʻi."

139 十二人基層小組：同上。

第六章：總統的盟友

140 貧瘠也是一目了然：Soufan, *The Black Banners*, 162.

141 最後一件公務事：Wright, *The Looming Tower*, 352.

141 踏上葉門：Walter Pincus, "Yemen hears benefits of joining US fight," *Washington Post*, November 28, 2001.

142 科爾號攻擊事件報告：Steven Lee Myers, "Cohen says the blame for the *Cole* is collective," *New York Times*, January 20, 2001.

144 「我們靠著部隊、飛機和船隻阻止他們抵達葉門」：出自 Pincus, "Yemen hears benefits"。

145 「阿里」，他喘著大氣說，「有架飛機撞上世貿中心了」：Soufan, *The Black Banners*, 284.

146 「葉門，據信並不安全」：同上，286。

146 「任何必要手段」：Wright, *The Looming Tower*, 362.

146 「我不是在說科爾號」：出處同上，363。

147 政治安全組織指揮部：同上。

147 「你們根本就不該在葉門」：Shaya, "Interview with Fahd al-Qusa."

148 「那他為何要坐牢？」：Wright, *The Looming Tower*, 364.

148 「我們得要和阿卜・詹達爾講話」：Soufan, *The Black Banners*, 295.

149 對他要負起責任：作者採訪納瑟・巴赫里，二〇〇六年七月於沙那。

149 爭論神學：Soufan, *The Black Banners*, 295.

149 「再看一次」：同上，316。

149 「你是在主張你不認識夏奇嗎？」：同上，317。

149 蘇芬已經知道：同上。

150 把劫機犯牽連上了蓋達組織：有關審問的描述是基於三個資料來源。Lawrence Wright 在 *The Looming Tower* 第三六一至三六七頁中有著精彩的紀實。二〇〇六年七月，我於沙那採訪納瑟・巴赫里時，他與我分享了他在阿富汗和葉門的回憶。《阿拉伯聖城》的哈立德・哈瑪迪於二〇〇四及二〇〇五年兩度專訪巴赫里的內容也很有啟發性。

150 「把它炸回石器時代」：當然，巴基斯坦是盟友。記下了時任美國副國務卿理察・阿米塔吉這段話的人，是時任巴基斯坦總統佩爾韋茲・穆沙拉夫。原文見 Pervez Musharraf, *In the Line of Fire: A Memoir* (New York: Free Press, 2006), 201。

150 葉門是繼阿富汗之後下一個合乎邏輯的目標：Nasir Muhammad Ali al-Tawil, *The Islamic Movement and the Political System in Yemen* (Arabic) (Sanaa: Khalid bin Walid, 2009), 448. 我使用這段資料來源，來呈現葉門在九一一攻擊發生當下的氣氛。

152 「在這場對恐怖主義的戰爭中選邊站」：Christopher Cooper, "Desert blues: in war on terror-

ism battlefields may look a lot like Yemen," *Wall Street Journal*, October 9, 2001.

154 大半逃出該國：Raymond Bonner, "Long at odds with the US, Yemen is now cooperating to fight terror," *New York Times*, November 25, 2001.

154 你們要阻止這種狀況：作者採訪葉門政府官員，二〇〇四年七月於沙那。

154 「恐怖主義的基本關鍵人物」：出自 Howard Schneider, "For Yemen a risk and an opportunity," *Washington Post*, January 2, 2002。

155 「每個地區的每個國家，現在都得要做出抉擇」：George W. Bush, "Freedom at War with Terror"，二〇〇一年九月二十日發表之演說，見 http://georgewbush-whitehouse.archives.gov/news/releases/2001/09/20010920-8.html。

155 小布希與薩雷赫會面：Patrick Tyler, "Yemen, an uneasy ally, proves adept at playing off old rivals," *New York Times*, December 19, 2002.

155 四億美元：Pincus, "Yemen hears benefits."

156 「有句阿拉伯俗諺……頭」：Tyler, "Yemen, an uneasy ally."

第七章：新戰爭

157 中央情報局和迦利布・卡米許都同意：Edmund Hull, *High Value Target: Countering al-Qaeda in Yemen* (Washington: Potomac Books, 2011), 29.

158 帶了幾個親戚和同族人來保護自己："Interview with Ghalib al-Zayadi" (Arabic), *Mareb Press*, January 5, 2009.

158 薩雷赫與札亞迪會面：同上。

158 阿達爾的投降：Hull, *High Value Target*, 29.

159 「任何行動要動起來都會比你預期的還要慢一倍」：同上。

159 哈里希和一名埃及副手：Ibrahim al-Banna, "The Martyrdom of the Commander Abu Ayman," *Inspire* 8 (Fall 2011), 13–15.

160 阿爾・賈拉爾家族：al-Maqhafi, *The Yemeni Geographical and Tribal Dictionary*, vol. 1, 344.

162 正從視線中消失：Frank Gardner, "Yemen's al-Qaeda supporters," BBC.co.uk, August 3, 2002.

162 紛紛退出射程：Hull, *High Value Target*, 30.

162 另有三十五人被俘：同上。

164 有權攻擊美國：Peter Bergen, "The Battle for Tora Bora: The Definitive Account," *New Republic*,

December 22, 2009.

164 緊跟在後頭殿後：Turki al-Suhayl, "Jabir al-Fayfi: trained in al-Faruq camp" (Arabic), *al-Sharq al-Awsat*, December 22, 2010.

165 在群山中才真正感到安全：出自 Bergen, *The Longest War*, 69。

165 興建了一條路：同上。

166 當地的蓋達指揮官把這些人根據國籍組織起來：Suhayl, "Jabir al-Fayfi."

166 最後的準備工作：Bergen, "The Battle for Tora Bora."

166 對著山裡發射了超過一千一百枚飛彈："Tora Bora Revisited: How We Failed to Get Bin Laden and Why It Matters Today," Report for Senate Committee on Foreign Relations, November 30, 2009, 11; Bergen, *The Longest War*, 72.

167 哈茲拉特・阿里和哈芝・札曼・甘夏利克："Tora Bora Revisited," 11.

167 要求美軍部隊增援：Bergen, *The Longest War*, 74.

167 「我們在當地需要美軍」：Gary Berntsen, *Jawbreaker: The Attack on Bin Laden and al-Qaeda: A Personal Account by the CIA's key Field Commander* (New York: Crown, 2005), 290.

167 「淺足跡」：Bergen, *The Longest War*, 73.

168 近三百二十噸的炸藥：Bergen, "The Battle for Tora Bora."

168 並把任何可能找到的東西啃下去：Suhayl, "Jabir al-Fayfi."

169 C－130運輸機："Tora Bora Revisited," 2.

169 當地的村民則背叛了阿拉伯人：Suhayl, "Jabir al-Fayfi."

169 下令撤退：Dalton Fury, *Kill Bin Laden: A Delta Commander's Account of the Hunt for the World's Most Wanted Man* (New York: St. Martin's Press, 2008), 191.

170 我很抱歉害大家受困："Tora Bora Revisited," 7.

170 甘夏利克現在跟福瑞說：Bergen, *The Longest War*, 77.

170 只是在拖時間：Fury, *Kill Bin Laden*, 210–28.

170 八百名蓋達戰士："Tora Bora Revisited," 11.

170 害怕這已是末路：Bergen, *The Longest War*, 77.

170 「我建議你們不要和蓋達共事」：出處同上，85。

171 脫離托拉博拉：同上。

171 札瓦希里……從另一條路：同上，78。

171 飢餓而虛弱：Suhayl, "Jabir al-Fayfi."

172 「我過了三個月也只搞清楚這裡是古巴」：Turki al-Suhayl, "I was influenced by takfiri ideology while I was detained at Guantánamo" (Arabic), *al-Sharq al-Awsat*, December 29, 2010.

173 薩雷赫與札亞迪會面："Interview with Ghalib al-Zayadi."

第八章：「他們動手了」

176 跟一九八〇年代的蘇軍一樣軟弱：Soufan, *The Black Banners*, 343–45.

176 連塔利班都拋棄了他：Wright, *The Looming Tower*, 371.

177 四萬美元來進行動：Soufan, *The Black Banners*, 349; Hull, *High Value Target*, 33.

178 「我保證」：Hull, *High Value Target*, 46.

179 「你們需要在這些遙遠地帶強化政府的存在」：艾德蒙・赫爾專訪，"In Search of al-Qaeda," *Frontline*，美國公共廣播電視公司，二〇〇二年十月六日播出，見 http://www.pbs.org/wgbh/pages/frontline/shows/search/interviews/hull.html。

179 醫院換得忠誠，是個便宜價碼：Hull, *High Value Target*, 46.

179 沙那鬧區的民航大樓：同上，34。

180 釋放一百七十三名囚犯："Al-Qaeda sympathizers claim bomb responsibility," *Yemen Times*, April 15–21, 2002.

180 如果這些人沒被釋放：Hull, *High Value Target*, 34.

181 把他交給國家處置："Biography of Abu Ali al-Harithi."

181 空軍二號：Hull, *High Value Target*, 37.

182 審問一名美國拘留的蓋達嫌疑者：Soufan, *The Black Banners*, 489–505; Susan Schmidt, "Yemen recovers huge cache of explosive from blast site," *Washington Post*, September 10, 2002.

182 「你和聯邦調查局對此都無能為力」：Soufan, *The Black Banners*, 500.

182 警告葉門油輪即將遇襲的備忘錄：同上，502–3。

183 哈里希親自進行了購買工作：Hull, *High Value Target*, 53.

183 沙那附近的檢查哨：Soufan, *The Black Banners*, 500.

184 連忙衝到隔壁：Arafat Madabish, "Yemeni security forces kill two of the most dangerous members of al-Qaeda" (Arabic), *al-Sharq al-Awsat*, October 2, 2006.

184 攻擊行動取消了：Soufan, *The Black Banners*，五〇四至五〇五頁有一個略為不同的事件說法。

185 扭打聲驚動了幾層樓上的戰鬥分子：David Rohde, "Karachi raid provides hint of al-Qaeda rise in Pakistan," *New York Times*, September 14, 2002.

185 「真主至大」：同上。

186 《華爾街日報》：Alan Cullison, "Inside al-Qaeda's Hard Drive," *Atlantic Monthly*, September 2004.

186 對最近委任他的事情也有問題要詢問：Human Rights Watch, *Black Hole*, 36.

186 觀察名單：Department of Defense, "JTF–Gitmo Detainee Assessment of Abd al-Salam al-Hilah," September 24, 2008. 透過維基解密流出。

187 這趟旅程應該不會花太久時間：關於希拉勒被綁架的記事，見 Human Rights Watch, *Black Hole*, 34–39。

188 阿卜・賽夫：Karl Vick, "Yemen pursuing terror its own way; tactics, results vary, but target is Al Qaeda," *Washington Post*, October 17, 2002.

188 亞賀亞・穆加利：Hull, *High Value Target*, 52.

189 藏身處：同上，36。

189 亞丁和荷臺達：同上，51。

190 下令「行動」：Hammadi, "Interview with Nasir al-Bahri," August 3, 2004.

190 納瑟・基努迪：Abu Nasir al-Kathiri, "Martyr Biography of Nasir al-Kindi ," translated by Flashpoint Partners, November 23, 2010.

190 「快速靠近」："Craft 'rammed' Yemen oil tanker," BBC.co.uk, October 6, 2002.

191 「水晶球備忘錄」：Soufan, *The Black Banners*, 504.

191 「打開電視」：同上，502–3。

第九章：美國人的勝利？

192 尋找目標：Neil MacFarquhar, "Unmanned US planes comb Arabian desert for suspects," *New York Times*, October 23, 2002.

192 無恐怖分子區：Hull, *High Value Target*, 92.

192 「處在紅區」：同上，59。

193 他把一個人配置：同上，60。

193 快速逃脫：同上，59。

194 把槍扔到：Soufan, *The Black Banners*, 506.

194 沾血涼鞋：Hull, *High Value Target*, 60.

194 洪特石油的雇員：同上。

195 避免用電話通訊："Biography of Abu Ali al-Harithi."

195 馬里卜的某處：James Bamford, "He's in the Backseat," *Atlantic Monthly*, April 2006.

195 不太碰食物："Biography of Abu Ali al-Harithi."

196 「最偉大的殉道是在真主的路途上被殺害」：同上。

196 攻擊哈里希：同上。

197 一名叫做拉伍夫・那希布的人在攻擊後倖存下來：Hull, *High Value Target*, 98.

198 「這就是為什麼和美國談交易是如此困難」：Philip Smucker, "The Intrigue behind the Drone Strike," *Christian Science Monitor*, November 12, 2002.

199 馬里卜旅遊：William Glaberson, "Terror case hinges on wobbly key player," *New York Times*, November 27, 2004.

200 二度解僱他：Glaberson, "Terror case."

200 「不可信賴」：同上。

201 資助他前往葉門：同上。

201 赫爾還得花一番工夫：Hull, *High Value Target*, 68–69.

201 「在我們連一個家都沒有時」："Who is Shaykh al-Muayyad" (Arabic)，見 http://www.almoayad-zayed.net/view_news.asp?sub_no=1_2006_06_14_50030。

202 大使館在沙那的當地聯絡人："Yemen General and Islah Party Reacts to Arrests," US diplomatic cable, January 14, 2003. 透過維基解密流出。

203 美國那邊的「朋友」：William Glaberson, "Video, previously excluded, is shown at sheikh's terror-financing trial," *New York Times*, February 24, 2005.

203 婚禮：同上。

204 「他們在這裡舉行婚禮」：同上。

204 「要讓我們得到他的援助」：Glaberson, "Terror case."

205 「所以你對這有任何計畫嗎」：同上。

206 「聯邦調查局的臥底行動」：John Ashcroft, "The Terrorist Threat: Working Together to Protect America," prepared remarks to Senate Judiciary Committee, March 4, 2003，見 http://www.justice.gov/archive/ag/testimony/2003/030403senatejudiciaryhearing.htm。

206 十萬美元來行事：Glaberson, "Terror case."

207 阿利夫・穆加利：Soufan, *The Black Banners*, 506.

207 美國在葉門的最高官員：Hull, *High Value Target*, 63.

208 尾隨他的車隊：同上，72。

208 最終得以逃出：同上，73。

208 奮力奪下士兵的槍：*Yemen Times*, April 7–13, 2004.

209 「我們甚至連他們被轉送到亞丁都未獲通知」：Hull, *High Value Target*, 84.

210 葉門在對抗蓋達的戰爭中其實是有進展的：同上，93。

211 他寧願死："Interview with Ghalib al-Zayadi."

211 談判者花了好幾個鐘頭：同上。

第十章：「改造」囚犯的可能？

215 薩雷赫忽視了他們的勸告：本次會面的描述是根據二〇〇四年七月十六日、二〇〇五年八月十日作者訪談罕穆德・阿卜杜・哈米德・希塔爾之內容。兩次都於希塔爾在沙那的家中進行。葉門記者納瑟・阿拉比伊擔任我的翻譯。

215 穆罕默德・德哈哈比：作者採訪罕穆德・阿卜杜・哈米德・希塔爾，二〇〇四年七月十六日。更多關於德哈哈比的資訊，見 Gilles Kepel, *Muslim Extremism in Egypt*, translated by Jon Rothschild (Berkeley: University of California Press, 1986)。

217 薩雷赫就在電話上：Muhammad Maruf, "Yemeni judge on dialogue with al-Qa'ida supporters," *al-Quds al-Arabi*, translated by FBIS, December 18, 2004. 阿語原文文章刊載日期未提供。

218 不應該是這樣的：作者採訪罕穆德・阿卜杜・哈米德・希塔爾，二〇〇五年八月十日。

220 「如果你在這裡面找到……而誤解了那些章節」：作者採訪罕穆德・阿卜杜・哈米德・希塔爾，二〇〇四年七月十六日。

221 打從心裡認識這本書：Hammadi, "Interview with Nasir al-Bahri," August 3, 2004.

222 「定時中炸彈」：作者採訪罕穆德・阿卜杜・哈米德・希塔爾，二〇〇四年七月十六日。

223 《麥地那憲章》：R. B. Serjeant, "The Constitution of Medina," *Studies in Arabian History and Civilization* (London: Variorum Reprints, 1981), 12.

223 實驗組：“Interview with Hamud al-Hitar” (Arabic), *26th of September*, November 11, 2004. 第一次對話課程施行於二〇〇二年九月五日至十一月十一日之間。

224 「嚴重的問題」：Hull, *High Value Target*, 70.

225 「他們獲釋的關鍵」：Tim Whewell, “Crossing Continents,” BBC Radio，二〇〇五年十月十三日播出。

225 「我們就一直聽」：作者採訪納瑟．巴赫里，二〇〇六年七月二十一日於沙那（以原文為阿拉伯語進行）。

226 重新加入戰鬥：Whewell, “Crossing Continents.”

226 「不是對話的主題」：同上。

229 「五派」：J. Leigh Douglas, *The Free Yemeni Movement 1935–1962* (Beirut: American University of Beirut Press, 1987), 7.

229 多一句話……不同：Dresch, *A History of Modern Yemen*, 15.

231 胡西的人馬以更多的呼喊聲來迎接他：“President’s speech in his meeting with some Zaydi ulama” (Arabic), *26th of September*, July 3, 2004. Reprinted in Adal al-Ahmadi, *The Flower and the Stone: The Shi‘a Rebellion in Yemen* (Arabic) (Sanaa: Markaz ‘Ubadi, 2004), 259.

232 光是在沙那就逮捕了八百名抗議者：“Interview with Hasan Zayd” (Arabic), *Elaph*, October 2, 2009.

第十一章：北方的造反

233 把看門人推到街上：Rashad al-Alimi, "Report from the Minister of the Interior to Parliament" (Arabic), *26th of September*, July 3, 2004. Reprinted in al-Ahmadi, *The Flower and the Stone*, 267.

234 士兵們也開火還擊：同上。

234 二十四小時："Interview with Hasan Zayd."

235 一場槍戰隨之爆發：Iris Glosemeyer, "Local Conflict, Global Spin: An Uprising in the Yemeni Highlands," translated by Don Reneau, *Middle East Report*, Fall 2004, 44–46.

235 「我很確定我沒有做什麼會惹您生氣的事」：Muhammad bin Salam, "Al-Huthi Appeals," *Yemen Times*, June 28, 2004.

236 武裝直升機：Muhammad bin Salam, "Interview with Yahya al-Huthi," *Yemen Times*, June 20, 2005.

236 「葉門的托拉博拉」：Lutfi Shatarah, "al-Qirbi: Our battle with al-Huthi resembles the battle of Tora Bora" (Arabic), *al-Sharq al-Awsat*, September 30, 2004.

237 「蓋達和胡西的差別在於……所以要與其搏鬥實在困難太多」：作者採訪罕穆德・阿卜杜・哈米德・希塔爾，二〇〇四年七月十六日。

238 「我們正處於收尾階段」：Husayn al-Jarabani, "Yemeni chief of staff: We are entering the final battle with al-Huthi" (Arabic), *al-Sharq al-Awsat*, August 8, 2004.

238 「一切都結束了」：同上。

239 希塔爾的弟弟：Husayn al-Jarabani, "Yemen: tens killed, among them a brigade commander in an ambush prepared by supporters of al-Huthi" (Arabic), *al-Sharq al-Awsat*, August 24, 2004.

239 胡西的最後據點：Abd al-Rahman al-Mujahid, *The Shi'aization of Sa'dah, Vol. II: The Thought of the Believing Youth in Balance* (Arabic) (Sanaa: 2007), 129–31.

240 薩雷赫與布魯姆菲爾德會面："President Saleh to A/S Bloomfield, 'No New MANPADS,' " US diplomatic cable, September 2, 2004. 透過維基解密流出。

243 胡西家女眷們：Muhammad al-Khamari, "Interview with Yahya Ali al-Imad" (Arabic), *al-Wasat*, August 11, 2005.

244 出於對這家人的同情：同上。

244 可以容納他所有女眷：同上。

244 迂迴地流亡：同上。

244 「無法腐化」：同上。

244 聽到了同樣的訊息：同上。

245 「我還沒見到他」：Jamal al-Amr, "Interview with Badr al-Din al-Huthi" (Arabic), *al-Wasat*,

March 19, 2005.

246 士兵們拖著一名受傷的同僚逃出市場：Husayn al-Jarabani, "Yemen: two commanders from the Shabab al-Muminin were killed and four wounded in a clash with security forces in Sadah" (Arabic), *al-Sharq al-Awsat*, March 20, 2005.

246 不太認真的降溫行動：Husayn al-Jarabani, "Yemen: delay for supporters of al-Huthi the elder to surrender themselves" (Arabic), *al-Sharq al-Awsat*, April 3, 2005.

246 「他們都被包圍了」："Saleh Discusses Security Concerns with Ambassador," US diplomatic cable, April 10, 2005. 透過維基解密流出。

246 配合良好的突擊：Husayn al-Jarabani, "Yemen: al-Huthi's supporters enter into a street war with security forces in Sadah" (Arabic), *al-Sharq al-Awsat*, April 9, 2005.

247 那位老教士……邊界上的小村落：Husayn al-Jarabani, "Yemen: al-Huthi the elder escaped" (Arabic), *al-Sharq al-Awsat*, April 12, 2005.

248 「我會這麼做」："al-Huthi announces that he is cutting off his negotiations with the authorities" (Arabic), *al-Wasat*, August 3, 2005.

第十二章：監牢的試煉

249 政治安全組織監獄：“Interview with Ghalib al-Zayadi.”

256 烏斯曼・蘇拉威：“Uthman Ali Numan al-Sulawi” (Arabic), martyr biography, *Sada al-Malahim* 14 (2010), 67.

257 對巴格達的美國部隊進行了自殺攻擊：“Uthman Ali Numan al-Sulawi,” 68.

257 費非在關塔那摩：Suhayl, “Influenced by takfiri ideology.”

259 《阿拉伯的心智》：Seymour Hersh, “The Gray Zone: How a Secret Pentagon Program Came to Abu Ghraib,” *New Yorker*, May 24, 2004.

259 詹姆斯・米歇爾與布魯斯・簡森：Scott Shane, “Two US architects of harsh tactics in 9/11’s wake,” *New York Times*, August 11, 2009.

260 「我是從葉門的烏爾岱城來的」：Allal Ab Aljallil Abd al Rahman, Combatant Status Review Tribunal Transcript, published by the *New York Times*, http://projects.nytimes.com/guantanamo/detainees/156-allal-ab-aljallil-abd-al-rahman/documents/4.

260 關塔那摩的理髮師：Suhayl, “Influenced by takfiri ideology.”

261 「這是我第一次真正被 takfiri 的意識形態所影響」：同上。

261 「在阿富汗，這種想法並不真的很極端」：“Jabir al-Fayfi relates his experience” (Arabic), *Hamumana*, Saudi Television, December 2010，見 http://www.youtube.com/watch?v=5zj66sAeFec&feature=related。

262 「越來越不服從」：Department of Defense, “Jabir al-Fayfi: JTF GTMO Detainee Assessment,” December 16, 2005. 透過維基解密流出。

262 「負面領袖」：Department of Defense, “Said Ali al-Shihri: JTF GTMO Detainee Assessment,” April 13, 2007. 透過維基解密流出。

264 「他講起困難時就真的哭了出來」：Glaberson, “Terror case.”

264 正在控告自己的頭號證人：同上。

264 要聯邦調查局堅守這個承諾：Caryle Murphy and Del Quentin Wilber, “Terror informant ignites himself near White House,” *Washington Post*, November 16, 2004.

265 「跟聯邦調查局合作是我犯的大錯」：同上。

265 「二〇〇四年十一月十五日星期一的今天」：Muhammad al-Ansi, letter to Robert Fuller, reproduced in *Washington Post*, November 16, 2004.

266 「在兩分鐘內給自己點火」：Murphy and Wilber, “Terror informant.”

267 基甸・布萊克：Glaberson, “Video, previously excluded.”

267 「玻璃、金屬……慌亂呼喊」：*United States v. Al Moayad*，見 http://caselaw.findlaw.com/us-

2nd-circuit/1029782.html。

268 「如果那些都是真的」：Glaberson, "Video, previously excluded"; *United States v. Al Moayad.*

268 手持機關槍的人：Glaberson, "Video, previously excluded"; *United States v. Al Moayad.*

269 又一個美國侵略的證據：Hamil al-Masik, "Three years to escape, part 1" (Arabic), *Sada al-Malahim* 7 (January 2009), 18.

270 「我們為何不在這裡試試看呢」：同上。

270 許多人開始發表一些夢想：Nasir al-Wihayshi, "The new leader of al-Qaeda in Yemen relates the details of the escape of al-Qaeda members from an intelligence prison" (Arabic), *al-Ghad*, June 25, 2007.

270 「十字軍已經讓你們犧牲夠多了」：同上。

271 「我們根本不該跳進沙瓦尼事件裡」：同上。

第十三章：政策轉變的原因

272 「和平權力轉移」……「該是另一次和平政權轉移的時候了」：阿里・阿卜杜拉・薩雷赫，演說，二〇〇五年七月十七日（原文為阿拉伯語），收錄於 *The Speeches and Interviews of President Ali Abdullah Salih for 2005* (Sanaa: Information Documentation Center, 2006), 39。

274 經過了三天暴動：Gregory D. Johnsen, "Salih's Road to Reelection," *Middle East Report Online*, January 13, 2006.

275 誰有可能是薩雷赫的繼承者：Laura Kasinof and Scott Shane, "Radical cleric demands ouster of Yemen leader," *New York Times*, March 1, 2011.

275 「僅此一家」：US diplomatic cable 05SANAA2766, September 17, 2005. 透過維基解密流出。

275 被丟了一顆手榴彈進車內："Explosion near US Embassy targets potential presidential candidate in Yemen," *News Yemen*, November 11, 2005.

276 「你有沒有要離開這邊去幫他選呀」：US diplomatic cable 05SANAA2766.

276 「你會游泳嗎？」：作者採訪某美國軍官，二〇〇九年八月於沙那。依要求不刊出姓名。

277 薩雷赫加上這句話當成一個誘因："Yemen President Saleh Wants Washington Trip," US diplomatic cable, December 6, 2004. 透過維基解密流出。

277 克拉耶斯基從沙那寫給總統表示：同上。

278 「讓葉門符合千年挑戰」：Hull, *High Value Target*, 112.

279 「不切實際而愚蠢地充滿自信」：US diplomatic cable 05SANAA1352, May 23, 2005. 透過維基解密流出。

279 「杜拜港務國際公司是一間享譽國際的傑出老練公司」："Good News for Yemen's Investment Climate: Dubai," US diplomatic cable, June 14, 2005. 透過維基解密流出。

280 「最終仍是根據總統的一時興起而決定的」：同上。

280 把羊毛拉過美國人的眼睛上："Priorities for Washington Visit: Saleh Needs to be Part of the Solution," US diplomatic cable, June 28, 2005. 透過維基解密流出。

280 「必須以那些至今仍只是說說的東西來逼迫他」：同上。

281 柴油走私：US diplomatic cable05SANAA1352, May 23, 2005. 透過維基解密流出。

282 進到瑞士銀行的帳戶裡去：Abeer Allam and Roula Khalaf, "Saudis prepare to abandon Yemen," *Financial Times*, March 22, 2011.

282 「停滯了」：Johnsen, "Salih's Road to Reelection."

283 「你們一需要什麼，我都立刻回應」："Saleh on Kanaan: We've Got Him," US diplomatic cable, April 13, 2005. 透過維基解密流出。

284 「向他憤怒指責」：出自 Sarah Phillips, *Yemen and the Politics of Permanent Crisis* (New York: Inter-

national Institute for Strategic Studies and Routledge, 2011), 42。

285 「太恐怖了」：作者採訪葉門某外交官，二〇〇九年八月於沙那。依要求不刊出姓名。

285 「你真的覺得」：同上。

286 《阿拉伯聖城》：Khaled al-Hammadi, "Yemeni sources report failure of dialogue," *al-Quds al-Arabi*, translated by FBIS, December 10, 2005.

286 「你知道我來這裡打算做什麼」：作者採訪哈立德・哈瑪迪，二〇〇六年七月七日於沙那（以英語進行）。

287 「當時在部裡有兩個陣營」：作者採訪罕穆德・阿卜杜・哈米德・希塔爾，二〇〇九年八月五日（以原文為阿拉伯語進行）。

287 把一個也差不多在說「獲釋囚犯在伊拉克戰鬥」的故事洩漏給美聯社：Paul Garwood, "Yemen said linked to guns in Saudi attack," Associated Press, October 11, 2005.

第十四章：大逃脫

290 政治安全組織越獄事件：這部分的內容有大半來自 Wihayshi, "The new leader of al-Qaeda relates details of the escape"。

295 「涉及的人有多少」：Hassan M. Fatah, "Some Yemenis back fugitive terror figures," *New York Times*, February 16, 2006.

295 懸賞每名嫌犯兩萬五千美元：Nasser Arrabyee, "Yemen announces reward for news on al-Qaeda fugitives," *Gulf News*, February 15, 2006.

296 很快就會回來接受拘留：Ghasan Shirbil, "Interview with President Salih" (Arabic), *al-Hayat*, February 26, 2006.

296 幾十名沙烏地阿拉伯戰士：Thomas Hegghammer, "The Failure of Jihad in Saudi Arabia," West Point Combating Terrorism Center, February 25, 2010, 12.

297 下令他們攻擊：同上，13。

297 同步攻擊：同上。

297 「無情的謀殺」："US: More than 90 dead in Saudi blast," *Guardian*, May 13, 2003.

298 巨大的汽車炸彈：Dominic Evans, "Suicide attack kills up to 30, injures about 100, in a Riyadh

residential complex," Reuters, November 9, 2003.

298 「過去，人們可以找到藉口」：Neil MacFarquhar, "Among the Saudis, attack has soured Qaeda supporters," *New York Times*, November 11, 2003.

299 轉而反對他們：出自 Hegghammer, "The Failure of Jihad," 22。

299 為何他們不去伊拉克：MacFarquhar, "Among the Saudis."

300 看電視或聽音樂：Salim al-Najdi, "The Biography of Abu al-Khayr, Abdullah Hasan Tali Asiri" (Arabic), *Sada al-Malahim* 11 (November 2009), 50.

300 「他不管在清真寺還是學校都是名列前茅」：同上。

300 教士們喜歡：Abdullah al-Oreifij, "Suicide Bomber Named," *Saudi Gazette*, September 1, 2009; Nasir al-Haqabani and Faysal Mukrim, "Saudi Ibrahim Asiri constructed the two package bombs" (Arabic), *al-Hayat*, November 1, 2010.

302 「它們應該要妥善地處理」：al-Najdi, "Biography of Abu al-Khayr," 51.

303 「不到那一刻」：同上，52。

304 導致油價一桶漲了兩美元：Khalid R. al-Rodhan, "The Impact of the Abqaiq Attack on Saudi Energy Security," Center of Strategic and International Studies, February 27, 2006.

304 「我們該去葉門」：: al-Najdi, "Biography of Abu al-Khayr," 53.

305 「等他們來這邊」：同上，54。

306 CNN民調：“Poll: Opposition to war at all-time high,” *CNN News*, August 21, 2006.

307 同意藏匿他們：Abu Jana al-Qarshi, “The women of Yemen and the crusader’s war” (Arabic), *Sada al-Malahim* 11 (November 2009), 22.

307 偷偷溜進醫院：al-Shar‘abi, “From the house of Fawaz al-Rabi‘i.”

309 「這條路充滿了危險」：Umar Jarallah, “The last will and testament of Umar Jarallah” (Arabic), *Sada al-Malahim* 10 (September 2009), 48.

第十五章：蓋達復興

311 子彈幾乎正中德伊拉米的兩眼間：Murad Hashim, "Report from Sanaa" (Arabic), al-Jazeera, October 1, 2006.

311 打中了拉貝義的胸口：作者採訪穆罕默德・阿赫邁迪，二〇〇九年八月於沙那。

311 國營媒體：Arafat Madabish, "Yemeni security services kill two of the most dangerous members of al-Qaeda and arrest a third" (Arabic), *al-Sharq al-Awsat*, October 2, 2006.

312 「我的兒子有如雄獅般活過」：Shar'abi, "From the house of Fawaz al-Rabi'i."

314 發了第二個誓：Najdi, "Biography of Abu al-Khayr," 54.

314 阿里・多哈："Obituary of Abd al-Aziz Juradan" (Arabic), *Sada al-Malahim* 2 (March 2008), 20.

314 「珍貴明珠」："Interview with Nayif al-Qahtani" (Arabic), *Sada al-Malahim* 1 (January 2008), 8.

314 二〇〇二年美國攻擊哈里希：Faysal Mukrim, "Yemen: al-Qaeda announces its responsibility for assassinating an officer and threatens others" (Arabic), *al-Hayat*, May 1, 2007.

315 死亡調查陷入僵局：Abd al-Was'a al-Hamdi, "The funeral procession of the martyr Ali Qasaylah brings him to his final resting place in Martyr's Cemetery" (Arabic), *al-Thawra*, April 3, 2007.

315 蓋達是這場伏擊的背後主使者：Mukrim, "Yemen: al-Qaeda announces its responsibility."

315 半版廣告：Gregory D. Johnsen, "Is al-Qaeda in Yemen Regrouping?," *Terrorism Focus*, May 22, 2007.

317 法利斯・萊米：Muhammad al-Ahmadi, "Details on the death of Faris al-Raymi" (Arabic)，收錄於 *al-Ghad*，June 25, 2007。

319 「如果他們被殺了」：Gregory D. Johnsen and Brian O'Neill, "Yemen attack reveals struggle among al-Qaeda's ranks," *Terrorism Focus*, July 10, 2007.

319 回歸伊斯蘭教法：*al-Shar'a* (Arabic), reprinted in *News Yemen*, July 2, 2007.

319 死者中有瑪努蘇・比哈尼：Muhammd al-Ahmadi, "al-Bayhani first Yemeni from al-Qaeda to be killed in US airstrike" (Arabic), *al-Ghad*, June 20, 2007.

321 教他在當地結實的乾谷上操縱方向與加速："The Marib cell" (Arabic), *26th of September*, August 2, 2007.

321 「殉教烈士在行動前休息」：這段影像於二〇〇八年三月二十九日張貼於「忠誠」網路論壇。見 Gregory D. Johnsen, "al-Qa'ida in Yemen's 2008 Campaign," *CTC Sentinel*, April 2008。

322 靜默的沙漠和黑煙：同上。

323 薩雷赫總統召開記者會：Faysal Mukrim, "Ali Salih said that the suicide bomber was an Arab not a Yemeni" (Arabic), *al-Hayat*, July 4, 2007.

323 這是傷害國家的外在病毒：Abd al-Aziz al-Oudah, "Saleh: Suicide bomber might not be Yemeni," *Yemen Observer*, July 8, 2007.

323 他得要留在裡面："al-Wasat: Basaywani prevented from surrendering" (Arabic), *al-Wasat*, reprint-

ed in *News Yemen*, July 12, 2007.

324 與馬里卜的部族領袖進行一連串的會面：Husayn al-Jarabani, "Yemeni president meets with Abida shaykhs" (Arabic), *al-Sharq al-Awsat*, August 6, 2007.

324 狙擊手撂倒了這個跑跳閃躲的人：Al-Qaeda in the Arabian Peninsula, "Rubaysh: The Just Punishment" (Arabic), al-Malahim video, May 2009.

324 卡辛・萊米："In a land and air attack between Marib and al-Jawf, Qasim al-Raymi and three others meet their death" (Arabic), *News Yemen*, August 8, 2007.

325 正在訓練中的自殺炸彈客："Interior Ministry: The terrorists who were killed in Marib were planning a new operation" (Arabic), *al-Mu'tamar*, August 9, 2007.

325 同意放棄聖戰："Al-Qaeda militant surrenders after Yemen jailbreak," Reuters, October 16, 2007.

325 打氣安慰的簡訊：Susan B. Glasser and Peter Baker, "An outsider's quick rise to Bush terror adviser," *Washington Post*, August 27, 2005.

326 湯森與薩雷赫會面："Townsend–Saleh meeting provides opening for additional CT cooperation," US diplomatic cable, October 30, 2007. 透過維基解密流出。

327 大使電報：同上。

328「作為第一步」："Giuliani: Cut off aid to Yemen over release of bombing suspect," *CNN News*, October 26, 2007.

第十六章：《戰鬥回聲》

329 納伊夫・卡赫塔尼：Abu Khalid Assiri, "#4 Martyr Bio," al-Malahim media, December 21, 2010; Fahd al-Ray'i, "Weak and Misled Militant not al-Qaeda Material," *Saudi Gazette*, July 19, 2010.

329 「他沒有一丁點領袖特質」：al-Ray'i, "Weak and Misled Militant."

330 「沙烏地阿拉伯頭號通緝戰鬥分子」："Interview with al-Qahtani" (Arabic), *Sada al-Malahim* 1 (January 2008), 8.

330 「我想要成立一個媒體基金會」：Assiri, "#4 Martyr Bio."

332 攻擊觀光客車隊：Ahmad al-Haj, "2 Tourists killed in Yemen convoy attack," Associated Press, January 18, 2008.

333 參訪亞丁那間關押著他的監獄："US says bomber of U.S. destroyer *Cole* still jailed," Reuters, October 29, 2007.

333 將巴達威送回去："Authorities free al-Badawi a second time" (Arabic), *al-Wasat*, December 5, 2007.

333 「我因為這個案子被判十年」：Robert Worth, "Wanted by FBI, but walking out of a Yemen hearing," *New York Times*, March 1, 2008.

334 「我們已經告訴過你們」：Soldiers' Brigades of Yemen, statement #2 (Arabic), March 21, 2008.

335 穆勒結束了這場會面：Michael Isikoff, "A Tense Impasse in Yemen," *Newsweek*, April 26, 2008.

335 「大聲的鞭炮」：這個用語，是某名研究葉門的西方學者，於二〇〇八年七月一場由英國外交及國協事務部在倫敦舉行的會議上所使用。

336 阿哈馬德・馬希甲里：Abu Umar al-Hadrami, "The Doctor Marytr" (Arabic), *Sada al-Malahim* 8 (March 2009), 42–43.

336 「穆斯林的血不會白流」：Soldiers' Brigades of Yemen, statement 11 (Arabic), July 26, 2008.

337 毀壞和暴力：這是根據我自己以及數名葉門當地人在葉門的觀察與討論所得來。

338 注意這棟房子好幾個月了：Muhammad al-Ahmadi, "Al-Ghad reveals new details about the operation that killed the commander of the military wing of al-Qaeda in Yemen" (Arabic), *al-Ghad*, October 26, 2008.

338 「女人現在不在」：同上。

338 當巡警在幾個小時後抵達：這段關於戰鬥的記事是由三則報導編輯而成：Ahmadi, "Al-Ghad reveals new details"；"Marib Press exclusive on the Operation in Tarim" (Arabic), *Marib Press*, August 11, 2008；以及一篇在聖戰網路論壇「忠誠」上發表的記事：Shadad3, "Details of the storming operation of the Yemeni security forces on a house of mujahidin in Tarim, Hadramawt" (Arabic), al-Ikhlas, August 14, 2008。

339 七人基層小組：Muhammad al-Ahmadi, "Yemen and al-Qaeda" (Arabic), *al-Ghad*, August 18, 2008.

340 放寬葉門旅遊警報：Gregory D. Johnsen, "Assessing the Strength of al-Qa'ida in Yemen," *CTC Sentinel* 1, no. 10 (September 2008), 10–13.

340 「證據」：Soldiers' Brigades of Yemen, statement 13 (Arabic), August 19, 2008.

341 葉門短刀：Wright, *The Looming Tower*, 318.

343 七名攻擊者分乘兩臺配有自製裝甲的改裝鈴木吉普車：見 Thomas Hegghammer 的傑出文章，由 Bruce Hoffman 與 Fernando Reinares 編輯，*Leader-led Jihad* (forthcoming, 2012)。

344 大使館的攻擊者中，有三人：作者與某葉門政治分析家以電子郵件通訊，二〇〇八年十一月於沙那。依要求不刊出姓名。另見"The Furqan Raid: the attack on the embassy nest" (Arabic), al-Malahim, 2009。

344 「我們必須有更多行動」：Robert Worth, "10 are killed in bombings at embassy in Yemen," *New York Times*, September 18, 2008.

346 其中許多人從關塔那摩那時就認識了希赫里：Suhayl, "The repentant al-Fayfi relates the story of the banquet" (Arabic), *al-Sharq al-Awsat*, January 5, 2011.

346 費非沒說多少話：同上。

347 「出賣你的宗教」："The Just Punishment" (Arabic), al-Malahim video, released in 2009.

347 包裹炸彈：炸彈在"The Just Punishment"中有展示：另見"Assassination of chief of security in Marib by a letter bomb" (Arabic), *Mareb Press*, October 20, 2008。

348 「任何手上沾了聖戰者鮮血的人」：Al-Qaeda in the South of the Arabian Peninsula, "The Just Punishment" (Arabic), *Sada al-Malahim* 6 (November 2008).

第十七章：暗殺王子

350 沙亞採訪內容：Abdalilah Haydar Shaya, "An Interview with Nasir al-Wihayshi" (Arabic), January 2010, www.abdulela.maktoobblog.com.

353 費非在半島電視臺看了這場持續數週的戰爭：Suhayl, "The repentant al-Fayfi."

354 「恢復讓這個國家得以偉大的正當程序標準」："Obama signs order to close Guantánamo Bay facility," *CNN News*, January 22, 2009.

355 「我們若不是騎在戰馬上揮著聖戰旗幟」：Al-Qaeda in the Arabian Peninsula, "From Here We Begin and at al-Aqsa We Meet," al-Malahim, January 2009. Translated by Global Islamic Media Front.

356 葉門小村落：Suhayl, "The repentant al-Fayfi."

356 「這簡直一團亂」：同上。

357 武海希跟他的手下說：同上。

357 「這一點都不像阿富汗」：同上。

358 十公分厚的金屬盒子："I swear by the Lord of the Ka'bah, I won," Part 1 (Arabic), al-Malahim, 2009.

359 「這是我的自殺背心」：同上。

360 「把異教徒從阿拉伯半島驅逐出去」：Abu Amr al-Faruq, "Statement of Explanation Regarding the Ruling on the Targeting of Tourists" (Arabic), al-Malahim, 2009.

361 在沙烏地阿拉伯執行自殺攻擊：Turki al-Sahayl, "New Details From the Attempted Assassination of Muhammad bin Nayif" (Arabic), *al-Sharq al-Awsat*, January 12, 2011.

362 葉門不是想獲得美國協助的友邦：“General Petraeus' Visit to Yemen," US diplomatic cable, December 6, 2008. 透過維基解密流出。

362 「無限制也無條件地支持」："Saleh Tells Petraeus: 'No Restrictions' on CT," US diplomatic cable, August 9, 2009. 透過維基解密流出。

362 「危險的毒藥」：同上。

363 要他們在眾人面前痛悔：Al-Qaeda in the Arabian Peninsula, "The Battle of Marib" (Arabic)，影像與文字透過《戰鬥回聲》釋出。

364 「他是九一一事件的一個末端人物」：Hannah Allam, "Is imam a terror recruiter or just an incendiary preacher?" *McClatchy Newspapers*, November 20, 2009.

365 出於缺乏證據："Yemeni–American Awlaqi Released from ROYG Custody," US diplomatic cable, December 18, 2007. 透過維基解密流出。

365 請這位女性代為傳話給奧拉基：Michelle Shephard, "The powerful online voice of jihad," *Toronto Star*, October 18, 2009.

366 讓這名奈及利亞人加入聖戰：這段描述靠的是 Doc. #130 in *United States v. Umar Farouk Abdumutallab*, Case No. 2:10-cr-20005, Supplemental Factual Index。見 https://www.documentcloud.org/documents/291667-abdulmutallab-sentencing-memorandum.html。

366 為將要戴上這條帶子的人祈禱：Suhayl, "The repentant al-Fayfi."

367 志願替別人洗衣服：Najdi, "Biography of Abu al-Khayr," 55–56.

367 易卜拉欣在弟弟耳邊悄悄說了幾句話：Al-Qaeda in the Arabian Peninsula, "The Descendants of Muhammad al-Muslamah" (Arabic), al-Malahim, 2009.

367 「願你獲得平和與祝福」：Turki al-Sahayl and Yusif al-Hamadi, "Jeddah suicide bomber took advantage of the issue of Shihri's wife and her son (Arabic), *al-Sharq al-Awsat*, September 2, 2009.

369 結束齋戒："Countdown to Asiri's death," *Saudi Gazette*, September 2, 2009.

369 「說話呀」："The Descendants of Muhammand bin Maslamah" (Arabic), al-Malahim, 2009.

370 「真是犯了大錯」：Margaret Coker, "Assassination attempt targets Saudi prince," *Wall Street Journal*, August 29, 2009.

第十八章：欺騙國會的原因

371 指定為恐怖組織：Josh Gerstein, "Clinton named al-Qaeda Yemen as terror group a month ago," *Politico*, January 18, 2010.

371 兩天後：Daniel Klaidman, *Kill or Capture: The War on Terror and the Soul of the Obama Presidency* (Boston and New York: Houghton Mifflin Harcourt, 2012), 200–201.

371 軍方想要殺死他們在葉門南部鎖定的三個人：Klaidman, *Kill or Capture*, 199–202.

371 主目標「阿克倫」：同上，199。

372 聆聽軍方簡潔報告：同上，209–10。

372 華盛頓這邊：同上，209–11。

373 「你看見山羊跟綿羊到處都是」：出自 Richard Rowley 與 Jeremy Scahill，*America's Dangerous Game in Yemen*，本片由半島電視臺英語頻道放映，二〇一二年二月。

373 「如果我是天主教徒」：出自 Klaidman, *Kill or Capture*, 210。

373 「阻止軌道上一列全速衝刺的運貨火車」：出處同上，202。

374 招來這種天罰：Rowley and Scahill, *America's Dangerous Game in Yemen*.

374 沒有萊米的蹤跡：Muhammad al-Ahmadi, "Yemen's war on al-Qaeda" (Arabic), *al-Ghad*, December 28, 2009.

376 「叫他們來這邊」：這段記事得力於傑瑞米・斯卡希爾採訪薩雷赫・賓・法利德，二〇一二年一月。獲得允許使用。

377 「蓋達在葉門的戰爭……勝利是為了真主的共同體」：“al-Awlaqi appears in public, threatening revenge for those killed” (Arabic), *News Yemen*, December 22, 2009.

377 巡視著群眾中的威脅：“Qaeda makes rare public appearance at Yemen rally,” Reuters, December 21, 2009.

378 「不是他們死就是我亡」：傑瑞米・斯卡希爾採訪薩雷赫・賓・法利德。

378 一間小石屋：“News Report” (Arabic), *Sada al-Malahim* 12 (January 2010), 33.

379 「宗教科學」： Arafat Madabish, “Areas of unrest in southern Yemen, Part 1” (Arabic), *al-Sharq al-Awsat*, December 19, 2010.

379 檢查損害情況： Robert Worth, “Is Yemen the Next Afghanistan?” *New York Times Magazine*, July 11, 2010.

379 一串短訊： Karen DeYoung and Michael Leahy, “Uninvestigated terrorism warning about Detroit suspect called not unusual,” *Washington Post*, December 28, 2009; Jeremy Scahill, “Washington’s War in Yemen Backfires,” *The Nation*, February 14, 2012.

379 「如果我做了什麼壞事，請原諒我」： Andrew Gregory, “Syringe bomber Umar Abdulmutallab chilling text messages to dad,” *The Mirror*, January 1, 2010.

379 前往了奈及利亞首都阿卜賈的美國大使館與官員會面：DeYoung and Leahy, "Uninvestigated terrorism warning."

380 撤銷姆塔拉布一年多前拿到的美國簽證：同上。

380 失靈到悲慘的地步：Deborah Charles, "System to keep air travel safe failed: Napolitano," Reuters, December 28, 2009.

381 可能會對美國發動的攻擊計畫：Eric Lipton, Eric Schmitt, and Mark Mazzetti, "Review of jet bomb plot shows more missed clues," *New York Times*, January 17, 2010.

381 葉門事務的會議：同上。

382 融掉一部分的注射器：Kenneth Chang, "PETN, explosive found on flight 253, is among most powerful," *New York Times*, December 27, 2009.

382 「有點問題」：約翰・布倫南，"US Policy Toward Yemen"，言詞發表於卡內基國際和平基金會，二〇一〇年十二月十七日。

383 「但我們不知道他們已經進展到了實際派出人員的情況」：白宮簡報，二〇一〇年一月七日，見 http://www.whitehouse.gov/the-press-office/briefing-homeland-security-secretary-napolitano-assistant-president-counterterrorism。

383 「來自巴基斯坦蓋達核心的延伸」：白宮簡報，二〇一〇年一月七日，見 http://www.whitehouse.gov/the-press-office/briefing-homeland-security-secretary-napolitano-assistant-presi-

dent-counterterrorism。

383 「我們躲過了一顆子彈」：Jeff Zeleny and Helene Cooper, "Obama says 260 could have been disrupted," *New York Times*, January 5, 2010.

383 「他也有可能不出錯」：出自 Jo Becker 與 Scott Shane，"Secret 'Kill List' Proves a Test of Obama's Principles and Will," *New York Times*, May 29, 2012。

383 「你不能進入行動進行的區域……『騙』了國會」：General Petraeus' Visit with Saleh on Security," US diplomatic cable, January 4, 2010. 透過維基解密流出。

384 除非有明確情報：Becker and Shane, "Secret 'Kill List' Proves a Test of Obama's Principles and Will."

384 毫髮無傷："Doubts regarding the claims of 6 al-Qaeda members killed" (Arabic), *News Yemen*, January 17, 2010.

385 「我並未要尼達爾・哈桑開始行動」：Abdalilah Shaya, "Interview with Anwar al-Awlaki" (Arabic), al-Jazeera, December 23, 2009.

385 「我和他有聯絡」：Robert Worth, "Cleric in Yemen admits meeting airliner plot suspect, journalist says," *New York Times*, January 30, 2010.

386 「我沒有叫他進行這場行動」：同上。

387 白宮的法律諮詢室：Charlie Savage, "Secret U.S. memo made legal case to kill a citizen," *New York*

Times, October 8, 2011.

387 「《憲法》保證的是正當程序」：埃里克・霍爾德，西北大學法學院演說內容，二〇一二年三月五日。見 http://www.justice.gov/iso/opa/ag/speeches/2012/ag-speech-1203051.html。

388 在耶誕節攻擊未遂後：Becker and Shane, "Secret 'Kill List' Proves a Test of Obama's Principles and Will."

388 「我們沒有要跟葉門開戰」：同上。

388 「解剖刀」：Scott Shane, Mark Mazzetti, and Robert Worth, "Secret assault on terrorism widens on two continents," *New York Times*, August 14, 2010.

389 阿拉伯半島蓋達在葉門有三百名成員：Stefano Ambrogi, "Yemen says may harbour up to 300 Qaeda Suspects," Reuters, December 29, 2009.

389 「美國把蓋達視為恐怖主義」：Jeremy Scahill, "Washington's War in Yemen Backfires," *The Nation*, February 14, 2012.

390 「怎麼會這樣」：出自 Klaidman, *Kill or Capture*, 255。

390 「我覺得我們被耍了」：Adam Entous, Julian E. Barnes, and Margaret Coker, "US doubts intelligence that led to Yemen strike," *Wall Street Journal*, December 29, 2011.

390 「並未像應該要的那樣，即時跟上新狀況」：同上。

390 「武裝分子抓了他把他塞進車裡」：Jeremy Scahill, "Why Is President Obama Keeping a Jour-

nalist in Prison in Yemen?,” *The Nation*, March 13, 2012.

392 取得蓖麻毒蛋白：Eric Schmitt and Thom Shanker, “Qaeda tries to harness toxin for bombs, US officials fear,” *New York Times*, August 12, 2011.

392 法國情報單位：“France Warned of al-Qaeda Threat,” al-Jazeera English, October 18, 2010.

393 有兩顆炸彈在飛往美國的貨機上：Mark Mazzetti and Robert Worth, “U.S. sees complexity of bombs as link to al-Qaeda,” *New York Times*, October 30, 2010.

394 「帶著不可置信的模樣微笑並搖著他的頭」：這段由伊歐娜・克萊格做的觀察出自 Scahill, “Why Is President Obama Keeping a Journalist in Prison in Yemen?”。

394 「媒體人員」：Scahill, “Why Is President Obama Keeping a Journalist in Prison in Yemen?”

394 「當他們在阿比揚隱藏婦孺謀殺者時，……充滿疑心地看待」：同上。

第十九章：薩雷赫遭到背叛

395 「葉門不是突尼西亞或埃及」：Mohammed Jamjoom, "No Egypt-style protests in Yemen, says Prime Minister," *CNN News*, February 7, 2011.

396 「克制並抑制使用暴力」："Readout of President's Call with President Saleh of Yemen"，白宮，二〇一一年二月三日，見 http://www.whitehouse.gov/the-press-office/2011/02/03/readout-presidents-call-president-saleh-yemen。

396 「表達了對釋放的關注」：同上。

397 尋找彈藥：Sudarasan Raghavan, "Yemen crisis intensifies with factory explosion," *Washington Post*, March 29, 2011.

398 殺死一百二十名撿拾廢五金的趁火打劫者：Tom Finn, "Yemen munitions factory explosion leaves over 120 dead," *Guardian*, March 29, 2011.

398 「不是時機」、「足夠的鋼鐵」：Greg Miller, "Bin Laden document trove reveals strain on al-Qaeda," *Washington Post*, July 1, 2011.

398 「今天我們控制了賈爾……好安排這些事務」：Adil al-Abab, "Online Question and Answer Session," translated by the International Centre for the Study of Radicalisation and Political Vio-

lence, April 18, 2011.

399 前往巴基斯坦的任務：Nicholas Schmidle, "Getting Bin Laden," *New Yorker*, August 8, 2011.

400 暫時先不做決定：這段描述是根據 Schmidle, "Getting Bin Laden"。

401 「希望並祈禱執行這個任務的人可以成功安全地按計畫完成任務」："Clinton describes Sit-room mood," *Politico*, May 6, 2011.

401 從一扇門後探出頭：Mark Owen with Kevin Maurer, *No Easy Day: The Autobiography of a Navy SEAL* (New York: Dutton, 2012), 235–37.

401 雙臂一抱：Schmidle, "Getting Bin Laden."

401 對即將死去的人再度開槍：Owen, *No Easy Day*, 235–37.

402 「真主決定帶走你」：Nasir al-Wihayshi, "Eulogy for the Shaykh of the Mujahidin Osama bin Laden—may God have mercy upon him," statement #33 *al-Qaeda in the Arabian Peninsula* (Arabic) May 11, 2011.

402 在葉門看到了安瓦爾・奧拉基：Martha Raddatz, "US missiles missed Awlaki by inches in Yemen," *ABC News*, July 19, 2011.

402 賓・拉登死後：Klaidman, *Kill or Capture*, 261.

402 「我要奧拉基」：出處同上，261。

402 「把計畫拿過來」：出處同上，263–64。

403 夏布瓦南邊：“Two brothers from al-Qaeda killed in Shabwa” (Arabic), *News Yemen*, May 5, 2011.

403 都無法讓飛彈鎖定：Raddatz, “US missiles missed Awlaki.”

403 「加速」：Harith al-Nadar, “My Story with al-Awlaki,” *Inspire* 9 (Winter 2012).

403 加速衝出了爆炸外：同上。

404 兩名當地的蓋達特務：“Two killed in US airstrike” (Arabic), *Mareb Press*, May 5, 2011.

404 「讓我更確信」：Nadar, “My Story with al-Awlaki.”

405 五十個脫隊者：Abd al-Raziq al-Jamal, “Interview with Fahd al-Qusa” (Arabic), al-Malahim, September 13, 2011.

405 蘇馬里後來告訴記者：Scahill, “Washington's War in Yemen Backfires.”

406 並用涼鞋踩著：「伊斯蘭教法支持者」影片，二〇一一年八月釋出。

406 他告訴蘇馬里：熟悉這番討論的兩個葉門政府消息來源，都確認了這段對話的概要。依要求不刊出姓名。

407 綠色帆布袋：Abd al-Raziq al-Jamal, “Mujahidin of Abyan speak to the media for the first time” (Arabic), *al-Wasat*, September 18, 2011.

408 一名法官判了固定刑：Scahill, “Washington's War in Yemen Backfires.”

409 「我不是賊」：Amjad Khashaqa, “From Azzan to Zanjubar,” *al-Wasat*，日期不明。

409 「展開新生活」：同上。

409 「這就像一場夢」：“Eye on the Event #10,” *al-Madad* (Arabic), released April 2012.

409 六月十日：Klaidman, *Kill or Capture*, 253–56.

410 房間的另一頭，約翰・布倫南聆聽：Klaidman, *Kill or Capture*, 254–55.

410 助理們削減了目標名單：同上，255–56。

410 「我們在葉門不是為了涉入什麼國內紛爭」：出處同上，256。

411 大規模越獄：“Al-Qaeda fighters escape from Yemen jail,” al-Jazeera English, June 22, 2011.

411 子彈命中前擋風玻璃：Scahill, “Washington’s War in Yemen Backfires.”

412 「我們士兵的士氣高昂」：Muhammad Jamih, “Interview with Muhammad al-Sumali” (Arabic), *al-Sharq al-Awsat*, July 26, 2011.

412 整個八月：Khashaqa, “From Azzan to Zanjubar”; Jamih, “Interview with Muhammad al-Sumali.”

413 消散到賈爾附近的山中：Khashaqa, “From Azzan to Zanjubar.”

413 「我們整個很不爽」：Anna Fifield, Roula Khalaf, and Abigail Fielding-Smith, “Yemeni president accused of tricking Saudis,” *Financial Times*, September 27, 2011.

414 「我很抱歉得這樣離開」：出自 Michelle Shephard, “Drone death in Yemen of American teenager,” *Toronto Star*, April 13, 2012。

414 這名囚犯把奧拉基圈子的粗略模樣提供給了美國：Klaidman, *Kill or Capture*, 262–64.

414 在上頭嗡嗡作響：同上。

415 「奧拉基的死對蓋達最活躍的行動分支來說是一大打擊」：“Obama: Awlaki death ‘major blow to terrorism,’ ” *CBS News*, September 30, 2011.

415 第一發飛彈戳進了火中：這次攻擊和兩枚飛彈的狀況，Ghaith Abdul-Ahad 在美國公共廣播電視公司 *Frontline* 影片 al-Qaeda in Yemen 中有所討論，於二〇一二年五月二十九日播出。

415 一群正在吃晚餐的青少年：Michelle Shephard, “Drone death in Yemen.”

416 「對憲政體制發動政變」：“President Salih signs GCC deal ending 33 years in power,” *al-Arabiya*, November 23, 2011.

417 幾個月前，英國的對內情報部門 MI5：Duncan Gardham, “British secret agent was al-Qaeda mole who cracked new ‘underpants’ bomb plot,” *Daily Telegraph*, May 10, 2012.

417 從軍方實驗室獲得了好幾桶的化學物質：Yahya Ibrahim, “Winning on the Ground,” *Inspire* 9 (Winter 2012), 57.

417 他的劇本：Nic Robertson, Paul Cruikshank, and Brian Todd, “Saudi agent in bomb plot held UK passport, source says,” *CNN News*, May 11, 2012.

418 蓋達公布在網路上的死刑：“Eyes on the Event #4,” al-Madad(Arabic), released February 2012.

419 蓋達播放的處刑影片：“Eyes on the Event #5,” al-Madad (Arabic), released March 2012.

419 「那就是殺害我父親的叛徒」：“Martyrs of the Arabian Peninsula #10: Mawhid al-Maribi” (Arabic), al-Malahim, March 2012.

420 兩個啟動機制：Robertson, et al., "Saudi agent in bomb plot."

421 恐怖分子攻擊干擾襲擊：Jo Becker and Scott Shane, "Secret 'Kill List' Proves a Test of Obama's Principles and Will," *New York Times*, May 29, 2012.

421 「接著致美國人」："Statement of Condolence on the Martyrdom of Shaykh Fahd al-Qusa al-Awlaki," Al-Qaeda in the Arabian Peninsula statement #49 (Arabic), May 9, 2012.

Speculari 42

葉門戰爭——地域、宗教、極端組織之間，以及美國與蓋達組織的對立，造成這場無法結束的戰爭

The Last Refuge: Yemen, Al-Qaeda, and America's War in Arabia

作者　格雷戈里・D・強森 Gregory D. Johnsen
譯者　唐澄暐
企畫選書　張維君
責任編輯　梁育慈
特約編輯　謝佳容、王紫讓
裝幀設計　製形所
內頁排版　楊雅屏

總編輯　張維君
行銷主任　康耿銘

社長　郭重興
發行人暨出版總監　曾大福
出版　光現出版／遠足文化事業股份有限公司
網址　http://www.bookrep.com.tw
電子信箱　service@bookrep.com.tw

發行　遠足文化事業股份有限公司
地址　231 新北市新店區民權路 108-2 號 9 樓
電話　(02) 2218-1417
傳真　(02) 2218-8057
客服專線　0800-221-029
法律顧問　華洋國際專利商標事務所／蘇文生律師
印刷　成陽印刷股份有限公司

初版一刷　2019 年 11 月 6 日
定價　520 元
ISBN　978-986-97427-9-5

Printed in Taiwan

Freedom is always and exclusively freedom
for the one who thinks differently.

SPECULARI